D1995534

Formelsammlung für Metalltechnik

von

Michael Hötger

Marcus Molitor

Volker Tammen

2., überarbeitete Auflage

Registrieren Sie sich auf www.ht-digital.de und geben Sie dort den Code zur Freischaltung ein:

VHT-NZ97-7BVG-8KB2

Handwerk und Technik – Hamburg

Quellenhinweis:

PAL-Befehlscodierungen Seite 173 – 184 mit freundlicher Genehmigung der IHK Stuttgart

ISBN 978-3-582-8**3290**-0 Best.-Nr. 3290

Die Normblattangaben werden wiedergegeben mit Erlaubnis des DIN Deutsches Institut für Normung e.V. Maßgebend für das Anwenden der Norm ist deren Fassung mit dem neuesten Ausgabedatum, die bei der Beuth Verlag GmbH, Burggrafenstraße 6, 10787 Berlin, erhältlich ist.

Verlag Handwerk und Technik GmbH

Lademannbogen 135, 22339 Hamburg; Postfach 63 05 00, 22331 Hamburg – 2021

E-Mail: info@handwerk-technik.de – Internet: www.handwerk-technik.de

Satz und Layout: FOXDESiGNER, 35085 Ebsdorfergrund

Umschlagmotiv: Ingenieurteam Harald Kontny, 21109 Hamburg

Zeichnungen: Future Mindset 2050 GmbH, 30989 Gehrden, Ingenieurteam Harald Kontny, 21109 Hamburg

Druck: RCOM Print GmbH, 97222 Würzburg-Rimpar

Vorwort

Diese Formelsammlung wurde für die Anwendung in Schule, Studium, Handwerk und Beruf für den metalltechnischen Bereich verfasst. Sie stellt ein wichtiges Hilfsmittel im Umgang mit Formeln dar und basiert auf dem Tabellenbuch für Metalltechnik, Bestell-Nr. 3291. Die Seiten sind übersichtlich gehalten und klar strukturiert. **Jede Formel ist nach allen in ihr enthaltenen Variablen umgestellt**. Eine zugehörige Abbildung dient dem besseren Verständnis. Weiterhin werden alle Formelzeichen mit den gängigsten Einheiten separat aufgeführt. Ein kurzes **Beispiel** verdeutlicht jeweils den Umgang mit der Formel.

Dieses Werk soll all jenen bei ihrer Arbeit helfen, die Probleme mit dem Umstellen von Formeln haben. So können die benötigten, umgestellten Formeln einfach entnommen und verwendet werden. Darüber hinaus stellt die Formelsammlung auch einen idealen **Trainingsbegleiter** für das Arbeiten mit Formeln dar. Der Benutzer kann selbständig das Umstellen von Formeln üben und sein Ergebnis mithilfe dieser Formelsammlung sofort auf Richtigkeit überprüfen.

Insgesamt ist die Formelsammlung in fünf Kapitel gegliedert, die im **Inhaltverzeichnis** detailliert aufgeführt sind. Hierbei handelt es sich um **Grundlagen Mathematik** mit Flächen, Oberflächen, Volumen etc., **Grundlagen Physik** mit Hebeln, Drücken, Wärmelehre etc., **Fertigungstechnik** mit diversen Zerspanungsmethoden, Tiefziehen etc. sowie **CNC-Technik mit PAL-Befehlen** und **Qualitätsmanagement** etc., **Maschinenelemente** mit Zahn- und Riementrieben etc. und **SRT / Fluidtechnik** mit Zylinderkolbenkräften, Volumenströmen und Pumpenleistungen etc.

Die einzelnen Schlagworte sind am Ende der Formelsammlung im **Sachwortverzeichnis** aufgeführt und ermöglichen ein schnelles und präzises Auffinden der gesuchten Formeln für ein erfolgreiches Arbeiten.

Autoren und Verlag

Inhaltsübersicht

Inhaltsverzeichnis

Grundlagen Mathematik

Grundlagen Physik

Fertigungstechnik

CNC-Programmierung

Qualitätsmanagement

Maschinenelemente

SRT / Fluidtechnik

Anhang

Beziehungen zwischen Einheiten 1

Erläuterung	Zeichen	Einheit	Formelzeichen	Physikalische Größe
1 µm = 0,001 mm	µm	Mikrometer	*l*, *s*	Längen
1 mm = 0,1 cm = 0,01 dm = 0,001 m	mm	Millimeter		
1 cm = 10 mm = 0,1 dm = 0,01 m	cm	Zentimeter		
1 dm = 10 cm = 100 mm = 0,1 m	dm	Dezimeter		
1 m = 10 dm = 100 cm = 1000 mm	m	Meter		
1 km = 1000 m = 100 000 cm	km	Kilometer		
1 inch = 1 Zoll = 25,4 mm				
1 englische Meile = 1609 m				
1 internationale Seemeile = 1852 m				
1 mm² = 0,01 cm²	mm²	Quadratmillimeter	*A*, *S*	Flächen
1 cm² = 100 mm² = 0,01 dm² = 0,0001 m²	cm²	Quadratzentimeter		
1 dm² = 100 cm² = 10 000 mm² = 0,01 m²	dm²	Quadratdezimeter		
1 m² = 100 dm² = 10 000 cm² = 1 000 000 mm²	m²	Quadratmeter		
1 a = 100 m²	a	Ar		
1 ha = 100 a = 10 000 m²	ha	Hektar		
1 km² = 100 ha = 10 000 a = 1 000 000 m²	km²	Quadratkilometer		
1 mm³ = 0,001 cm³ = 0,001 ml	mm³	Kubikmillimeter	*V*	Volumen
1 cm³ = 1000 mm³ = 0,001 dm³ = 1 ml = 0,001 l	cm³	Kubikzentimeter		
1 dm³ = 1000 cm³ = 1 000 000 mm³ = 0,001 m³	dm³	Kubikdezimeter		
1 m³ = 1000 dm³ = 1 000 000 cm³	m³	Kubikmeter		
1 ml = 0,001 l = 1 cm³	ml	Milliliter		
1 l = 1000 ml = 1 dm³	l, L	Liter		
1 hl = 100 l = 100 dm³	hl	Hektoliter		
1 US. gallon (United States gallon) = 3,785 l				

1

Beziehungen zwischen Einheiten 2

Physikalische Größe	Formelzeichen	Einheit	Zeichen	Erläuterung
Ebener Winkel	$\alpha, \beta, \gamma, \ldots$	Sekunde	″	$1'' = \frac{1'}{60} = \frac{\pi}{648\,000}$ rad
		Minute	′	$1' = 60'' = \frac{1^\circ}{60} = \frac{\pi}{10\,800}$ rad
		Grad	°	$1^\circ = 60' = 3600'' = \frac{\pi}{180}$ rad
		Radiant	rad	$1\,\text{rad} = 57{,}2957^\circ = \frac{180^\circ}{\pi}$; $360^\circ = 2\pi \cdot \text{rad}$
Zeit, Zeitspanne, Dauer	t	Millisekunde	ms	$1\,\text{ms} = 10^{-3}\,\text{s} = 16{,}66 \cdot 10^{-6}\,\text{min}$
		Sekunde	s	$1\,\text{s} = 10^{3}\,\text{ms} = 16{,}66 \cdot 10^{-3}\,\text{min}$
		Minute	min	$1\,\text{min} = 60 \cdot 10^{3}\,\text{ms} = 60\,\text{s}$
		Stunde	h	$1\,\text{h} = 3{,}6 \cdot 10^{6}\,\text{ms} = 3600\,\text{s} = 60\,\text{min}$
		Tag	d	$1\,\text{d} = 86\,400\,\text{s} = 1440\,\text{min} = 24\,\text{h}$
		Jahr	a	
Umdrehungsfrequenz (Drehzahl)	n	1 pro Sekunde	$\frac{1}{\text{s}}$	$\frac{1}{\text{s}} = \text{s}^{-1} = 60\,\frac{1}{\text{min}} = 60\,\text{min}^{-1}$
		1 pro Minute	$\frac{1}{\text{min}}$	$\frac{1}{\text{min}} = 1\,\text{min}^{-1} = \frac{1}{60\,\text{s}} = \frac{1}{60}\,\text{s}^{-1}$

Beziehungen zwischen Einheiten 3

Erläuterung	Zeichen	Einheit	Formelzeichen	Physikalische Größe
$1\,\frac{m}{s} = \frac{60\,m}{min} = 3600\,\frac{m}{h} = 3{,}6\,\frac{km}{h}$ $1\,\frac{m}{min} = 60\,\frac{m}{h} = \frac{60}{3600}\,\frac{m}{s} = \frac{1}{60}\,\frac{m}{s}$ $1\,\frac{km}{h} = 1000\,\frac{m}{h} = \frac{1000}{3600}\,\frac{m}{s} = \frac{1}{3{,}6}\,\frac{m}{s}$ 1 Knoten (kn) = 1,852 km/h 1 Meile pro Stunde (mph bzw. mi/h) = 1,60934 km/h	$\frac{m}{s}$ $\frac{m}{min}$ $\frac{km}{h}$	Meter pro Sekunde Meter pro Minute Kilometer pro Stunde	v	Geschwindigkeit
$\omega = 2\pi \cdot n$, n in $\frac{1}{s}$	$\frac{1}{s}$ $\frac{rad}{s}$	1 pro Sekunde Radiant pro Sekunde	ω	Winkelgeschwindigkeit
$1\,\frac{m}{s^2} = 1\,\frac{N}{kg} = \frac{1\,m/s}{s}$ Fall- bzw. Erdbeschleunigung $g = 9{,}81\,m/s^2$ (grober Richtwert: $g \approx 10\,m/s^2$)	$\frac{m}{s^2}$	Meter pro s^2 (Quadratsekunde)	a, g	Beschleunigung

1

1

Beziehungen zwischen Einheiten 4

Physikalische Größe	Formelzeichen	Einheit	Zeichen	Erläuterung
Masse	*m*	Milligramm Gramm Kilogramm Dezitonne Tonne	mg g kg dt t	1 mg = 0,001 g 1 g = 1000 mg = 0,001 kg 1 kg = 1000 g = 0,01 dt 1 dt = 100 kg = 0,1 t 1 t = 1000 kg = 10 dt 1 metrisches Karat (Kt) = 0,2 g = 200 mg (Masseneinheit für Edelsteine)
Längenbezogene Masse	*m′*	Kilogramm pro Meter	$\frac{kg}{m}$	$1\,\frac{kg}{m} = 1\,\frac{g}{mm}$ Zur Berechnung der Masse von z. B. Profilen und Rohren.
Flächenbezogene Masse	*m″*	Kilogramm pro m^2 (Quadratmeter)	$\frac{kg}{m^2}$	$1\,\frac{kg}{m^2} = 0{,}1\,\frac{g}{cm^2}$ Zur Berechnung der Masse von z. B. Blechen.
Dichte	*ϱ*	Kilogramm pro dm^3 (Kubikdezimeter)	$\frac{kg}{dm^3}$	$1\,\frac{g}{cm^3} = 1\,\frac{kg}{dm^3} = 1\,\frac{t}{m^3} = 1\,\frac{g}{ml} = 1\,\frac{kg}{l}$

Beziehungen zwischen Einheiten 5

Erläuterung	Zeichen	Einheit	Formelzeichen	Physikalische Größe
$1\,N = 1\,\frac{kg \cdot m}{s^2} = 1\,\frac{J}{m}$ $1\,kN = 1000\,N$	N	Newton	F G, F_G	Kraft Gewichtskraft
$1\,N \cdot m$[1] $= 1\,\frac{kg \cdot m^2}{s^2} = 1\,J$	$N \cdot m$	Newtonmeter	M	Drehmoment, Kraftmoment
$1\,Pa = 1\,\frac{N}{m^2} = 0{,}01\,mbar = 1\,\frac{kg}{m \cdot s^2}$ $1\,hPa = 100\,Pa = 1\,mbar$ $1\,MPa = 1\,\frac{N}{mm^2} = 10\,bar$ $1\,bar = 10\,\frac{N}{cm^2} = 100000\,\frac{N}{m^2} = 100000\,Pa$ 1 bar = 10 m Wassersäule (WS) 1 bar = 14,5 psi (Pfund pro Quadratinch)	Pa bar	Pascal Bar	p	Druck
$1\,\frac{N}{mm^2} = 10\,bar = 1\,MPa$ $10\,\frac{N}{mm^2} = 1\,\frac{kN}{cm^2}$	$\frac{N}{mm^2}$	Newton pro mm² (Quadratmillimeter)	σ, τ	Mechanische Spannung

[1] DIN 1301-1 lässt bei zusammengesetzten Einheiten wahlweise die Schreibweise mit Leerzeichen oder mit Malzeichen zu. Zur besseren Übersicht wird in der Formelsammlung die Schreibweise mit Malzeichen verwendet.

1

Beziehungen zwischen Einheiten 6

Physikalische Größe	Formelzeichen	Einheit	Zeichen	Erläuterung
Energie Arbeit Wärmemenge	*E* *W* *Q*	Joule Wattsekunde Newtonmeter Kilowattstunde Kilojoule Megajoule	J	$1\,\mathrm{J} = 1\,\mathrm{N \cdot m} = 1\,\mathrm{W \cdot s} = 1\,\frac{\mathrm{kg \cdot m^2}}{\mathrm{s^2}}$ $1\,\mathrm{kW \cdot h} = 1000\,\mathrm{W \cdot h} = 3{,}6 \cdot 10^6\,\mathrm{W \cdot s} = 3{,}6 \cdot 10^3\,\mathrm{kJ}$ $1\,\mathrm{MJ} = \frac{1}{3{,}6}\,\mathrm{kW \cdot h}$
Leistung	*P*	Watt Newtonmeter pro Sekunde Joule pro Sekunde	W $\frac{\mathrm{N \cdot m}}{\mathrm{s}}$ $\frac{\mathrm{J}}{\mathrm{s}}$	$1\,\mathrm{W} = 1\,\frac{\mathrm{N \cdot m}}{\mathrm{s}} = 1\,\frac{\mathrm{J}}{\mathrm{s}} = 1\,\frac{\mathrm{kg \cdot m^2}}{\mathrm{s^3}} = 1\,\mathrm{V} \cdot 1\,\mathrm{A}$ $1\,\mathrm{kW} = 1000\,\mathrm{W}$ Geläufige, aber veraltete Einheiten: 1 PS (Pferdestärke) ≈ 0,735 kW 1 kW ≈ 1,36 PS 1 kcal/h (Kilokalorie pro Stunde) = 1,16 W
Temperatur 1. thermodynamisch	T, Θ	Kelvin	K	$0\,\mathrm{K} = -273{,}15\,°\mathrm{C}$
2. Celsius	t, ϑ	Grad Celsius	°C	$0\,°\mathrm{C} = 273{,}15\,\mathrm{K}$ $t = T - 273{,}15$ 0 °C = 32 °F (Fahrenheit) 0 °F = −17,77 °C

Beziehungen zwischen Einheiten 7

Erläuterung	Zeichen	Einheit	Formelzeichen	Physikalische Größe
$1\,\frac{\text{MJ}}{\text{kg}} = 1000000\,\frac{\text{J}}{\text{kg}}$ $1\,\frac{\text{MJ}}{\text{m}^3} = 1000000\,\frac{\text{J}}{\text{m}^3}$	$\frac{\text{J}}{\text{kg}}$ $\frac{\text{J}}{\text{m}^3}$	Joule pro Kilogramm Joule pro Kubikmeter	H_u	Spezifischer Heizwert
$1\,\frac{\text{kcal}}{\text{kg}\cdot\text{K}} = 4{,}19\,\frac{\text{kJ}}{\text{kg}\cdot\text{K}}$	$\frac{\text{J}}{\text{kg}\cdot\text{K}}$	Joule pro kg und Kelvin	c	Spezifische Wärmekapazität
$1\,\text{A} = 1\,\frac{\text{V}}{\Omega}$	A	Ampere	I	Elektrischer Strom (Stromstärke)
$1\,\text{V} = 1\,\frac{\text{W}}{\text{A}} = 1\,\frac{\text{W}\cdot\text{s}}{\text{A}\cdot\text{s}} = 1\,\frac{\text{J}}{\text{C}}$	V	Volt	U	Elektrische Spannung
$1\,\Omega = 1\,\frac{\text{V}}{\text{A}}$	Ω	Ohm	R	Elektrischer Widerstand

1

1

Beziehungen zwischen Einheiten 8

Physikalische Größe	Formelzeichen	Einheit	Zeichen	Erläuterung
Spezifischer Widerstand	ϱ	Ohm mal Meter	$\Omega \cdot \mathrm{m}$	$10^{-6}\ \Omega \cdot \mathrm{m} = \frac{1\,\Omega \cdot \mathrm{mm}^2}{\mathrm{m}}$ $\varrho = \frac{1}{\kappa}$ in $\frac{\Omega \cdot \mathrm{mm}^2}{\mathrm{m}}$
Elektrische Leitfähigkeit	κ	Siemens pro Meter	$\frac{S}{m}$	$\kappa = \frac{1}{\varrho}$ in $\frac{\mathrm{m}}{\Omega \cdot \mathrm{mm}^2}$
Elektrische Arbeit	W	Joule	J	$1\,\mathrm{J} = 1\,\mathrm{W} \cdot 1\,\mathrm{s} = 1\,\mathrm{W} \cdot \mathrm{s} = 1\,\mathrm{N} \cdot \mathrm{m}$ $1\,\mathrm{kW} \cdot \mathrm{h} = 3{,}6 \cdot 10^6\,\mathrm{Ws} = 3{,}6 \cdot 10^3\,\mathrm{kJ}$
Elektrische Leistung	P	Watt	W	$1\,\mathrm{W} = 1\,\frac{\mathrm{N} \cdot \mathrm{m}}{\mathrm{s}} = 1\,\frac{\mathrm{J}}{\mathrm{s}} = 1\,\mathrm{V} \cdot \mathrm{A}$
Frequenz	f	Hertz	Hz	$1\,\mathrm{Hz} = \frac{1}{\mathrm{s}}$ $1000\,\mathrm{Hz} = 1\,\mathrm{kHz}$

Prozentrechnung, Zinsrechnung

Formelzeichen / Einheiten	Formel / Formelumstellung	Abbildung
w Prozentwert, Teilmenge vom Grundwert (z. B.) €, mm *g* Grundwert (z. B.) €, mm *p* Prozentsatz, Teilmenge von 100 % %	$w = \frac{p}{100\,\%} \cdot g$ $p = \frac{w}{g} \cdot 100\,\%$ $g = \frac{w}{p} \cdot 100\,\%$	**Prozentrechnung** 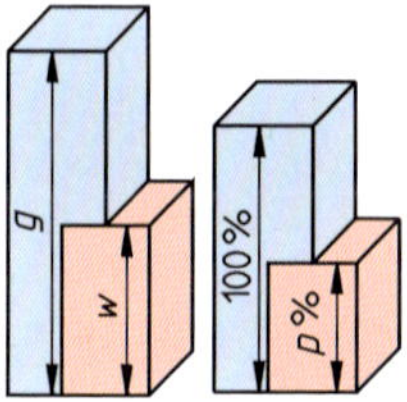

Beispiel

$g = 2200\,€$

$p = 3{,}5\,\%$

$w = ?$

$$w = \frac{p}{100\,\%} \cdot g$$

$$w = \frac{3{,}5\,\%}{100\,\%} \cdot 2200\,€ = 77 \frac{\cancel{\%} \cdot €}{\cancel{\%}} = \underline{\underline{77\,€}}$$

Formelzeichen / Einheiten	Formel / Formelumstellung	Abbildung
p Zinssatz (pro Jahr) % K_G Grundkapital (z. B.) € *Z* Zinsen (z. B.) € *t* Zeitraum Tage 1 Zinsjahr = 360 Tage 1 Zinsmonat = 30 Tage	$Z = \frac{K_G \cdot p \cdot t}{100\,\% \cdot 360} = K_G \cdot \frac{p}{100\,\%} \cdot \frac{t}{360}$ $K_G = \frac{Z \cdot 100\,\% \cdot 360}{p \cdot t} = Z \cdot \frac{100\,\%}{p} \cdot \frac{360}{t}$ $p = \frac{Z \cdot 100\,\% \cdot 360}{K_G \cdot t} = \frac{Z}{K_G} \cdot 100\,\% \cdot \frac{360}{t}$ $t = \frac{Z \cdot 100\,\% \cdot 360}{K_G \cdot p} = \frac{Z}{K_G} \cdot \frac{100\,\%}{p} \cdot 360$	**Zinsrechnung**

Beispiel

$K_G = 5000\,€$

$p = 2\,\%$

$t = 270$ Tage

$Z = ?$

$$Z = \frac{K_G \cdot p \cdot t}{100\,\% \cdot 360}$$

$$Z = \frac{5000\,€ \cdot 2\,\% \cdot 270\,\text{Tage}}{100\,\% \cdot 360\,\text{Tage}} = 75 \frac{€ \cdot \cancel{\%} \cdot \cancel{\text{Tage}}}{\cancel{\%} \cdot \cancel{\text{Tage}}} = \underline{\underline{75\,€}}$$

1

1

Flächen

Abbildung	Formel / Formelumstellung	Formelzeichen / Einheiten
Quadrat 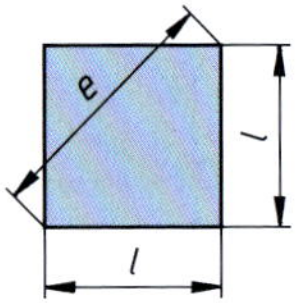	$U = 4 \cdot l$ $l = \frac{U}{4}$ $A = l^2$ $l = \sqrt{A}$ $e = l \cdot \sqrt{2}$ $l = \frac{e}{\sqrt{2}}$	U Umfang (z. B.) mm, cm, dm, m A Fläche (z. B.) mm^2, cm^2, dm^2, m^2 l Seitenlänge (z. B.) mm, cm, dm, m e Diagonale (z. B.) mm, cm, dm, m

Beispiel

$l = 900\,\text{mm}$

$U = ?$

$U = 4 \cdot l$

$U = 4 \cdot 900\,\text{mm} = \underline{\underline{3600\,\text{mm}}}$

Flächen

Formelzeichen / Einheiten	Formel / Formelumstellung	Abbildung
U Umfang (z. B.) mm, cm, m A Fläche (z. B.) mm^2, cm^2, m^2 l Grundseite (z. B.) mm, cm, m b Breite (z. B.) mm, cm, m e Diagonale (z. B.) mm, cm, m	$U = 2 \cdot (l + b)$ $l = \frac{U}{2} - b$ $b = \frac{U}{2} - l$ $A = l \cdot b$ $l = \frac{A}{b}$ $b = \frac{A}{l}$ $e = \sqrt{l^2 + b^2}$ $l = \sqrt{e^2 - b^2}$ $b = \sqrt{e^2 - l^2}$	**Rechteck** 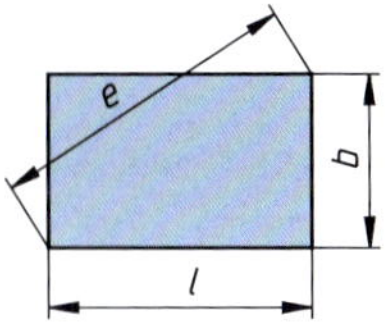

Beispiel

$l = 500\,\text{mm}$

$b = 350\,\text{mm}$

$A = ?$

$A = l \cdot b$

$A = 500\,\text{mm} \cdot 350\,\text{mm} = \underline{\underline{175000\,\text{mm}^2}}$

1

1

Flächen

Abbildung	Formel / Formelumstellung	Formelzeichen / Einheiten

Parallelogramm (Rhomboid)

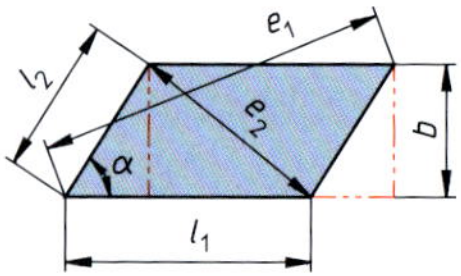

Formel / Formelumstellung

$$A = l_1 \cdot l_2 \cdot \sin\alpha \qquad A = l_1 \cdot b$$

$$l_1 = \frac{A}{l_2 \cdot \sin\alpha} \qquad l_1 = \frac{A}{b}$$

$$l_2 = \frac{A}{l_1 \cdot \sin\alpha} \qquad b = \frac{A}{l_1}$$

$$U = 2 \cdot (l_1 + l_2)$$

$$l_1 = \frac{U}{2} - l_2$$

$$l_2 = \frac{U}{2} - l_1$$

$$e_1 = \sqrt{(l_1 + b \cdot \cot\alpha)^2 + b^2}$$

$$e_2 = \sqrt{(l_1 - b \cdot \cot\alpha)^2 + b^2}$$

Formelzeichen / Einheiten

A	Fläche	(z. B.) mm², cm², m²
l_1, l_2	Seitenlängen	(z. B.) mm, cm, m
α	Winkel	in ° (Grad)
U	Umfang	(z. B.) mm, cm, m
b	Breite	(z. B.) mm, cm, m
e_1, e_2	Diagonalen	(z. B.) mm, cm, m

Beispiel

$l_1 = 250\,\text{mm}$

$l_2 = 175\,\text{mm}$

$U = ?$

$$U = 2 \cdot (l_1 + l_2)$$

$$U = 2 \cdot (250\,\text{mm} + 175\,\text{mm}) = \underline{\underline{850\,\text{mm}}}$$

Flächen

Formelzeichen / Einheiten	Formel / Formelumstellung	Abbildung
A Fläche (z. B.) mm^2, cm^2, m^2 U Umfang (z. B.) mm, cm, m l Seitenlänge (z. B.) mm, cm, m b Breite (z. B.) mm, cm, m	$A = l \cdot b$ $l = \frac{A}{b}$ $b = \frac{A}{l}$ $U = 4 \cdot l$ $l = \frac{U}{4}$ $A = l_1^2 \cdot \sin\alpha$ $l_1 = \sqrt{\frac{A}{\sin\alpha}}$ $\sin\alpha = \frac{A}{l_1^2}$	**Raute** **(Rhombus)** 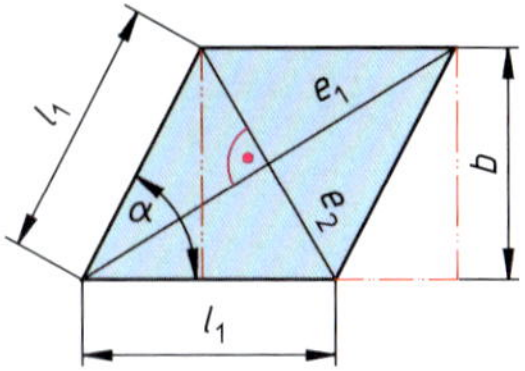

Beispiel

$l = 500\,mm$

$b = 300\,mm$

$A = ?$

$A = l \cdot b$

$A = 500\,mm \cdot 300\,mm = \underline{\underline{150\,000\,mm^2}}$

1

1

Flächen

Abbildung	Formel / Formelumstellung	Formelzeichen / Einheiten
Dreieck 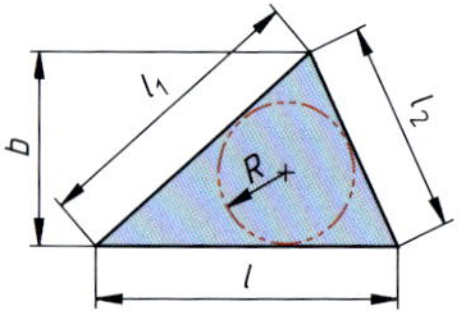	$A = \frac{l \cdot b}{2}$ $\quad A = \frac{R \cdot U}{2}$ $l = \frac{2 \cdot A}{b}$ $\quad R = \frac{2 \cdot A}{U}$ $b = \frac{2 \cdot A}{l}$ $\quad U = \frac{2 \cdot A}{R}$ $U = l + l_1 + l_2$ $l = U - l_1 - l_2$ $l_1 = U - l - l_2$ $l_2 = U - l - l_1$ $A = \frac{1}{4} \cdot \sqrt{U \cdot (U - 2 \cdot l) \cdot (U - 2 \cdot l_1) \cdot (U - 2 \cdot l_2)}$	U Umfang (z. B.) mm, cm, m A Fläche (z. B.) mm², m² l Grundseite (z. B.) mm, cm, m b Breite (z. B.) mm, cm, m l_1, l_2 Dreieckseiten (z. B.) mm, cm, m R Innenkreisradius (z. B.) mm, cm, m

Beispiel

$l = 75\,\text{mm}$

$b = 55\,\text{mm}$

$A = ?$

$$A = \frac{l \cdot b}{2}$$

$$A = \frac{75\,\text{mm} \cdot 55\,\text{mm}}{2} = \underline{\underline{2062{,}5\,\text{mm}^2}}$$

Flächen

Formelzeichen / Einheiten	Formel / Formelumstellung	Abbildung
A Fläche (z. B.) mm^2, cm^2, dm^2, m^2 l Seitenlänge (z. B.) mm, cm, dm, m h Höhe (z. B.) mm, cm, dm, m	$A = \frac{l^2}{4} \cdot \sqrt{3} \approx 0{,}433 \cdot l^2$ $l = \sqrt{\frac{A}{0{,}433}}$ $h = \frac{l}{2} \cdot \sqrt{3} \approx 0{,}866 \cdot l$ $l = \frac{h}{0{,}866}$	**Dreieck (gleichseitig)** 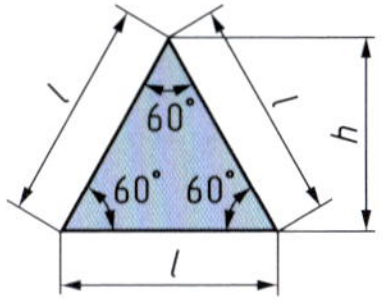

Beispiel

$l = 50\,mm$

$A = ?$

$A = 0{,}433 \cdot l^2$

$A = 0{,}433 \cdot (50\,mm)^2 = \underline{\underline{1082{,}5\,mm^2}}$

1

Flächen

Abbildung	Formel / Formelumstellung	Formelzeichen / Einheiten
Sechseck 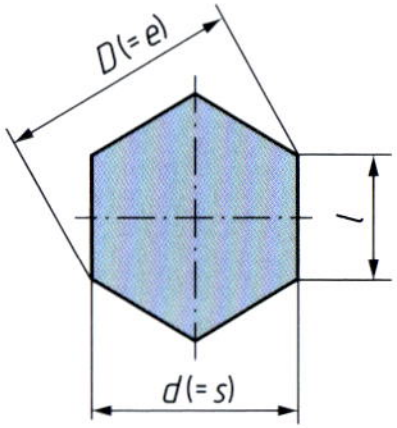	$A = 0{,}866 \cdot d^2$ $d = \sqrt{\frac{A}{0{,}866}}$ $d = s$ $D = d \cdot 1{,}155$ $d = \frac{D}{1{,}155}$ $D = e$ $U = 6 \cdot l$ $l = \frac{U}{6}$	*A* Fläche (z. B.) mm², cm², m² *d, s* Inkreisdurchmesser bzw. Schlüsselweite (z. B.) mm, cm, m *D, e* Umkreisdurchmesser bzw. Eckenmaß (z. B.) mm, cm, m *U* Umfang (z. B.) mm, cm, m *l* Seitenlänge (z. B.) mm, cm, m

Beispiel

$l = 100\,\text{mm}$

$U = ?$

$U = 6 \cdot l$

$U = 6 \cdot 100\,\text{mm} = \underline{\underline{600\,\text{mm}}}$

Flächen

Formelzeichen / Einheiten			Formel / Formelumstellung	Abbildung
A	Fläche	(z. B.) mm^2, cm^2, m^2	$A = \frac{l_1 + l_2}{2} \cdot b$	**Trapez**
l_1, l_2	Seitenlängen	(z. B.) mm, cm, m	$l_1 = \frac{2 \cdot A}{b} - l_2$	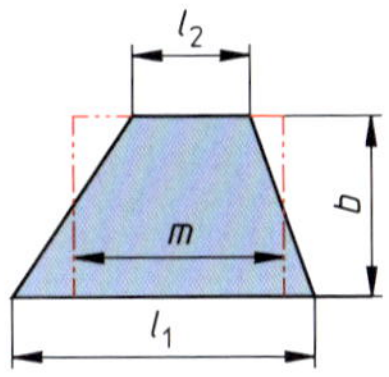
b	Breite	(z. B.) mm, cm, m	$l_2 = \frac{2 \cdot A}{b} - l_1$	
m	mittlere Seitenlänge	(z. B.) mm, cm, m	$b = \frac{2 \cdot A}{l_1 + l_2}$	
			$A = m \cdot b$	
			$m = \frac{l_1 + l_2}{2}$	
			$l_1 = 2 \cdot m - l_2$	
			$l_2 = 2 \cdot m - l_1$	

Beispiel

$l_1 = 150\,mm$

$l_2 = 90\,mm$

$b = 110\,mm$

$A = ?$

$$A = \frac{l_1 + l_2}{2} \cdot b$$

$$A = \frac{150\,mm + 90\,mm}{2} \cdot 110\,mm = \underline{\underline{13200\,mm^2}}$$

Flächen – Regelmäßiges Vieleck 1

Abbildung	Formel / Formelumstellung		Formelzeichen / Einheiten		
Regelmäßiges Vieleck 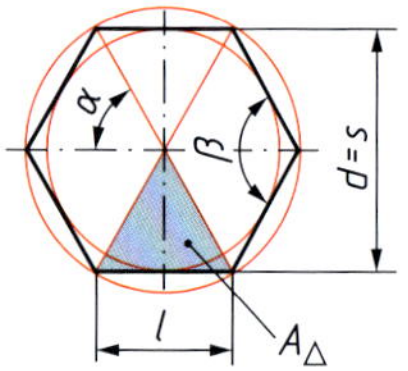 	$A = \frac{n \cdot l \cdot d}{4}$ $n = \frac{4 \cdot A}{l \cdot d}$ $l = \frac{4 \cdot A}{n \cdot d}$ $d = \frac{4 \cdot A}{n \cdot l}$ $\alpha = 180° - \beta$ $\beta = 180° - \alpha$	$A = A_{\triangle} \cdot n$ $A_{\triangle} = \frac{A}{n}$ $n = \frac{A}{A_{\triangle}}$ $\alpha = \frac{360°}{n}$ $n = \frac{360°}{\alpha}$ $\beta = \frac{(n-2) \cdot 180°}{n}$	A $A_{\triangle}$ n l d, s α β	Vieleckfläche Teilfläche Eckenzahl Seitenlänge Inkreisdurchmesser bzw. Schlüsselweite bei gerader Eckenzahl Mittelpunktswinkel Eckenwinkel	(z. B.) mm^2, m^2 (z. B.) mm^2, m^2 (z. B.) mm, m (z. B.) mm, m in ° (Grad) in ° (Grad)

Beispiel

$n = 6$

$l = 15\,mm$

$d = 26\,mm$

$A = ?$

$$A = \frac{n \cdot l \cdot d}{4}$$

$$A = \frac{6 \cdot 15\,mm \cdot 26\,mm}{4} = 585\,mm \cdot mm = \underline{\underline{585\,mm^2}}$$

Flächen – Regelmäßiges Vieleck 2

Formelzeichen / Einheiten			Formel / Formelumstellung	Abbildung
U	Umfang	(z. B.) mm, m	$U = l \cdot n$	**Regelmäßiges Vieleck**
l	Seitenlänge	(z. B.) mm, m	$l = \frac{U}{n}$	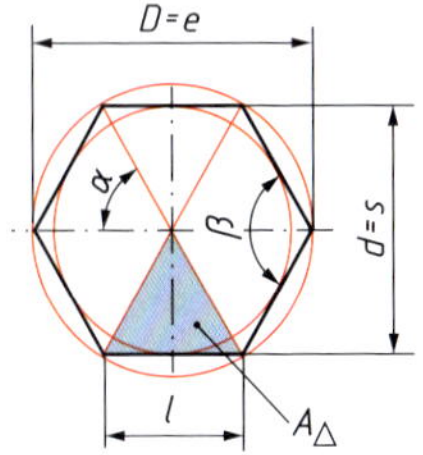
n	Eckenzahl		$n = \frac{U}{l}$	
D, e	Umkreisdurchmesser bzw. Eckenmaß	(z. B.) mm, m	$l = D \cdot \sin\left(\frac{180°}{n}\right)$	
d, s	Inkreisdurchmesser bzw. Schlüsselweite bei gerader Eckenzahl	(z. B.) mm, m	$D = \frac{l}{\sin\left(\frac{180°}{n}\right)}$	
			$D = \sqrt{l^2 + d^2}$	
			$l = \sqrt{D^2 - d^2}$	
			$d = \sqrt{D^2 - l^2}$	

Beispiel

$l = 280\,\text{m}$

$n = 6$

$U = ?$

$U = l \cdot n$

$U = 280\,\text{mm} \cdot 6 = \underline{\underline{1680\,\text{mm}}}$

1

1

Flächen

Abbildung	Formel / Formelumstellung	Formelzeichen / Einheiten
Kreis 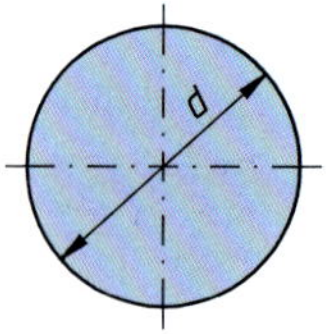	$U = d \cdot \pi$ $d = \frac{U}{\pi}$ $A = \frac{d^2 \cdot \pi}{4}$ $A = 0{,}785... \cdot d^2$ $d = \sqrt{\frac{4 \cdot A}{\pi}}$ $\pi = 3{,}14159...$	U Umfang (z. B.) mm, cm, m A Fläche (z. B.) mm^2, cm^2, m^2 d Durchmesser (z. B.) mm, cm, m

Beispiel

$d = 660{,}4\,mm$

$U = ?$

$U = d \cdot \pi$

$U = 660{,}4\,mm \cdot \pi = \underline{\underline{2074{,}71mm}}$

1

Flächen

Formelzeichen / Einheiten		
$\overset{\frown}{l}_b$	Bogenlänge	(z. B.) mm, cm, m
α	Zentrierwinkel	in ° (Grad)
A	Kreisausschnittsfläche	(z. B.) mm², cm², m²
d	Durchmesser	(z. B.) mm, cm, m
r	Radius	(z. B.) mm, cm, m

Formel / Formelumstellung

$$\overset{\frown}{l}_b = \frac{d \cdot \pi \cdot \alpha}{360°}$$

$$d = \frac{\overset{\frown}{l}_b \cdot 360°}{\pi \cdot \alpha}$$

$$\alpha = \frac{\overset{\frown}{l}_b \cdot 360°}{d \cdot \pi}$$

$$A = \frac{d^2 \cdot \pi}{4} \cdot \frac{\alpha}{360°}$$

$$d = \sqrt{\frac{4 \cdot 360° \cdot A}{\pi \cdot \alpha}}$$

$$\alpha = \frac{4 \cdot 360° \cdot A}{d^2 \cdot \pi}$$

$$\overset{\frown}{l}_b = 2 \cdot r \cdot \sin\frac{\alpha}{2}$$

$$r = \frac{\overset{\frown}{l}_b}{2 \cdot \sin\frac{\alpha}{2}}$$

$$A = \frac{\overset{\frown}{l}_b \cdot r}{2}$$

$$\overset{\frown}{l}_b = \frac{2 \cdot A}{r}$$

$$r = \frac{2 \cdot A}{\overset{\frown}{l}_b}$$

Abbildung

Kreisausschnitt

(Kreisbogen)

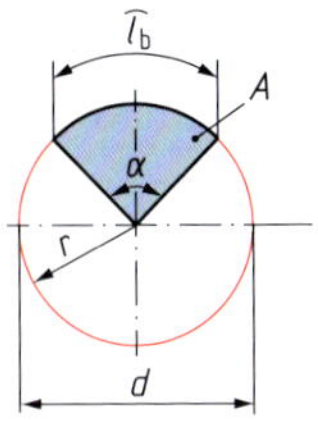

Beispiel

$d = 40\,\text{mm}$

$\alpha = 90°$

$A = ?$

$$A = \frac{d^2 \cdot \pi}{4} \cdot \frac{\alpha}{360°}$$

$$A = \frac{(40\,\text{mm})^2 \cdot \pi}{4} \cdot \frac{90°}{360°} = 314{,}16\,\text{mm}^2 \cdot \frac{\cancel{1°}}{\cancel{1°}} = \underline{\underline{314{,}16\,\text{mm}^2}}$$

1

Flächen – Kreisabschnitt 1

Abbildung	Formel / Formelumstellung	Formelzeichen / Einheiten
Kreisabschnitt (Bogenhöhe, Sehnenlänge) 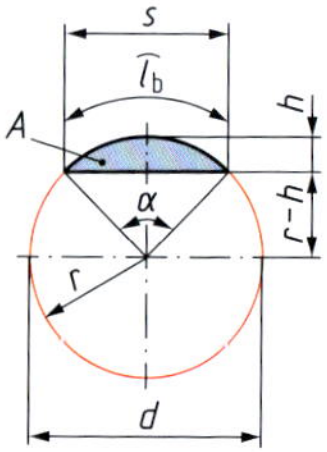	$A = \frac{\pi \cdot d^2}{4} \cdot \frac{\alpha}{360°} - \frac{s \cdot (r-h)}{2}$ $d = \sqrt{\left(A + \frac{s \cdot (r-h)}{2}\right) \cdot \frac{4 \cdot 360°}{\pi \cdot \alpha}}$ $\alpha = \left(A + \frac{s \cdot (r-h)}{2}\right) \cdot \frac{4 \cdot 360°}{d^2 \cdot \pi}$ $h = r + \left(A - \frac{d^2 \cdot \pi}{4} \cdot \frac{\alpha}{360°}\right) \cdot \frac{2}{s}$ $A = \frac{\widehat{l}_b \cdot r - s \cdot (r-h)}{2}$ $A \approx \frac{2}{3} \cdot s \cdot h$ $r = \frac{d}{2}$ $d = 2 \cdot r$	A Kreisabschnittfläche (z. B.) mm², cm², m² d Durchmesser (z. B.) mm, cm, m α Bogenwinkel in ° (Grad) s Sehnenlänge (z. B.) mm, cm, m r Radius (z. B.) mm, cm, m h Bogenhöhe (z. B.) mm, cm, m $\widehat{l}_b$ Bogenlänge (z. B.) mm, cm, m

Beispiel

$r = 30\,\text{mm}$

$\alpha = 80°$

$s = 38{,}6\,\text{mm}$

$h = 7\,\text{mm}$

$A = ?$

$$A = \frac{\pi \cdot d^2}{4} \cdot \frac{\alpha}{360°} - \frac{s \cdot (r-h)}{2}$$

$$A = \frac{\pi \cdot (60\,\text{mm})^2}{4} \cdot \frac{80°}{360°} - \frac{38{,}6\,\text{mm} \cdot (30\,\text{mm} - 7\,\text{mm})}{2} = \underline{\underline{184{,}4\,\text{mm}^2}}$$

Flächen – Kreisabschnitt 2

Formelzeichen / Einheiten			Formel / Formelumstellung	Abbildung
$\widehat{l}_b$	Bogenlänge	(z. B.) mm, cm, m	$\widehat{l}_b = \frac{d \cdot \pi \cdot \alpha}{360°}$	**Kreisabschnitt (Bogenhöhe, Sehnenlänge)**
d	Durchmesser	(z. B.) mm, cm, m	$\alpha = \frac{\widehat{l}_b \cdot 360°}{d \cdot \pi}$	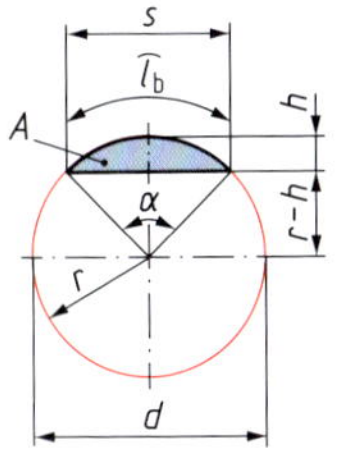
α	Bogenwinkel	in ° (Grad)	$d = \frac{\widehat{l}_b \cdot 360°}{\pi \cdot \alpha}$	
h	Bogenhöhe	(z. B.) mm, cm, m	$d = h + \frac{s^2}{4 \cdot h}$	
s	Sehnenlänge	(z. B.) mm, cm, m	$s = d \cdot \sin\frac{\alpha}{2} = 2 \cdot r \cdot \sin\frac{\alpha}{2}$	
r	Radius	(z. B.) mm, cm, m	$s = 2 \cdot \sqrt{h \cdot (2 \cdot r - h)}$	
			$h = \frac{s}{2} \cdot \tan\frac{\alpha}{4}$	
			$h = r - \sqrt{r^2 - \frac{s^2}{4}}$	

Beispiel

$d = 100\,\text{mm}$

$\alpha = 70°$

$\widehat{l}_b = ?$

$$\widehat{l}_b = \frac{d \cdot \pi \cdot \alpha}{360°}$$

$$\widehat{l}_b = \frac{100\,\text{mm} \cdot \pi \cdot 70°}{360°} = 61{,}1\,\frac{\text{mm} \cdot \cancel{1°}}{\cancel{1°}} = \underline{\underline{61{,}1\,\text{mm}}}$$

1

Flächen

Abbildung	Formel / Formelumstellung	Formelzeichen / Einheiten
Kreisring 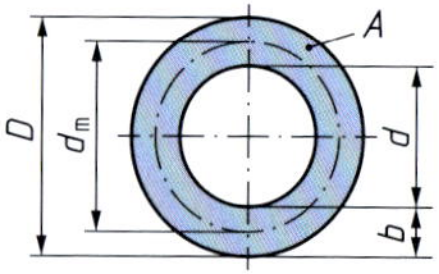	$A = \frac{D^2 \cdot \pi}{4} - \frac{d^2 \cdot \pi}{4} = \frac{\pi}{4} \cdot \left(D^2 - d^2\right)$ $D = \sqrt{\frac{4 \cdot A}{\pi} + d^2}$ $d = \sqrt{D^2 - \frac{4 \cdot A}{\pi}}$ $d_m = \frac{D + d}{2}$ $A = d_m \cdot \pi \cdot b$ $d_m = \frac{A}{\pi \cdot b}$ $b = \frac{A}{d_m \cdot \pi}$ $b = \frac{D - d}{2}$	*A* Fläche (z. B.) mm², cm², m² *D* Außendurchmesser (z. B.) mm, cm, m *d* Innendurchmesser (z. B.) mm, cm, m d_m mittlerer Durchmesser (z. B.) mm, cm, m *b* Ringbreite (z. B.) mm, cm, m

Beispiel

$D = 44\,\text{mm}$

$d = 26\,\text{mm}$

$A = ?$

$$A = \frac{\pi}{4} \cdot \left(D^2 - d^2\right)$$

$$A = \frac{\pi}{4} \cdot \left((44\,\text{mm})^2 - (26\,\text{mm})^2\right) = \underline{\underline{989{,}6\,\text{mm}^2}}$$

Flächen

Formelzeichen / Einheiten		Formel / Formelumstellung	Abbildung
A Fläche	(z. B.) mm^2, cm^2, m^2	$A = \left(\frac{D^2 \cdot \pi}{4} - \frac{d^2 \cdot \pi}{4}\right) \cdot \frac{\alpha}{360°}$	**Kreisringausschnitt**
α Bogenwinkel	in ° (Grad)	$A = \left(D^2 - d^2\right) \cdot \frac{\pi}{4} \cdot \frac{\alpha}{360°}$	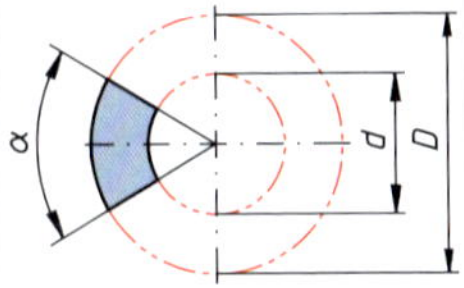
D Außendurchmesser	(z. B.) mm, cm, m	$D = \sqrt{d^2 + \frac{4 \cdot 360° \cdot A}{\pi \cdot \alpha}}$	
d Innendurchmesser	(z. B.) mm, cm, m	$d = \sqrt{D^2 - \frac{4 \cdot 360° \cdot A}{\pi \cdot \alpha}}$	
		$\alpha = \frac{4 \cdot 360° \cdot A}{\pi \cdot \left(D^2 - d^2\right)}$	

Beispiel

$D = 78\,mm$

$d = 45\,mm$

$\alpha = 180\,°$

$A = ?$

$$A = \left(D^2 - d^2\right) \cdot \frac{\pi}{4} \cdot \frac{\alpha}{360°}$$

$$A = \left((78\,mm)^2 - (45\,mm)^2\right) \cdot \frac{\pi}{4} \cdot \frac{180°}{360°} = \underline{\underline{1593{,}97\,mm^2}}$$

1

Flächen

Abbildung	Formel / Formelumstellung	Formelzeichen / Einheiten
Ellipse 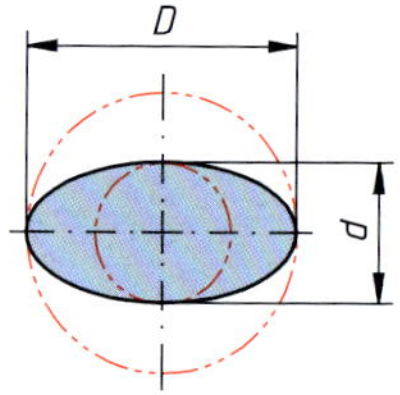	$A = \frac{\pi \cdot d \cdot D}{4}$ $d = \frac{4 \cdot A}{\pi \cdot D}$ $D = \frac{4 \cdot A}{\pi \cdot d}$ $U = \pi \cdot \frac{D + d}{2}$ $D = \frac{2 \cdot U}{\pi} - d$ $d = \frac{2 \cdot U}{\pi} - D$	*A* Fläche (z. B.) mm², cm², m² *U* Umfang (z. B.) mm, cm, m *D* Durchmesser Umkreis (z. B.) mm, cm, m *d* Durchmesser Inkreis (z. B.) mm, cm, m

Beispiel

$D = 40\,\text{mm}$

$d = 20\,\text{mm}$

$A = ?$

$U = ?$

$$A = \frac{\pi \cdot d \cdot D}{4}$$

$$A = \frac{\pi \cdot 20\,\text{mm} \cdot 40\,\text{mm}}{4} = \underline{\underline{628{,}32\,\text{mm}^2}}$$

$$U = \pi \cdot \frac{D + d}{2}$$

$$U = \pi \cdot \frac{40\,\text{mm} + 20\,\text{mm}}{2} = \underline{\underline{94{,}25\,\text{mm}}}$$

Flächen

Formelzeichen / Einheiten

A	Fläche	(z. B.) mm^2, cm^2, m^2
$A_1, A_2, \ldots$	Teilflächen	(z. B.) mm^2, cm^2, m^2
U	Umfang	(z. B.) mm, cm, m
$l_1, l_2, \ldots$	Seitenlängen	(z. B.) mm, cm, m
$b_1, b_2, \ldots$	Breiten	(z. B.) mm, cm, m

U = Summe aus den Seitenlängen aller Teildreiecke, ohne die Längen der übereinander liegenden Seiten zweier aneinandergrenzender Teildreiecke.

Formel / Formelumstellung

$$A = A_1 + A_2 + \ldots$$

$$A_1 = \frac{l_1 \cdot b_1}{2}$$

$$l_1 = \frac{A \cdot 2}{b_1}$$

$$b_1 = \frac{A_1 \cdot 2}{l_1}$$

$$A_2 = \frac{l_2 \cdot b_2}{2}$$

$$l_2 = \frac{A_2 \cdot 2}{b_2}$$

$$b_2 = \frac{A_2 \cdot 2}{l_2}$$

Abbildung

Zusammengesetzte Flächen

(Unregelmäßiges Vieleck)

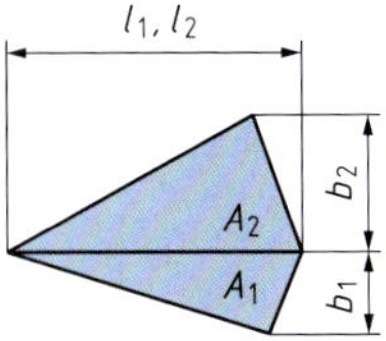

1

Beispiel

$l_1 = l_2 = 300\,mm$

$b_1 = 150\,mm$

$b_2 = 80\,mm$

$A_1 = 225\,mm^2$

$A = ?$

$$A_2 = \frac{l_2 \cdot b_2}{2}$$

$$A_2 = \frac{300\,mm + 80\,mm}{2} = \underline{\underline{190\,mm^2}}$$

$$A = A_1 + A_2$$

$$A = 225\,mm^2 + 190\,mm^2 = \underline{\underline{415\,mm^2}}$$

1

Lehrsatz des Pythagoras, Höhensatz des Euklid

Abbildung	Formel / Formelumstellung	Formelzeichen / Einheiten
Lehrsatz des Pythagoras 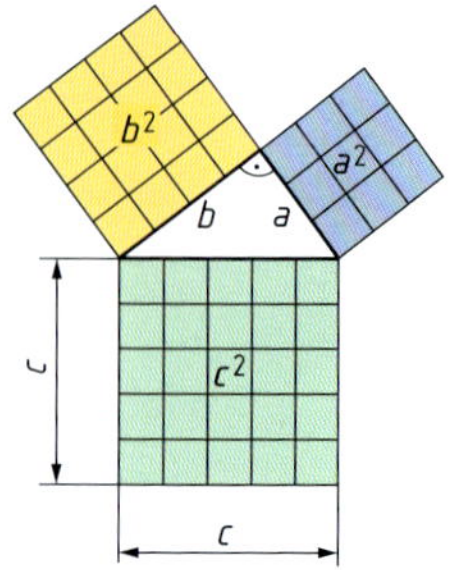	$a^2 + b^2 = c^2$ $a = \sqrt{c^2 - b^2}$ $b = \sqrt{c^2 - a^2}$ $c = \sqrt{a^2 + b^2}$	a, b Katheten (z. B.) mm, cm, m c Hypotenuse (z. B.) mm, cm, m Die **Hypotenuse** ist die längste Seite eines rechtwinkeligen Dreiecks. Sie liegt dem rechten Winkel (90°-Winkel) gegenüber.
Beispiel $a = 300\,\text{mm}$ $b = 400\,\text{mm}$ $c = ?$	$c = \sqrt{a^2 + b^2} = \sqrt{(300\,\text{mm})^2 + (400\,\text{mm})^2} = \underline{\underline{500\,\text{mm}}}$	
Höhensatz des Euklid 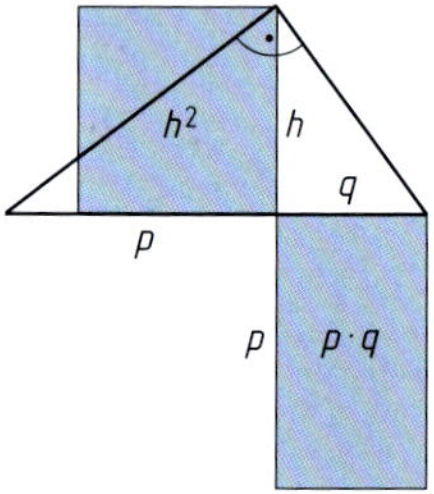	$h^2 = q \cdot p$ $h = \sqrt{q \cdot p}$ $q = \frac{h^2}{p}$ $p = \frac{h^2}{q}$	h Höhe (z. B.) mm, cm, m p, q Hypotenusenabschnitte (z. B.) mm, cm, m
Beispiel $q = 200\,\text{mm}$ $p = 300\,\text{mm}$ $h = ?$	$h = \sqrt{q \cdot p} = \sqrt{200\,\text{mm} \cdot 300\,\text{mm}} = \underline{\underline{244{,}9\,\text{mm}}}$	

Kathetensatz (Satz des Euklid)

Formelzeichen / Einheiten	Formel / Formelumstellung	Abbildung
a, b Katheten (z. B.) mm, cm, m c Hypotenuse (z. B.) mm, cm, m p, q Hypotenusenabschnitte (z. B.) mm, cm, m Die **Hypotenuse** ist die längste Seite eines rechtwinkeligen Dreiecks. Sie liegt dem rechten Winkel (90°-Winkel) gegenüber.	$b^2 = c \cdot p$ $b = \sqrt{c \cdot p}$ $c = \frac{b^2}{p}$ $p = \frac{b^2}{c}$ $a^2 = c \cdot q$ $a = \sqrt{c \cdot q}$ $c = \frac{a^2}{q}$ $q = \frac{a^2}{c}$	**Kathetensatz (Satz des Euklid)** 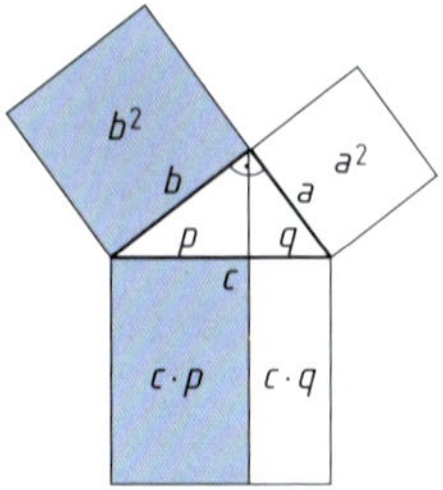

Beispiel

$c = 500\,\text{mm}$

$q = 200\,\text{mm}$

$b = ?$

$b = \sqrt{c \cdot q}$

$b = \sqrt{500\,\text{mm} \cdot 200\,\text{mm}} = \underline{\underline{316{,}2\,\text{mm}}}$

1

1

Winkelfunktionen

Abbildung	Formel / Formelumstellung	Formelzeichen / Einheiten
Beziehungen im rechtwinkeligen Dreieck	$\sin\alpha = \frac{a}{c}$ $\quad\cos\alpha = \frac{b}{c}$	Bezugswinkel α:

Beziehungen im rechtwinkeligen Dreieck

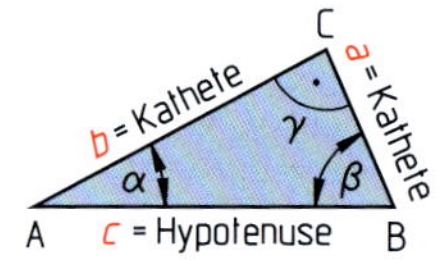

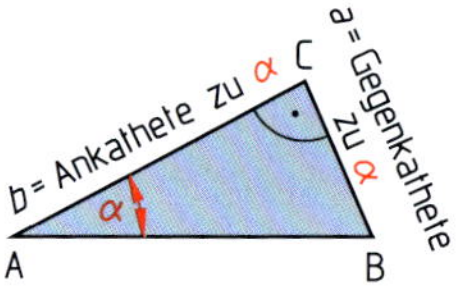

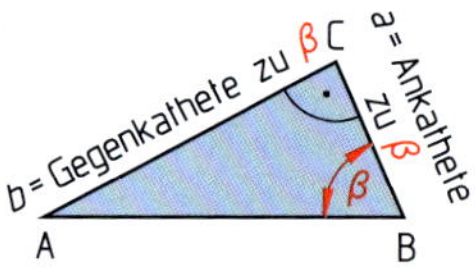

Formel / Formelumstellung

$$\sin\alpha = \frac{a}{c} \qquad \cos\alpha = \frac{b}{c}$$

$$a = c \cdot \sin\alpha \qquad b = c \cdot \cos\alpha$$

$$c = \frac{a}{\sin\alpha} \qquad c = \frac{b}{\cos\alpha}$$

$$\tan\alpha = \frac{a}{b} \qquad \cot\alpha = \frac{b}{a}$$

$$a = b \cdot \tan\alpha \qquad b = a \cdot \cot\alpha$$

$$b = \frac{a}{\tan\alpha} \qquad a = \frac{b}{\cot\alpha}$$

$$\sin\beta = \frac{b}{c} \qquad \cos\beta = \frac{a}{c}$$

$$\tan\beta = \frac{b}{a} \qquad \cot\beta = \frac{a}{b}$$

$$\gamma = 90^\circ$$

$$\alpha + \beta + \gamma = 180^\circ$$

Formelzeichen / Einheiten

Bezugswinkel α:

α	Winkel	in ° (Grad)
a	Gegenkathete zu α	(z. B.) mm, cm, m
c	Hypotenuse	(z. B.) mm, cm, m
b	Ankathete zu α	(z. B.) mm, cm, m

Bezugswinkel β:

β	Winkel	in ° (Grad)
b	Gegenkathete zu β	(z. B.) mm, cm, m
c	Hypotenuse	(z. B.) mm, cm, m
a	Ankathete zu β	(z. B.) mm, cm, m

Beispiel

$a = 20\,\text{mm}$

$c = 30\,\text{mm}$

$\sin\alpha = ?$

$$\sin\alpha = \frac{a}{c}$$

$$\sin\alpha = \frac{200\,\text{mm}}{300\,\text{mm}} = 0{,}667\,\frac{\cancel{\text{mm}}}{\cancel{\text{mm}}} = \underline{\underline{0{,}667}}$$

Sinussatz

Formelzeichen / Einheiten		Formel / Formelumstellung	Abbildung
α Gegenwinkel zur Seite a	in ° (Grad)	$\frac{a}{\sin\alpha} = \frac{b}{\sin\beta} = \frac{c}{\sin\gamma}$	**Sinussatz** 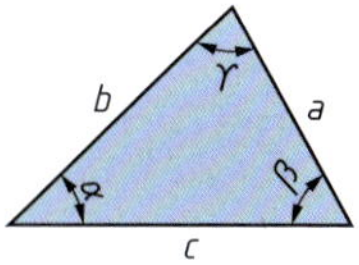
β Gegenwinkel zur Seite b	in ° (Grad)	$a : b : c = \sin\alpha : \sin\beta : \sin\gamma$	
γ Gegenwinkel zur Seite c	in ° (Grad)	$a = \frac{b}{\sin\beta} \cdot \sin\alpha = \frac{c}{\sin\gamma} \cdot \sin\alpha$	
a Seite des Dreiecks	(z. B.) mm, cm, m	$b = \frac{a}{\sin\alpha} \cdot \sin\beta = \frac{c}{\sin\gamma} \cdot \sin\beta$	
b Seite des Dreiecks	(z. B.) mm, cm, m	$c = \frac{a}{\sin\alpha} \cdot \sin\gamma = \frac{b}{\sin\beta} \cdot \sin\gamma$	
c Seite des Dreiecks	(z. B.) mm, cm, m		

Beispiel

$b = 30\,\text{mm}$

$\alpha = 28°$

$\beta = 37°$

$a = ?$

$$a = \frac{b}{\sin\beta} \cdot \sin\alpha$$

$$a = \frac{30\,\text{mm}}{\sin 37°} \cdot \sin 28° = \underline{\underline{23{,}4\,\text{mm}}}$$

1

1

Cosinussatz

Abbildung	Formel / Formelumstellung	Formelzeichen / Einheiten	
Cosinussatz 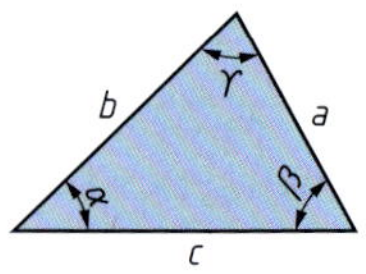	$a^2 = b^2 + c^2 - 2 \cdot bc \cdot \cos\alpha$ $b^2 = a^2 + c^2 - 2 \cdot ac \cdot \cos\beta$ $c^2 = a^2 + b^2 - 2 \cdot ab \cdot \cos\gamma$ (Bei einem stumpfen Winkel wird der Cosinus negativ.) $a = \sqrt{b^2 + c^2 - 2 \cdot bc \cdot \cos\alpha}$ $b = \sqrt{a^2 + c^2 - 2 \cdot ac \cdot \cos\beta}$ $c = \sqrt{a^2 + b^2 - 2 \cdot ab \cdot \cos\gamma}$	α Gegenwinkel zur Seite a	in ° (Grad)
		β Gegenwinkel zur Seite b	in ° (Grad)
		γ Gegenwinkel zur Seite c	in ° (Grad)
		a Seite des Dreiecks	(z. B.) mm, cm, m
		b Seite des Dreiecks	(z. B.) mm, cm, m
		c Seite des Dreiecks	(z. B.) mm, cm, m

Beispiel

$b = 50\,\text{mm}$

$c = 60\,\text{mm}$

$\alpha = 47°$

$a = ?$

$$a = \sqrt{b^2 + c^2 - 2bc \cdot \cos\alpha}$$

$$a = \sqrt{(50\,\text{mm})^2 + (60\,\text{mm})^2 - 2 \cdot 50\,\text{mm} \cdot 60\,\text{mm} \cdot \cos 47°} = \underline{\underline{44{,}8\,\text{mm}}}$$

Tangenssatz 1

Formelzeichen / Einheiten		Formel / Formelumstellung	Abbildung
α Gegenwinkel zur Seite a	in ° (Grad)	$$\frac{a+b}{a-b}=\frac{\tan\frac{\alpha+\beta}{2}}{\tan\frac{\alpha-\beta}{2}}$$	**Tangenssatz** 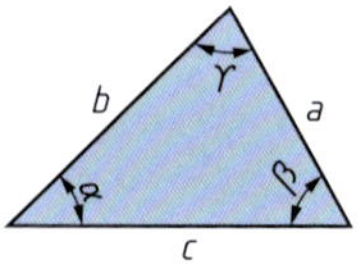
β Gegenwinkel zur Seite b	in ° (Grad)	$$a=\frac{-b\left(\tan\frac{\alpha-\beta}{2}+\tan\frac{\alpha+\beta}{2}\right)}{\tan\frac{\alpha-\beta}{2}-\tan\frac{\alpha+\beta}{2}}$$	
γ Gegenwinkel zur Seite c	in ° (Grad)	$$b=\frac{a\left(\tan\frac{\alpha-\beta}{2}-\tan\frac{\alpha+\beta}{2}\right)}{-\tan\frac{\alpha-\beta}{2}-\tan\frac{\alpha+\beta}{2}}$$	
a Seite des Dreiecks	(z. B.) mm, cm, m		
b Seite des Dreiecks	(z. B.) mm, cm, m		
c Seite des Dreiecks	(z. B.) mm, cm, m		

Beispiel

$b = 50\,\text{mm}$

$\alpha = 37°$

$\beta = 65°$

$a = ?$

$$a=\frac{-b\left(\tan\frac{\alpha-\beta}{2}+\tan\frac{\alpha+\beta}{2}\right)}{\tan\frac{\alpha-\beta}{2}-\tan\frac{\alpha+\beta}{2}}$$

$$a=\frac{-50\,\text{mm}\left(\tan\frac{37°-65°}{2}+\tan\frac{37°+65°}{2}\right)}{\tan\frac{37°-65°}{2}-\tan\frac{37°+65°}{2}}=\underline{\underline{33{,}2\,\text{mm}}}$$

1

Tangenssatz 2

Abbildung	Formel / Formelumstellung	Formelzeichen / Einheiten
Tangenssatz (Fortsetzung) 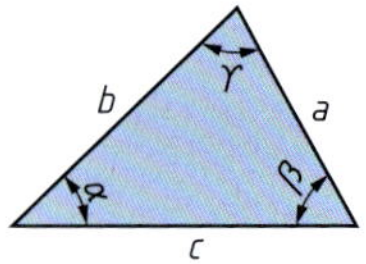 	$\frac{a+c}{a-c} = \frac{\tan\frac{\alpha+\gamma}{2}}{\tan\frac{\alpha-\gamma}{2}}$ $a = \frac{-c\left(\tan\frac{\alpha-\gamma}{2}+\tan\frac{\alpha+\gamma}{2}\right)}{\tan\frac{\alpha-\gamma}{2}-\tan\frac{\alpha+\gamma}{2}}$ $c = \frac{a\left(\tan\frac{\alpha-\gamma}{2}-\tan\frac{\alpha+\gamma}{2}\right)}{-\tan\frac{\alpha-\gamma}{2}-\tan\frac{\alpha+\gamma}{2}}$	α Gegenwinkel zur Seite a — in ° (Grad) β Gegenwinkel zur Seite b — in ° (Grad) γ Gegenwinkel zur Seite c — in ° (Grad) a Seite des Dreiecks — (z. B.) mm, cm, m b Seite des Dreiecks — (z. B.) mm, cm, m c Seite des Dreiecks — (z. B.) mm, cm, m

Beispiel

$c = 70\,\text{mm}$

$\alpha = 50°$

$\gamma = 80°$

$a = ?$

$$a = \frac{-c\left(\tan\frac{\alpha-\gamma}{2}+\tan\frac{\alpha+\gamma}{2}\right)}{\tan\frac{\alpha-\gamma}{2}-\tan\frac{\alpha+\gamma}{2}}$$

$$a = \frac{-70\,\text{mm}\left(\tan\frac{50°-80°}{2}+\tan\frac{50°+80°}{2}\right)}{\tan\frac{50°-80°}{2}-\tan\frac{50°+80°}{2}} = \underline{\underline{54{,}5\,\text{mm}}}$$

Tangenssatz 3

Formelzeichen / Einheiten		Formel / Formelumstellung	Abbildung
α Gegenwinkel zur Seite a	in ° (Grad)	$$\frac{b+c}{b-c}=\frac{\tan\frac{\beta+\gamma}{2}}{\tan\frac{\beta-\gamma}{2}}$$	**Tangenssatz (Fortsetzung)** 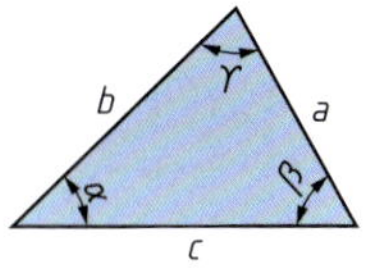
β Gegenwinkel zur Seite b	in ° (Grad)	$$b=\frac{-c\left(\tan\frac{\beta-\gamma}{2}+\tan\frac{\beta+\gamma}{2}\right)}{\tan\frac{\beta-\gamma}{2}-\tan\frac{\beta+\gamma}{2}}$$	
γ Gegenwinkel zur Seite c	in ° (Grad)	$$c=\frac{b\left(\tan\frac{\beta-\gamma}{2}-\tan\frac{\beta+\gamma}{2}\right)}{-\tan\frac{\beta-\gamma}{2}-\tan\frac{\beta+\gamma}{2}}$$	
a Seite des Dreiecks	(z. B.) mm, cm, m		
b Seite des Dreiecks	(z. B.) mm, cm, m		
c Seite des Dreiecks	(z. B.) mm, cm, m		

Beispiel

$c = 80\,\text{mm}$

$\beta = 70°$

$\gamma = 80°$

$b = ?$

$$b=\frac{-c\left(\tan\frac{\beta-\gamma}{2}+\tan\frac{\beta+\gamma}{2}\right)}{\tan\frac{\beta-\gamma}{2}-\tan\frac{\beta+\gamma}{2}}$$

$$b=\frac{-80\,\text{mm}\left(\tan\frac{70°-80°}{2}+\tan\frac{70°+80°}{2}\right)}{\tan\frac{70°-80°}{2}-\tan\frac{70°+80°}{2}}=\underline{\underline{76{,}3\,\text{mm}}}$$

Strahlensatz

Abbildung	Formel / Formelumstellung	Formelzeichen / Einheiten
Strahlensatz 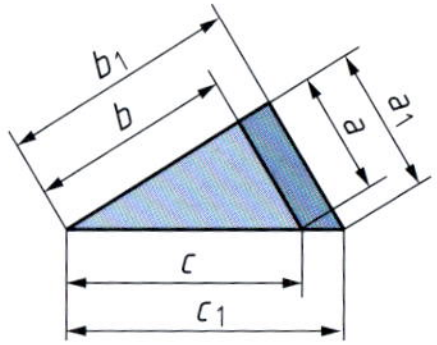	$\frac{a}{a_1} = \frac{b}{b_1} = \frac{c}{c_1}$ $a = \frac{a_1 \cdot b}{b_1}$ $a = \frac{a_1 \cdot c}{c_1}$ $a_1 = \frac{a \cdot b_1}{b}$ $a_1 = \frac{a \cdot c_1}{c}$ $b = \frac{b_1 \cdot a}{a_1}$ $b = \frac{b_1 \cdot c}{c_1}$ $b_1 = \frac{b \cdot a_1}{a}$ $b_1 = \frac{b \cdot c_1}{c}$ $c = \frac{c_1 \cdot a}{a_1}$ $c = \frac{c_1 \cdot b}{b_1}$ $c_1 = \frac{c \cdot a_1}{a}$ $c_1 = \frac{c \cdot b_1}{b}$	a Parallele 1 (z. B.) mm, cm, m a_1 Parallele 2 (z. B.) mm, cm, m b Teillänge 1 Strahl 1 (z. B.) mm, cm, m b_1 Teillänge 2 Strahl 1 (z. B.) mm, cm, m c Teillänge 1 Strahl 2 (z. B.) mm, cm, m c_1 Teillänge 2 Strahl 2 (z. B.) mm, cm, m Werden zwei sich in einem Punkt A schneidende Geraden von Parallelen geschnitten, so sind die Parallelabschnitte und die Strahlenabschnitte verhältnisgleich.

Beispiel

$a_1 = 25\,\text{mm}$

$b = 33\,\text{mm}$

$b_1 = 40\,\text{mm}$

$a = ?$

$$a = \frac{a_1 \cdot b}{b_1}$$

$$a = \frac{25\,\text{mm} \cdot 33\,\text{mm}}{40\,\text{mm}} = 20{,}6 \frac{\cancel{\text{mm}} \cdot \text{mm}}{\cancel{\text{mm}}} = \underline{\underline{20{,}6\,\text{mm}}}$$

1

Gestreckte Länge 1

Formelzeichen / Einheiten			Formel / Formelumstellung	Abbildung
l	gestreckte Länge	(z. B.) mm, cm, m	$l = \frac{d_m \cdot \pi \cdot \alpha}{360°}$	**Gestreckte Länge beim Ringbogen**
d_m	mittlerer Durchmesser	(z. B.) mm, cm, m	$d_m = \frac{l \cdot 360°}{\pi \cdot \alpha}$	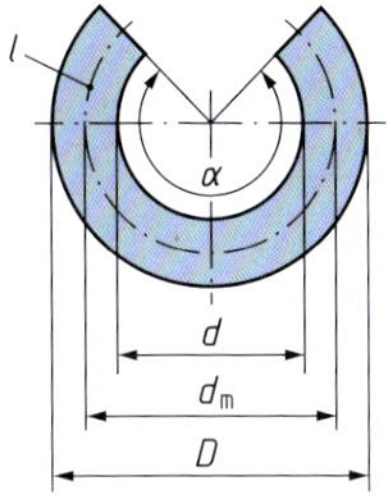
α	Biegewinkel	in ° (Grad)	$\alpha = \frac{l \cdot 360°}{d_m \cdot \pi}$	
D	Außendurchmesser	(z. B.) mm, cm, m	$d_m = \frac{D + d}{2}$	
d	Innendurchmesser	(z. B.) mm, cm, m	$D = 2 \cdot d_m - d$	
			$d = 2 \cdot d_m - D$	

Beispiel

$d_m = 500\,\text{mm}$

$\alpha = 270°$

$l = ?$

$$l = \frac{d_m \cdot \pi \cdot \alpha}{360°}$$

$$l = \frac{500\,\text{mm} \cdot \pi \cdot 270°}{360°} = \underline{\underline{1178{,}1\,\text{mm}}}$$

1

1

Gestreckte Länge 2

Abbildung	Formel / Formelumstellung	Formelzeichen / Einheiten
Zusammengesetzte gestreckte Länge 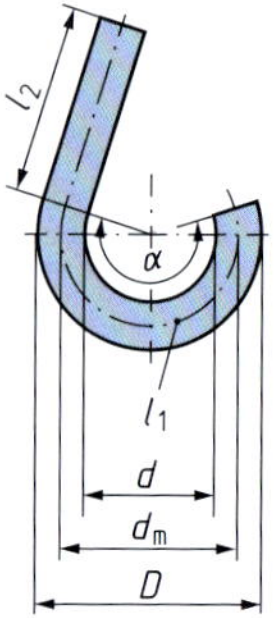	$l = l_1 + l_2 + \ldots$ $l = \frac{d_m \cdot \pi \cdot \alpha}{360°} + l_2$ $d_m = \frac{(l - l_2) \cdot 360°}{\pi \cdot \alpha}$ $\alpha = \frac{(l - l_2) \cdot 360°}{d_m \cdot \pi}$ $l_2 = l - \frac{d_m \cdot \pi \cdot \alpha}{360°}$ $d_m = \frac{D + d}{2}$ $D = 2 \cdot d_m - d$ $d = 2 \cdot d_m - D$	l gestreckte Länge (z. B.) mm, cm, m $l_1, l_2, \ldots$ Teillängen (z. B.) mm, cm, m d_m mittlerer Durchmesser (z. B.) mm, cm, m α Biegewinkel in ° (Grad) D Außendurchmesser (z. B.) mm, cm, m d Innendurchmesser (z. B.) mm, cm, m

Beispiel

$d_m = 350\,\text{mm}$

$l_2 = 180\,\text{mm}$

$\alpha = 200°$

$l = ?$

$$l = \frac{d_m \cdot \pi \cdot \alpha}{360°} + l_2$$

$$l = \frac{350\,\text{mm} \cdot \pi \cdot 200\cancel{°}}{360\cancel{°}} + 180\,\text{mm} = \underline{\underline{790{,}9\,\text{mm}}}$$

Teilung von Längen 1

Formelzeichen / Einheiten			Formel / Formelumstellung		Abbildung
P	Teilung	(z. B.) mm, m	$P = \frac{L-(l_2+l_3)}{z}$	$P = \frac{L-(l_2+l_3)}{n-1}$	**Teilung von Längen mit Teilung ≠ Randabstände** ($l_2 = l_3$ oder $l_2 \neq l_3$) 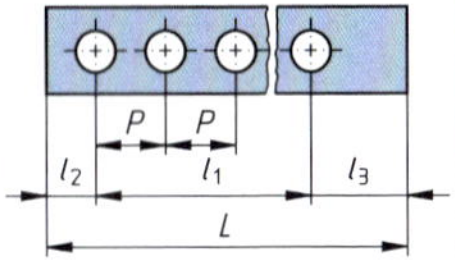
L	Gesamtlänge	(z. B.) mm, m	$L = P \cdot z + l_2 + l_3$	$L = P \cdot (n-1) + l_2 + l_3$	
l_1	Teilungslänge	(z. B.) mm, m	$l_2 = L - l_3 - P \cdot z$	$l_2 = L - l_3 - P \cdot (n-1)$	
l_2, l_3	Randabstände	(z. B.) mm, m	$l_3 = L - l_2 - P \cdot z$	$l_3 = L - l_2 - P \cdot (n-1)$	
n	Anzahl der Bohrungen		$z = \frac{L-(l_2+l_3)}{P}$	$n = \frac{L-(l_2+l_3)}{P} + 1$	
z	Anzahl der Teilungen, die der Teilung P entsprechen		$L = l_1 + l_2 + l_3$	$z = n - 1$	
			$l_1 = L - l_2 - l_3$		
			$l_2 = L - l_1 - l_3$		
			$l_3 = L - l_1 - l_2$		

Beispiel

$L = 445\,\text{mm}$

$l_2 = 10\,\text{mm}$

$l_3 = 15\,\text{mm}$

$n = 25$

$P = ?$

$$P = \frac{L-(l_2+l_3)}{n-1}$$

$$P = \frac{445\,\text{mm} - (10\,\text{mm} + 15\,\text{mm})}{25-1} = \underline{\underline{17{,}5\,\text{mm}}}$$

1

Teilung von Längen 2

Abbildung	Formel / Formelumstellung		Formelzeichen / Einheiten	
Teilung von Längen mit Teilung = Randabständen (*P* = *l*) 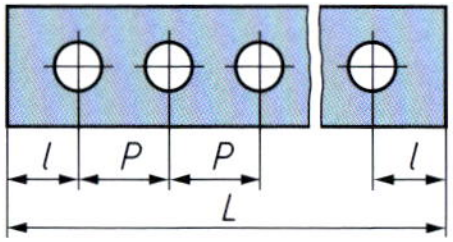	$P = \frac{L}{z}$	$P = \frac{L}{n+1}$	*P* Teilung	(z. B.) mm, cm, m
	$L = P \cdot z$	$L = P \cdot (n+1)$	*L* Gesamtlänge	(z. B.) mm, cm, m
	$z = \frac{L}{P}$	$n = \frac{L}{P} - 1$	*l* Randabstände	(z. B.) mm, cm, m
	$z = n + 1$		*n* Anzahl der Bohrungen	
			z Anzahl der Teilungen, die der Teilung *P* entsprechen	

Beispiel

$L = 350\,\text{mm}$

$n = 19$

$P = ?$

$$P = \frac{L}{n+1}$$

$$P = \frac{350\,\text{mm}}{19+1} = \underline{\underline{17{,}5\,\text{mm}}}$$

Neigung und Steigung

Formelzeichen / Einheiten

α	Steigungs- bzw. Neigungswinkel	in ° (Grad)
$\frac{1}{y}$	Steigungs- bzw. Neigungsverhältnis	(z. B.) $\frac{1}{mm}$, $\frac{1}{cm}$
h	Höhe	(z. B.) mm, cm, m
l	Länge der Waagerechten	(z. B.) mm, cm, m
P	Steigung in Prozent	%
y	Länge der Waagerechten bei Höhe $h = 1$	(z. B.) mm, cm, m

Formel / Formelumstellung

$$\tan\alpha = \frac{1}{y} \qquad \tan\alpha = \frac{h}{l}$$

$$\tan\alpha = \frac{1}{y} = \frac{h}{l}$$

$$y = \frac{l}{h} \qquad l = y \cdot h \qquad h = \frac{l}{y}$$

$$P = \tan\alpha \cdot 100\,\%$$

$$\tan\alpha = \frac{P}{100\,\%}$$

$$P = \frac{h \cdot 100\,\%}{l}$$

$$h = \frac{P \cdot l}{100\,\%}$$

$$l = \frac{h \cdot 100\,\%}{P}$$

Abbildung

Neigung (nach links fallend)

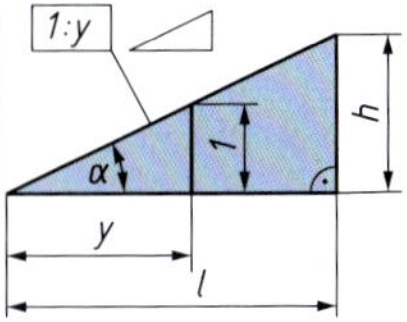

Steigung (nach rechts fallend)

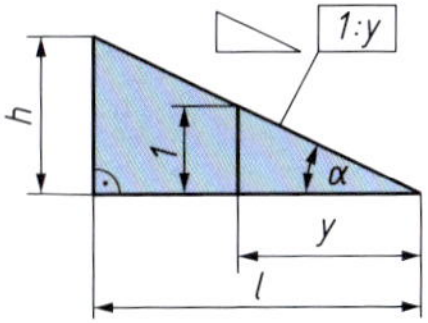

Beispiel

$l = 75\,\text{mm}$

$h = 30\,\text{mm}$

$y = ?$

$$y = \frac{l}{h}$$

$$y = \frac{75\,\text{mm}}{30\,\text{mm}} = 2{,}5\,\frac{\cancel{\text{mm}}}{\cancel{\text{mm}}} = \underline{\underline{2{,}5}}$$

1

1

Volumen und Oberflächen

Abbildung	Formel / Formelumstellung	Formelzeichen / Einheiten
Würfel 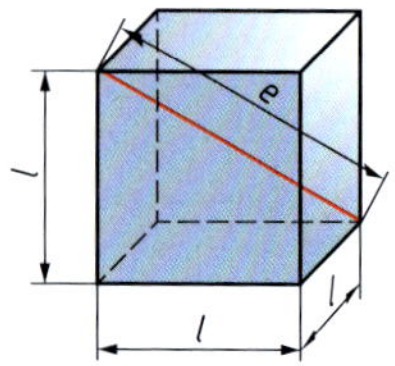 	$V = l \cdot l \cdot l$ $V = l^3$ $l = \sqrt[3]{V}$ $A_O = 6 \cdot l^2$ $l = \sqrt{\frac{A_O}{6}}$ $e = l \cdot \sqrt{3}$ $l = \frac{e}{\sqrt{3}}$	V Volumen (z. B.) mm^3, cm^3, m^3 l Seitenlänge (z. B.) mm, cm, m A_O Oberfläche (z. B.) mm^2, cm^2, m^2 e Raumdiagonale (z. B.) mm, cm, m

Beispiel

$l = 0{,}5\,m$

$V = ?$

$V = l \cdot l \cdot l$

$V = 0{,}5\,m \cdot 0{,}5\,m \cdot 0{,}5\,m = \underline{\underline{0{,}125\,m^3}}$

Volumen und Oberflächen

Formelzeichen / Einheiten			Formel / Formelumstellung	Abbildung
V	Volumen	(z. B.) mm³, cm³, m³	$V = l \cdot b \cdot h$	**Rechteckprisma, Quader**
l	Länge	(z. B.) mm, cm, m	$l = \frac{V}{b \cdot h}$	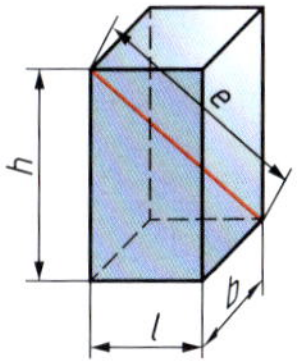
b	Breite	(z. B.) mm, cm, m	$b = \frac{V}{l \cdot h}$	
h	Höhe	(z. B.) mm, cm, m	$h = \frac{V}{l \cdot b}$	
A_O	Oberfläche	(z. B.) mm², cm², m²	$A_O = 2 \cdot l \cdot h + 2 \cdot l \cdot b + 2 \cdot b \cdot h$	
e	Raumdiagonale	(z. B.) mm, cm, m	$A_O = 2 \cdot (l \cdot h + l \cdot b + b \cdot h)$	
			$l = \frac{A_O - 2 \cdot b \cdot h}{2 \cdot (b + h)}$	
			$h = \frac{A_O - 2 \cdot b \cdot l}{2 \cdot (b + l)}$	
			$b = \frac{A_O - 2 \cdot h \cdot l}{2 \cdot (h + l)}$	
			$e = \sqrt{l^2 + b^2 + h^2}$	

Beispiel

$l = 0{,}2\,\text{m}$

$b = 0{,}35\,\text{m}$

$h = 0{,}6\,\text{m}$

$V = ?$

$V = l \cdot b \cdot h$

$V = 0{,}2\,\text{m} \cdot 0{,}35\,\text{m} \cdot 0{,}6\,\text{m} = \underline{\underline{0{,}042\,\text{m}^3}}$

1

1

Volumen und Oberflächen

Abbildung	Formel / Formelumstellung	Formelzeichen / Einheiten
Zylinder 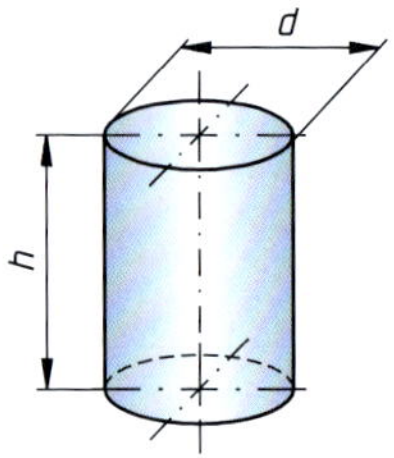	$V = A_G \cdot h$ $V = \frac{d^2 \cdot \pi}{4} \cdot h$ $A_G = \frac{V}{h}$ $d = \sqrt{\frac{4 \cdot V}{\pi \cdot h}}$ $h = \frac{V}{A_G}$ $h = \frac{4 \cdot V}{\pi \cdot d^2}$ $A_M = d \cdot \pi \cdot h$ $d = \frac{A_M}{\pi \cdot h}$ $h = \frac{A_M}{d \cdot \pi}$ $A_O = \frac{2 \cdot d^2 \cdot \pi}{4} + A_M$ $A_O = \frac{2 \cdot d^2 \cdot \pi}{4} + d \cdot \pi \cdot h$ $h = \frac{A_O}{d \cdot \pi} - \frac{d}{2}$	V Volumen (z. B.) mm^3, cm^3, m^3 A_G Grundfläche (z. B.) mm^2, cm^2, m^2 h Höhe (z. B.) mm, cm, m d Durchmesser (z. B.) mm, cm, m A_O Oberfläche (z. B.) mm^2, cm^2, m^2 A_M Mantelfläche (z. B.) mm^2, cm^2, m^2

Beispiel

$A_G = 20\,m^2$

$h = 3\,m$

$V = ?$

$V = A_G \cdot h$

$V = 20\,m^2 \cdot 3\,m = 60\,m^2 \cdot m = \underline{\underline{60\,m^3}}$

Volumen und Oberflächen

Formelzeichen / Einheiten	Formel / Formelumstellung	Abbildung
V Volumen (z. B.) mm³, m³ D Außendurchmesser (z. B.) mm, m d Innendurchmesser (z. B.) mm, m h Höhe (z. B.) mm, m A_O Oberfläche (z. B.) mm², m² A_G Grund(Ring-)fläche (z. B.) mm², m²	$V = \frac{\pi}{4} \cdot \left(D^2 - d^2\right) \cdot h$ $V = A_G \cdot h$ $D = \sqrt{\frac{4 \cdot V}{\pi \cdot h} + d^2}$ $A_G = \frac{V}{h}$ $d = \sqrt{D^2 - \frac{4 \cdot V}{\pi \cdot h}}$ $h = \frac{V}{A_G}$ $h = \frac{4 \cdot V}{\pi \cdot \left(D^2 - d^2\right)}$ $A_O = \pi \cdot (D + d) \cdot \left[\frac{(D-d)}{2} + h\right]$ $h = \frac{A_O}{\pi \cdot (D+d)} - \frac{(D-d)}{2}$	**Hohlzylinder** 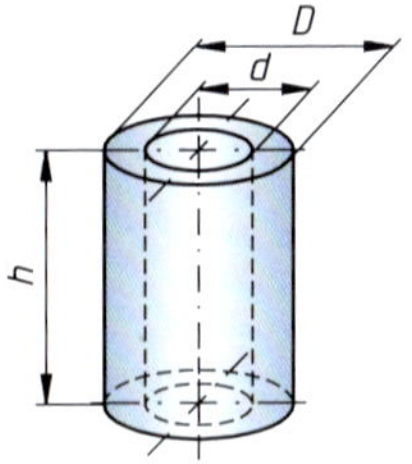

Beispiel

$D = 1{,}5\,\text{m}$
$d = 1{,}3\,\text{m}$
$h = 3\,\text{m}$
$V = ?$

$$V = \frac{\pi}{4} \cdot \left(D^2 - d^2\right) \cdot h$$

$$V = \frac{\pi}{4} \cdot \left((1{,}5\,\text{m})^2 - (1{,}3\,\text{m})^2\right) \cdot 3\,\text{m} = 1{,}3\,\text{m}^2 \cdot \text{m} = \underline{\underline{1{,}3\,\text{m}^3}}$$

1

Volumen und Oberflächen

Abbildung	Formel / Formelumstellung	Formelzeichen / Einheiten
Zylinderkeil 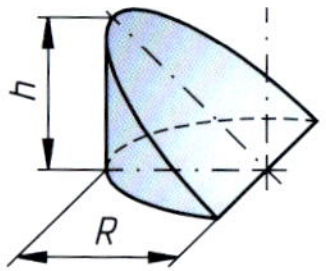	$V = \frac{2}{3} \cdot R^2 \cdot h$ $R = \sqrt{\frac{V \cdot 3}{2 \cdot h}}$ $h = \frac{V \cdot 3}{2 \cdot R^2}$ $A_M = 2 \cdot R \cdot h$ $R = \frac{A_M}{2 \cdot h}$ $h = \frac{A_M}{2 \cdot R}$ $A_O = A_M + \frac{\pi}{2} \cdot R^2 + \frac{\pi}{2} \cdot R \cdot \sqrt{R^2 + h^2}$	V Volumen (z. B.) mm³, cm³, m³ r Zylinderradius (z. B.) mm, cm, m h Höhe (z. B.) mm, cm, m A_M Mantelfläche (z. B.) mm², cm², m² A_O Oberfläche (z. B.) mm², cm², m²

Beispiel

$R = 150\,\text{mm}$

$h = 5\,\text{mm}$

$V = ?$

$$V = \frac{2}{3} \cdot R^2 \cdot h$$

$$V = \frac{2}{3} \cdot (150\,\text{mm})^2 \cdot 5\,\text{mm} = 500\,\text{mm}^2 \cdot \text{mm} = \underline{\underline{500\,\text{mm}^3}}$$

Volumen und Oberflächen

Formelzeichen / Einheiten			Formel / Formelumstellung		Abbildung
V	Volumen	(z. B.) mm^3, cm^3, m^3	$V = \frac{d^2 \cdot \pi \cdot h}{12}$	$A_M = \frac{\pi \cdot d \cdot l}{2}$	**Kegel** 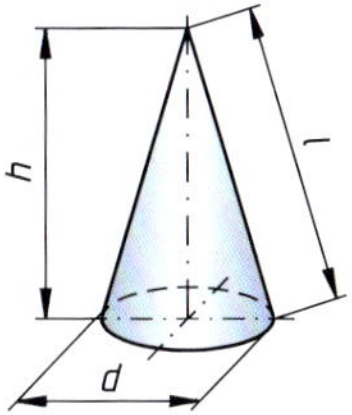
d	Durchmesser	(z. B.) mm, cm, m	$d = \sqrt{\frac{12 \cdot V}{\pi \cdot h}}$	$d = \frac{2 \cdot A_M}{\pi \cdot l}$	
h	Höhe	(z. B.) mm, cm, m	$h = \frac{12 \cdot V}{\pi \cdot d^2}$	$l = \frac{2 \cdot A_M}{\pi \cdot d}$	
l	Mantelhöhe	(z. B.) mm, cm, m	$l = \sqrt{h^2 + \frac{d^2}{4}}$	$A_O = \frac{d^2 \cdot \pi}{4} + \frac{d \cdot \pi \cdot l}{2}$	
A_M	Mantelfläche	(z. B.) mm^2, cm^2, m^2	$h = \sqrt{l^2 - \frac{d^2}{4}}$		
A_O	Oberfläche	(z. B.) mm^2, cm^2, m^2	$d = \sqrt{4 \cdot (l^2 - h^2)}$		

Beispiel

$d = 25\,\text{cm}$

$h = 40\,\text{cm}$

$V = ?$

$$V = \frac{d^2 \cdot \pi \cdot h}{12}$$

$$V = \frac{(25\,\text{cm})^2 \cdot \pi \cdot 40\,\text{cm}}{12} = 6545\,\text{cm}^2 \cdot \text{cm} = \underline{\underline{6545\,\text{cm}^3}}$$

1

Volumen und Oberflächen

Abbildung	Formel / Formelumstellung	Formelzeichen / Einheiten
Kegelstumpf 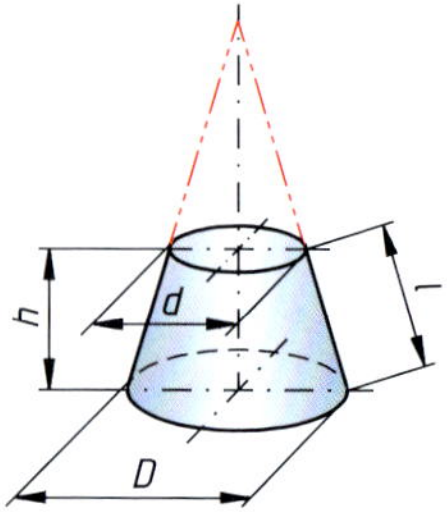	$V=\frac{\pi\cdot h}{12}\cdot\left(D^2+d^2+D\cdot d\right)$ $A_M=\frac{(D+d)}{2}\cdot\pi\cdot l$ $D=\frac{2\cdot A_M}{\pi\cdot l}-d$ $d=\frac{2\cdot A_M}{\pi\cdot l}-D$ $l=\frac{2\cdot A_M}{(D+d)\cdot\pi}$ $A_O=\frac{\left(D^2+d^2\right)\cdot\pi}{4}+A_M$ $A_O=\frac{\left(D^2+d^2\right)\cdot\pi}{4}+\frac{(D+d)\cdot\pi\cdot l}{2}$ $l=\sqrt{h^2+\left(\frac{D-d}{2}\right)^2}$ $h=\sqrt{l^2-\left(\frac{D-d}{2}\right)^2}$	V Volumen (z. B.) mm^3, cm^3, m^3 h Höhe (z. B.) mm, cm, m D großer Durchmesser (z. B.) mm, cm, m d kleiner Durchmesser (z. B.) mm, cm, m A_M Mantelfläche (z. B.) mm^2, cm^2, m^2 l Mantelhöhe (z. B.) mm, cm, m A_O Oberfläche (z. B.) mm^2, cm^2, m^2

Beispiel

$D = 50\,mm$

$d = 30\,mm$

$h = 45\,mm$

$V = ?$

$$V=\frac{\pi\cdot h}{12}\cdot\left(D^2+d^2+D\cdot d\right)$$

$$V=\frac{\pi\cdot 45\,mm}{12}\cdot\left((50\,mm)^2+(30\,mm)^2+50\,mm\cdot 30\,mm\right)=\underline{\underline{57\,727\,mm^3}}$$

Volumen und Oberflächen

Formelzeichen / Einheiten			Formel / Formelumstellung	Abbildung
V	Volumen	(z. B.) mm³, cm³, m³	$V = \frac{a^2 \cdot h}{3}$ $a = \sqrt{\frac{3 \cdot V}{h}}$ $h = \frac{3 \cdot V}{a^2}$	**Pyramide (quadratisch)** 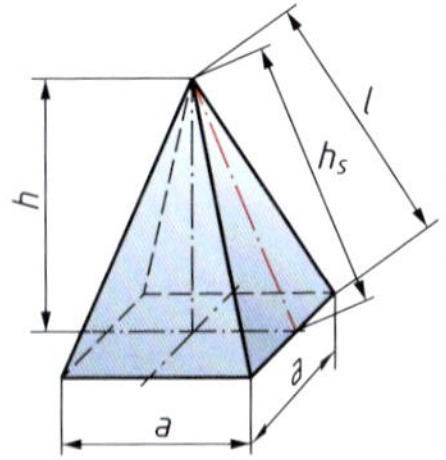
a	Seitenlängen	(z. B.) mm, cm, m	$h_S = \sqrt{h^2 + \frac{a^2}{4}}$ $l = \sqrt{h_s^2 + \frac{a^2}{4}}$	
h	Höhe	(z. B.) mm, cm, m	$h = \sqrt{h_S^2 - \frac{a^2}{4}}$ $h_s = \sqrt{l^2 - \frac{a^2}{4}}$	
h_S	Mantelhöhe	(z. B.) mm, cm, m	$a = 2 \cdot \sqrt{h_S^2 - h^2}$ $a = 2 \cdot \sqrt{l^2 - h_S^2}$	
A_M	Mantelfläche	(z. B.) mm², cm², m²	$A_O = a^2 + 2 \cdot a \cdot h_S$	
A_O	Oberfläche	(z. B.) mm², cm², m²	$A_M = 2 \cdot a \cdot h_S$	
l	Kantenlänge	(z. B.) mm, cm, m		

Beispiel

$a = 230\,\text{m}$

$h = 145\,\text{m}$

$V = ?$

$$V = \frac{a^2 \cdot h}{3}$$

$$V = \frac{(230\,\text{m})^2 \cdot 145\,\text{m}}{3} = 2556833\,\text{m}^2 \cdot \text{m} = \underline{\underline{2556833\,\text{m}^3}}$$

Volumen und Oberflächen

Abbildung	Formel / Formelumstellung	Formelzeichen / Einheiten

Pyramide (rechteckig)

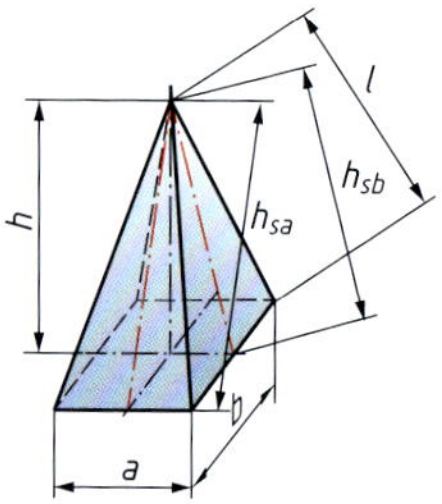

$$V = \frac{a \cdot b \cdot h}{3} \qquad a = \frac{3 \cdot V}{b \cdot h}$$

$$b = \frac{3 \cdot V}{a \cdot h} \qquad h = \frac{3 \cdot V}{a \cdot b}$$

$$h_{Sa} = \sqrt{h^2 + \frac{b^2}{4}} \qquad h_{Sb} = \sqrt{h^2 + \frac{a^2}{4}}$$

$$h = \sqrt{h_{Sa}^2 - \frac{b^2}{4}} \qquad h = \sqrt{h_{Sb}^2 - \frac{a^2}{4}}$$

$$b = 2 \cdot \sqrt{h_{Sa}^2 - h^2} \qquad a = 2 \cdot \sqrt{h_{Sb}^2 - h^2}$$

$$l = \sqrt{h_{sa}^2 + \frac{a^2}{4}} \qquad l = \sqrt{h_{sb}^2 + \frac{b^2}{4}}$$

$$A_O = a \cdot b + a \cdot h_{Sa} + b \cdot h_{Sb}$$

$$A_M = a \cdot h_{Sa} + b \cdot h_{Sb}$$

V	Volumen	(z. B.) mm³, cm³, m³
a, b	Seitenlängen	(z. B.) mm, cm, m
h	Höhe	(z. B.) mm, cm, m
A_M	Mantelfläche	(z. B.) mm², cm², m²
A_O	Oberfläche	(z. B.) mm², cm², m²
h_{Sa}	Mantelhöhe von der Grundseite a	(z. B.) mm, cm, m
h_{Sb}	Mantelhöhe von der Grundseite b	(z. B.) mm, cm, m
l	Kantenlänge	(z. B.) mm, cm, m

Beispiel

$b = 121\,\text{m}$

$h = 60\,\text{m}$

$h_{Sa} = ?$

$$h_{Sa} = \sqrt{h^2 + \frac{b^2}{4}}$$

$$h_{Sa} = \sqrt{(60\,\text{m})^2 + \frac{(121\,\text{m})^2}{4}} = \underline{\underline{85{,}2\,\text{m}}}$$

Volumen und Oberflächen

Formelzeichen / Einheiten

V	Volumen	(z. B.) mm³, cm³, m³
h	Höhe	(z. B.) mm, cm, m
A_1	Grundfläche	(z. B.) mm², cm², m²
A_2	Deckfläche	(z. B.) mm², cm², m²
a_1, a_2	Seitenlängen	(z. B.) mm, cm, m
h_S	Mantelhöhe	(z. B.) mm, cm, m
A_O	Oberfläche	(z. B.) mm², cm², m²
A_M	Mantelfläche	(z. B.) mm², cm², m²

Formel / Formelumstellung

$$V = \frac{h}{3} \cdot \left(A_1 + A_2 + \sqrt{A_1 + A_2}\right)$$

$$h = \frac{3 \cdot V}{A_1 + A_2 + \sqrt{A_1 + A_2}}$$

$$A_1 = a_1^2 \qquad A_2 = a_2^2$$

$$a_1 = \sqrt{A_1} \qquad a_2 = \sqrt{A_2}$$

$$h_S = \sqrt{h^2 + \left(\frac{a_1 - a_2}{2}\right)^2}$$

$$h = \sqrt{h_S^2 - \left(\frac{a_1 - a_2}{2}\right)^2}$$

$$a_1 = a_2 + 2 \cdot \sqrt{h_S^2 - h^2}$$

$$a_2 = a_1 - 2 \cdot \sqrt{h_S^2 - h^2}$$

$$A_O = a_1^2 + a_2^2 + 2 \cdot h_S \cdot (a_1 + a_2)$$

$$A_M = 2 \cdot h_S \cdot (a_1 + a_2)$$

Abbildung

Pyramidenstumpf (quadratisch)

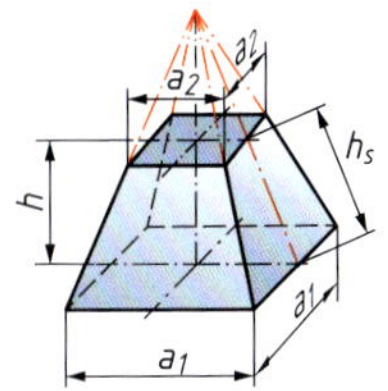

Beispiel

$a = 20\,\text{cm}$

$A_1 = 900\,\text{cm}^2$

$A_2 = 225\,\text{cm}^2$

$V = ?$

$$V = \frac{h}{3} \cdot \left(A_1 + A_2 + \sqrt{A_1 + A_2}\right)$$

$$V = \frac{20\,\text{cm}}{3} \cdot \left(900\,\text{cm}^2 + 225\,\text{cm}^2 + \sqrt{900\,\text{cm}^2 + 225\,\text{cm}^2}\right) = \underline{\underline{7723{,}6\,\text{cm}^3}}$$

Volumen und Oberflächen

Abbildung	Formel / Formelumstellung	Formelzeichen / Einheiten
Pyramidenstumpf (rechteckig) 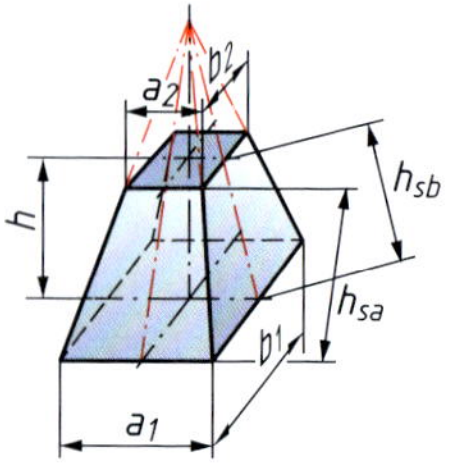	$V = \frac{h}{3} \cdot \left(A_1 + A_2 + \sqrt{A_1 \cdot A_2}\right)$ $h = \frac{3 \cdot V}{A_1 + A_2 + \sqrt{A_1 \cdot A_2}}$ $A_1 = a_1 \cdot b_1$ $A_2 = a_2 \cdot b_2$ $a_1 = \frac{A_1}{b_1}$ $a_2 = \frac{A_2}{b_2}$ $b_1 = \frac{A_1}{a_1}$ $b_2 = \frac{A_2}{a_2}$ $h_{Sa} = \sqrt{h^2 + \left(\frac{b_1 - b_2}{2}\right)^2}$ $h_{Sb} = \sqrt{h^2 + \left(\frac{a_1 - a_2}{2}\right)^2}$ $h = \sqrt{h_{Sa}^2 - \left(\frac{b_1 - b_2}{2}\right)^2}$ $h = \sqrt{h_{Sb}^2 - \left(\frac{a_1 - a_2}{2}\right)^2}$ $b_1 = b_2 + 2 \cdot \sqrt{h_{Sa}^2 - h^2}$ $a_1 = a_2 + 2 \cdot \sqrt{h_{Sb}^2 - h^2}$ $b_2 = b_1 - 2 \cdot \sqrt{h_{Sa}^2 - h^2}$ $a_2 = a_1 - 2 \cdot \sqrt{h_{Sb}^2 - h^2}$ $A_O = a_1 \cdot b_1 + a_2 \cdot b_2 + h_{Sa} \cdot (a_1 + a_2) + h_{Sb} \cdot (b_1 + b_2)$ $A_M = h_{Sa} \cdot (a_1 + a_2) + h_{Sb} \cdot (b_1 + b_2)$	V Volumen (z.B.) mm^3, m^3 h Höhe (z.B.) mm, m A_1 Grundfläche (z.B.) mm^2, m^2 A_2 Deckfläche (z.B.) mm^2, m^2 a_1, b_1 Seitenlängen Grundfläche (z.B.) mm, m a_2, b_2 Seitenlängen Deckfläche (z.B.) mm, m h_{Sa} Mantelhöhe von der Grundseite *a* (z.B.) mm, m h_{Sb} Mantelhöhe von der Grundseite *b* (z.B.) mm, m A_O Oberfläche (z.B.) mm^2, m^2 A_M Mantelfläche (z.B.) mm^2, m^2

Beispiel

$h = 15\,\text{cm}$

$b_1 = 50\,\text{cm}$

$b_2 = 20\,\text{cm}$

$V = ?$

$$h_{Sa} = \sqrt{h^2 + \left(\frac{b_1 - b_2}{2}\right)^2} = \sqrt{(15\,\text{cm})^2 + \left(\frac{50\,\text{cm} - 20\,\text{cm}}{2}\right)^2} = \underline{\underline{21{,}21\,\text{cm}}}$$

Volumen und Oberflächen

Formelzeichen / Einheiten

A_O	Oberfläche des Körpers	(z. B.) mm^2, m^2
U	Umfang	(z. B.) mm, m
s	Weg des Schwerpunktes	(z. B.) mm, m
d_S	Durchmesser des Schwerpunktwegs	(z. B.) mm, m
V	Volumen	(z. B.) mm^3, m^3
A	Querschnittsfläche	(z. B.) mm^2, m^2

Formel / Formelumstellung

Oberfläche:

$$A_O = U \cdot s \qquad s = d_S \cdot \pi$$

$$A_O = U \cdot d_S \cdot \pi$$

$$U = \frac{A_O}{d_S \cdot \pi} \qquad d_S = \frac{A_O}{U \cdot \pi}$$

Ein Umfang, der sich um eine Achse dreht, erzeugt eine **Oberfläche**.

Volumen:

$$V = A \cdot s \qquad s = d_S \cdot \pi$$

$$V = A \cdot d_S \cdot \pi$$

$$A = \frac{V}{d_S \cdot \pi} \qquad d_S = \frac{V}{A \cdot \pi}$$

Eine Fläche, die sich um eine Achse dreht, erzeugt ein **Volumen**.

Abbildung

Guldinsche Regel

Oberfläche:

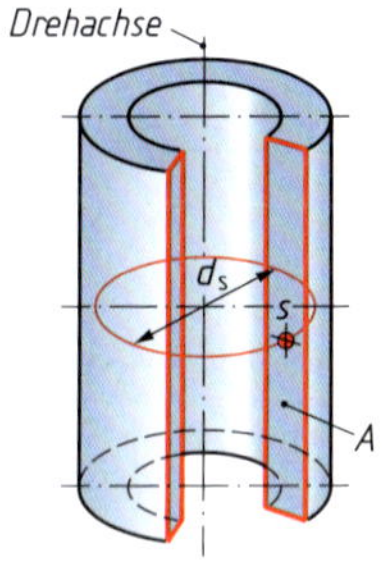

Volumen:

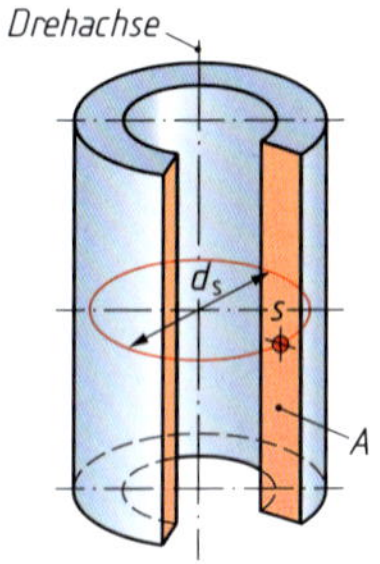

Beispiel

$U = 0{,}5\,m$

$d_S = 2{,}5\,m$

$A_O = ?$

$$A_O = U \cdot d_S \cdot \pi$$

$$A_O = 0{,}5\,m \cdot 2{,}5\,m \cdot \pi = \underline{\underline{3{,}9\,m^2}}$$

1

Volumen und Oberflächen

Abbildung	Formel / Formelumstellung	Formelzeichen / Einheiten
Kugel 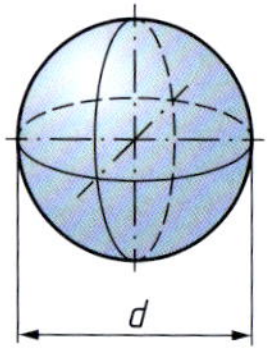 	**Oberfläche:** $A_O = d^2 \cdot \pi$ $d = \sqrt{\frac{A_O}{\pi}}$ **Volumen:** $V = \frac{d^3 \cdot \pi}{6}$ $d = \sqrt[3]{\frac{6 \cdot V}{\pi}}$	A_O Oberfläche der Kugel (z. B.) mm², cm², m² d Kugeldurchmesser (z. B.) mm, cm, m V Volumen (z. B.) mm³, cm³, m³

Beispiel

$d = 22\,cm$

$A_O = ?$

$A_O = d^2 \cdot \pi$

$A_O = (22\,cm)^2 \cdot \pi = \underline{\underline{1520{,}5\,cm^2}}$

Volumen und Oberflächen

Formelzeichen / Einheiten			Formel / Formelumstellung	Abbildung
A_O	Oberfläche der Kugel	(z. B.) mm², cm², m²	**Oberfläche:** $A_O = \pi \cdot h \cdot (2 \cdot d - h)$ $d = \frac{A_O}{2 \cdot \pi \cdot h} + \frac{h}{2}$	**Kugelabschnitt 1** **(Kalotte)** 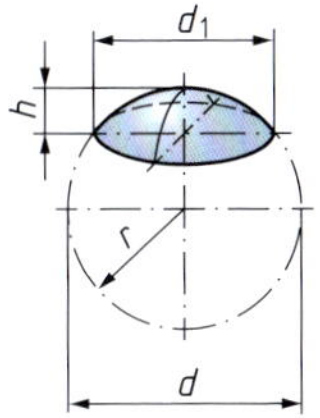
h	Höhe	(z. B.) mm, cm, m		
d	Kugel-durchmesser	(z. B.) mm, cm, m		
A_M	Mantelfläche	(z. B.) mm², cm², m²	**Mantelfläche:** $A_M = d \cdot \pi \cdot h$ $d = \frac{A_M}{\pi \cdot h}$ $h = \frac{A_M}{d \cdot \pi}$	
V	Volumen	(z. B.) mm³, cm³, m³		
r	Kugelradius	(z. B.) mm, cm, m		
d_1	Durchmesser des Kugel-abschnitts	(z. B.) mm, cm, m	**Volumen:** $V = \pi \cdot h^2 \cdot \left(\frac{d}{2} - \frac{h}{3}\right)$ $d = 2 \cdot \left(\frac{V}{\pi \cdot h^2} + \frac{h}{3}\right)$	

Beispiel

$h = 10\,\text{cm}$

$d = 22\,\text{cm}$

$A_O = ?$

$$A_O = \pi \cdot h \cdot (2 \cdot d - h)$$

$$A_O = \pi \cdot 10\,\text{cm} \cdot (2 \cdot 22\,\text{cm} - 10\,\text{cm}) = 1068\,\text{cm} \cdot \text{cm} = \underline{\underline{1068\,\text{cm}^2}}$$

1

Volumen und Oberflächen

Abbildung	Formel / Formelumstellung	Formelzeichen / Einheiten
Kugelabschnitt 2 **(Kalotte)** 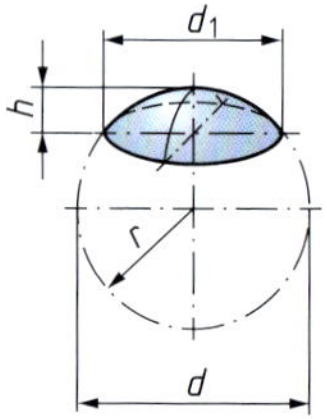 	**Grundfläche:** $A = \frac{d_1^2 \cdot \pi}{4}$ $d_1 = \sqrt{\frac{A \cdot 4}{\pi}}$ $d_1 = 2 \cdot \sqrt{h \cdot (2 \cdot r - h)}$ $d = h + \frac{d_1^2}{4 \cdot h}$ $h = r - \sqrt{r^2 - \frac{d_1^2}{4}}$ $h = \frac{d - \sqrt{d^2 - d_1^2}}{2}$	A Grundfläche des Kugelabschnitts (z. B.) mm^2, cm^2, m^2 d_1 Durchmesser des Kugelabschnitts (z. B.) mm, cm, m h Höhe (z. B.) mm, cm, m r Kugelradius (z. B.) mm, cm, m d Kugeldurchmesser (z. B.) mm, cm, m

Beispiel

$d_1 = 75\,\text{mm}$

$A = ?$

$$A = \frac{d_1^2 \cdot \pi}{4}$$

$$A = \frac{(75\,\text{mm})^2 \cdot \pi}{4} = \underline{\underline{4418\,\text{mm}^2}}$$

Volumen und Oberflächen

Formelzeichen / Einheiten			Formel / Formelumstellung	Abbildung
A_O	Oberfläche des Kugelausschnitts	(z. B.) mm^2, cm^2, m^2	**Oberfläche:** $A_O = \frac{\pi \cdot d}{4} \cdot (4 \cdot h + d_1)$	**Kugelausschnitt 1** **(Kugelsektor)**
d	Kugeldurchmesser	(z. B.) mm, cm, m	$d = \frac{4 \cdot A_O}{\pi \cdot (4 \cdot h + d_1)}$	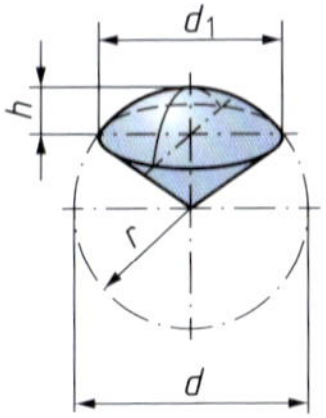
h	Höhe	(z. B.) mm, cm, m	$d_1 = \frac{4 \cdot A_O}{\pi \cdot d} - 4 \cdot h$	
d_1	Durchmesser Kugelausschnitt	(z. B.) mm, cm, m	$h = \frac{A_O}{\pi \cdot d} - \frac{d_1}{4}$	
V	Volumen	(z. B.) mm^3, cm^3, m^3	**Volumen:** $V = \frac{\pi}{6} \cdot d^2 \cdot h$	
r	Kugelradius	(z. B.) mm, cm, m	$d = \sqrt{\frac{6 \cdot V}{\pi \cdot h}}$	
			$h = \frac{6 \cdot V}{\pi \cdot d^2}$	

Beispiel

$d = 50\,\text{mm}$

$h = 12\,\text{mm}$

$d_1 = 30\,\text{mm}$

$A_O = ?$

$$A_O = \frac{\pi \cdot d}{4} \cdot (4 \cdot h + d_1)$$

$$A = \frac{\pi \cdot 50\,\text{mm}}{4} \cdot (4 \cdot 12\,\text{mm} + 30\,\text{mm}) = 3063\,\text{mm} \cdot \text{mm} = \underline{\underline{3063\,\text{mm}^2}}$$

Volumen und Oberflächen

Abbildung	Formel / Formelumstellung	Formelzeichen / Einheiten
Kugelausschnitt 2 (**Kugelsektor**) 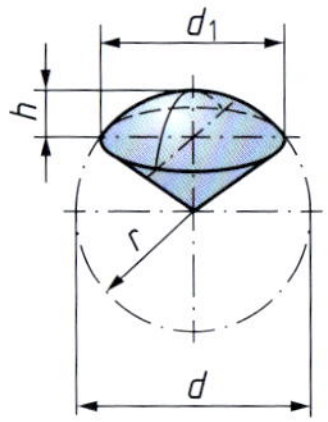	**Querschnittsfläche zu d_1:** $A = \frac{d_1^2 \cdot \pi}{4}$ $\quad d_1 = \sqrt{\frac{A \cdot 4}{\pi}}$ $d_1 = 2 \cdot \sqrt{h \cdot (2 \cdot r - h)}$ $r = \frac{d_1^2 + 4 \cdot h^2}{8 \cdot h}$ $\quad h = r - \sqrt{r^2 - \frac{d_1^2}{4}}$ $d = h + \frac{d_1^2}{4 \cdot h}$ $d_1 = \sqrt{4 \cdot h \cdot (d - h)}$ $h = 0{,}5 \cdot d - 0{,}5 \cdot \sqrt{d^2 - d_1^2}$	A Querschnittsfläche zu d_1 (z. B.) mm², m² d_1 Durchmesser (z. B.) mm, m h Höhe (z. B.) mm, m r Kugelradius (z. B.) mm, m d Kugeldurchmesser (z. B.) mm, m

Beispiel

$d_1 = 1{,}5\,\text{m}$

$A = ?$

$$A = \frac{d_1^2 \cdot \pi}{4}$$

$$A = \frac{(1{,}5\,\text{m})^2 \cdot \pi}{4} = \underline{\underline{1{,}77\,\text{m}^2}}$$

Volumen und Oberflächen

Formelzeichen / Einheiten		
A_O	Oberfläche der Kugelschicht	(z. B.) mm², cm², m²
d	Kugeldurchmesser	(z. B.) mm, cm, m
h	Höhe der Schicht	(z. B.) mm, cm, m
d_1	großer Durchmesser	(z. B.) mm, cm, m
d_2	kleiner Durchmesser	(z. B.) mm, cm, m

Formel / Formelumstellung

Oberfläche:

$$A_O = \frac{\pi}{4} \cdot \left(4 \cdot d \cdot h + d_1^2 + d_2^2\right)$$

$$d = \frac{1}{4 \cdot h} \cdot \left(\frac{4 \cdot A_O}{\pi} - d_1^2 - d_2^2\right)$$

$$d_1 = \sqrt{\frac{4 \cdot A_O}{\pi} - 4 \cdot d \cdot h - d_2^2}$$

$$d_2 = \sqrt{\frac{4 \cdot A_O}{\pi} - 4 \cdot d \cdot h - d_1^2}$$

$$h = \frac{1}{d} \cdot \left(\frac{A_O}{\pi} - \frac{d_1^2}{4} - \frac{d_2^2}{4}\right)$$

Abbildung

Kugelschicht 1

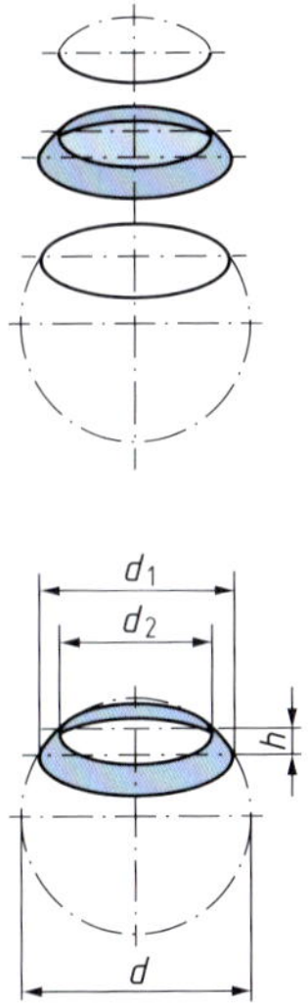

Beispiel

$d = 10\,\text{mm}$

$h = 2\,\text{mm}$

$d_1 = 9{,}17\,\text{mm}$

$d_2 = 6\,\text{mm}$

$A_O = ?$

$$A_O = \frac{\pi}{4} \cdot \left(4 \cdot d \cdot h + d_1^2 + d_2^2\right)$$

$$A_O = \frac{\pi}{4} \cdot \left(4 \cdot 10\,\text{mm} \cdot 2\,\text{mm} + (9{,}17\,\text{mm})^2 + (6\,\text{mm})^2\right) \approx \underline{\underline{157{,}1\,\text{mm}^2}}$$

Volumen und Oberflächen

Abbildung	Formel / Formelumstellung	Formelzeichen / Einheiten

Kugelschicht 2

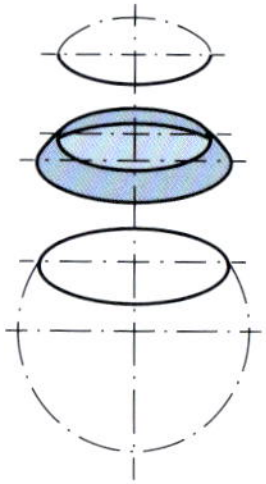

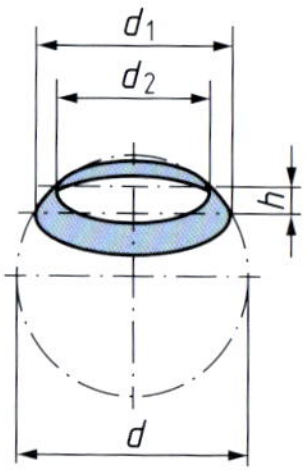

Mantelfläche:

$$A_M = \pi \cdot d \cdot h$$

$$d = \frac{A_M}{\pi \cdot h} \qquad h = \frac{A_M}{\pi \cdot d}$$

Volumen:

$$V = \frac{\pi}{24} \cdot h \cdot \left(3 \cdot d_1^2 + 3 \cdot d_2^2 + 4 \cdot h^2\right)$$

$$d_1 = \sqrt{\frac{8 \cdot V}{\pi \cdot h} - d_2^2 - \frac{4}{3} \cdot h^2}$$

$$d_2 = \sqrt{\frac{8 \cdot V}{\pi \cdot h} - d_1^2 - \frac{4}{3} \cdot h^2}$$

Formelzeichen	Bedeutung	Einheiten
A_M	Oberfläche der Kugelschicht	(z. B.) mm², cm², m²
d	Kugel-durchmesser	(z. B.) mm, cm, m
h	Höhe der Schicht	(z. B.) mm, cm, m
V	Volumen	(z. B.) mm³, cm³, m³
d_1	großer Durchmesser	(z. B.) mm, cm, m
d_2	kleiner Durchmesser	(z. B.) mm, cm, m

Beispiel

$d = 10\,mm$

$h = 2\,mm$

$A_M = ?$

$$A_M = \pi \cdot d \cdot h$$

$$A_M = \pi \cdot 10\,mm \cdot 2\,mm = \underline{\underline{62{,}8\,mm^2}}$$

Volumen und Oberflächen

Formelzeichen / Einheiten		Formel / Formelumstellung	Abbildung
A_O gesamte Oberfläche von Kugel und Bohrung	(z. B.) mm^2, cm^2, m^2	**Oberfläche Kugel mit Bohrung:**	**Durchbohrte Kugel**
h Höhe der Bohrung	(z. B.) mm, cm, m	$A_O = \pi \cdot h \cdot (D + d)$	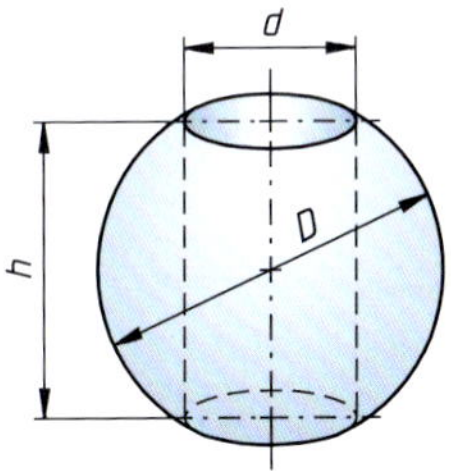
D Kugeldurchmesser	(z. B.) mm, cm, m	$h = \frac{A_O}{\pi \cdot (D + d)}$	
d Bohrungsdurchmesser	(z. B.) mm, cm, m	$D = \frac{A_O}{\pi \cdot h} - d$	
V Volumen	(z. B.) mm^3, cm^3, m^3	$d = \frac{A_O}{\pi \cdot h} - D$	
		Volumen:	
		$V = \frac{\pi}{6} \cdot h^3$	
		$h = \sqrt[3]{\frac{V \cdot 6}{\pi}}$	
		$h = \sqrt{D^2 - d^2}$	

Beispiel

$h = 48\,mm$

$D = 50\,mm$

$d = 14\,mm$

$A_O = ?$

$$A_O = \pi \cdot h \cdot (D + d)$$

$$A_O = \pi \cdot 48\,mm \cdot (50\,mm + 14\,mm) = \underline{\underline{9651\ mm^2}}$$

1

Rohlängen, Schmieden

Abbildung

Rohlängen für gestreckte und gestauchte Schmiede- und Pressteile

Strecken

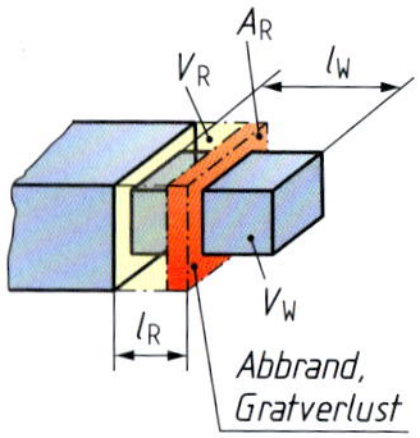

Stauchen

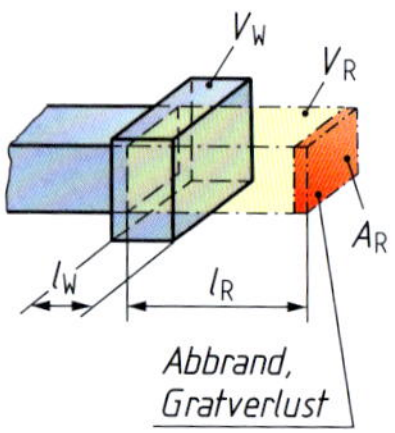

Formel / Formelumstellung

Volumen ohne Verlust (Abbrand, Grat):

$$V_R = V_W$$

$$l_R = \frac{V_W}{A_R} \qquad V_W = l_R \cdot A_R \qquad A_R = \frac{V_W}{l_R}$$

Volumen mit Verlust (Abbrand, Grat):

$$V_R = V_W + V_W \cdot q$$
$$V_R = V_W \cdot (1+q) \qquad V_W = \frac{V_R}{1+q} \qquad q = \frac{V_R}{V_W} - 1$$

$$A_R \cdot l_R = A_W \cdot l_W \cdot (1+q)$$

$$A_R = \frac{A_W \cdot l_W \cdot (1+q)}{l_R} \qquad l_R = \frac{A_W \cdot l_W \cdot (1+q)}{A_R}$$

$$A_W = \frac{A_R \cdot l_R}{l_W \cdot (1+q)} \qquad l_W = \frac{A_R \cdot l_R}{A_W \cdot (1+q)}$$

$$q = \frac{A_R \cdot l_R}{A_W \cdot l_W} - 1$$

Formelzeichen / Einheiten

V_R	Volumen des Rohlings	(z. B.) mm³, m³
V_W	Volumen des Werkstückteils	(z. B.) mm³, m³
l_R	Rohlänge des zu schmiedenden Werkstücks	(z. B.) mm, m
q	Zuschlagfaktor für Abbrand oder Gratverlust	
A_R	Flächenquerschnitt des Rohlings	(z. B.) mm², m²
A_W	Flächenquerschnitt des Werkstückteils	(z. B.) mm², m²
l_W	angeschmiedete Werkstücklänge	(z. B.) mm, m

Beispiel

$V_W = 20\,000\,\text{mm}^3$

$A_R = 400\,\text{mm}^2$

$l_R = ?$

$$l_R = \frac{V_W}{A_R}$$

$$l_R = \frac{20\,000\,\text{mm}^3}{400\,\text{mm}^2} = 50\,\frac{\text{mm}^{\not 3}}{\not{\text{mm}}^2} = \underline{\underline{50\,\text{mm}}}$$

Masse, Dichte

Formelzeichen / Einheiten	Formel / Formelumstellung	Abbildung
m Masse (z.B.) g, kg, t V Volumen (z.B.) ml, l, mm^3, dm^3, m^3 ϱ Dichte (z.B.) $\frac{g}{cm^3}$, $\frac{kg}{dm^3}$, $\frac{t}{m^3}$	$m = V \cdot \varrho$ $V = \frac{m}{\varrho}$ $\varrho = \frac{m}{V}$	**Masse, Dichte** 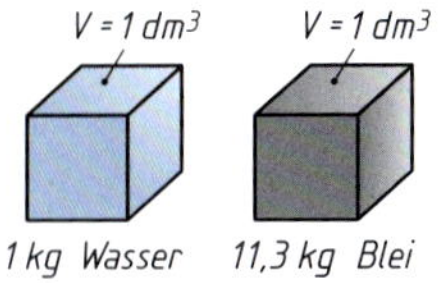 (bei 20 °C)

Beispiel

$V = 3\,dm^3$

$\varrho_{Al} = 2{,}7\,kg/dm^3$

$m = ?$

$$m = V \cdot \varrho$$

$$m = 3\,dm^3 \cdot 2{,}7\frac{kg}{dm^3} = 8{,}1\,\cancel{dm^3} \cdot \frac{kg}{\cancel{dm^3}} = \underline{\underline{8{,}1\,kg}}$$

Formelzeichen / Einheiten	Formel / Formelumstellung	Abbildung
m Masse (z.B.) g, kg, t $V_1, V_2 \ldots$ Teilvolumina (z.B.) mm^3, dm^3, m^3 ϱ Dichte (z.B.) $\frac{g}{cm^3}$, $\frac{kg}{dm^3}$, $\frac{t}{m^3}$	$m = (V_1 + V_2 + V_3 \ldots) \cdot \varrho$ $V_1 = \frac{m}{\varrho} - V_2 - V_3 \ldots$ $\varrho = \frac{m}{V_1 + V_2 + V_3 \ldots}$	**Masse zusammengesetzter Körper** 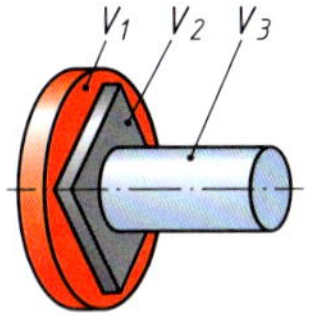

Beispiel

$V_1 = 0{,}1\,dm^3$

$V_2 = 0{,}05\,dm^3$

$V_3 = 0{,}15\,dm^3$

$\varrho_{Pb} = 11{,}3\,kg/dm^3$

$m = ?$

$$m = (V_1 + V_2 + V_3) \cdot \varrho$$

$$m = (0{,}1\,dm^3 + 0{,}05\,dm^3 + 0{,}15\,dm^3) \cdot 11{,}3\frac{kg}{dm^3} = 3{,}39\,\cancel{dm^3} \cdot \frac{kg}{\cancel{dm^3}} = \underline{\underline{3{,}39\,kg}}$$

1

Masse

Abbildung	Formel / Formelumstellung	Formelzeichen / Einheiten
Längenbezogene Masse (Fasern, Drähte, Profile) 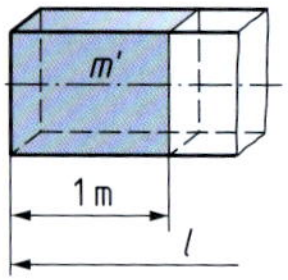	$m = m' \cdot l$ $m' = \frac{m}{l}$ $l = \frac{m}{m'}$ $F_G = F'_G \cdot l$ $F'_G = \frac{F_G}{l}$ $l = \frac{F_G}{F'_G}$	m Masse (z. B.) g, kg, t m' längenbezogene Masse (z. B.) $\frac{kg}{m}$ l Länge des Werkstücks (z. B.) mm, cm, m F_G Gewichtskraft (z. B.) N, kN F'_G längenbezogene Gewichtskraft (z. B.) $\frac{N}{m}$

Beispiel

$m' = 10{,}4\,kg/m$

$l = 2\,m$

$m = ?$

$m = m' \cdot l$

$m = 10{,}4\,\frac{kg}{m} \cdot 2\,m = 20{,}8\,\frac{kg}{\cancel{m}} \cdot \cancel{m} = \underline{\underline{20{,}8\,kg}}$

Masse, Gewichtskraft

Formelzeichen / Einheiten		Formel / Formelumstellung	Abbildung
m Masse	(z. B.) g, kg, t	$m = m'' \cdot A$	**Flächenbezogene Masse**
m'' flächenbezogene Masse	(z. B.) $\frac{\text{kg}}{\text{m}^2}$	$m'' = \frac{m}{A}$	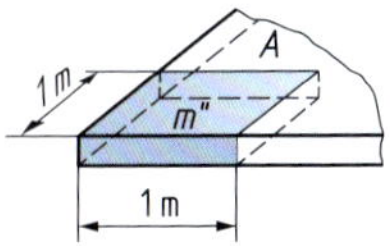
A Fläche des Körpers	(z. B.) mm^2, m^2	$A = \frac{m}{m''}$	

Beispiel

$m'' = 4{,}71\ \text{kg/m}^2$

$A = 1{,}5\ \text{m}^2$

$m = ?$

$$m = m'' \cdot A$$

$$m = 4{,}71\ \frac{\text{kg}}{\text{m}^2} \cdot 1{,}5\ \text{m}^2 = 7{,}1\ \frac{\text{kg}}{\cancel{\text{m}^2}} \cdot \cancel{\text{m}^2} = \underline{\underline{7{,}1\ \text{kg}}}$$

Formelzeichen / Einheiten		Formel / Formelumstellung	Abbildung
F_G Gewichtskraft	(z. B.) N, kN	$F_G = m \cdot g$	**Gewichtskraft**
m Masse	(z. B.) g, kg, t	$m = \frac{F_G}{g}$	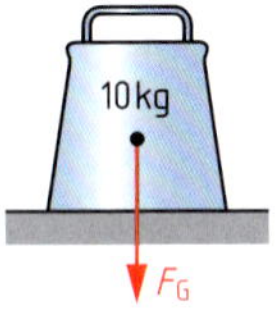
g Fall-/Erdbeschleunigung	$\frac{\text{m}}{\text{s}^2}$	$g = \frac{F_G}{m}$	
$g = 9{,}81\ \frac{\text{m}}{\text{s}^2}$			

Beispiel

$m = 10\ \text{kg}$

$g = 9{,}81\ \frac{\text{m}}{\text{s}^2}$

$F_G = ?$

$$F_G = m \cdot g$$

$$F_G = 10\ \text{kg} \cdot 9{,}81\ \frac{\text{m}}{\text{s}^2} = 98{,}1\ \text{kg} \cdot \frac{\text{m}}{\text{s}^2} = \underline{\underline{98{,}1\ \text{N}}}$$

$$1\ \text{N} = \frac{1\ \text{kg} \cdot 1\ \text{m}}{1\ \text{s}^2}$$

Bewegung, Geschwindigkeit

Abbildung	Formel / Formelumstellung	Formelzeichen / Einheiten
Gleichförmige, geradlinige Bewegung (Geschwindigkeit) 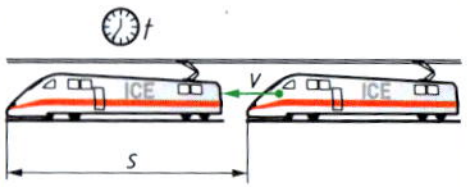	$v = \frac{s}{t}$ $s = v \cdot t$ $t = \frac{s}{v}$	v Geschwindigkeit (z. B.) $\frac{m}{s}$, $\frac{km}{h}$ s Weg (z. B.) m, km t Zeit (z. B.) s, h $1\frac{m}{s} = 3{,}6\frac{km}{h}$

Beispiel

$s = 300\,km$

$t = 3{,}5\,h$

$v = ?$

$$v = \frac{s}{t}$$

$$v = \frac{300\,km}{3{,}5\,h} = \underline{\underline{85{,}7\,\frac{km}{h}}}$$

2

Bewegung, Geschwindigkeit

Formelzeichen / Einheiten	Formel / Formelumstellung	Abbildung
v Umfangsgeschwindigkeit (z. B.) $\frac{m}{s}$ d Durchmesser (z. B.) mm n Umdrehungsfrequenz (Drehzahl) $\frac{1}{s}$, $\frac{1}{min}$ r Radius (z. B.) mm ω Winkelgeschwindigkeit (z. B.) $\frac{1}{s}$	$v = d \cdot \pi \cdot n$ $d = \frac{v}{\pi \cdot n}$ $n = \frac{v}{d \cdot \pi}$ $v = r \cdot \omega$ $r = \frac{v}{\omega}$ $\omega = \frac{v}{r}$	**Gleichförmige Kreisbewegung (Umfangsgeschwindigkeit)** 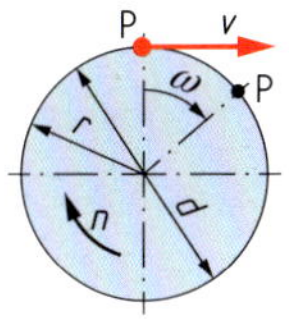

Beispiel

$d = 0{,}6\,\text{m}$

$n = 850\,\frac{1}{\text{min}}$

$v = ?$

$$v = d \cdot \pi \cdot n$$

$$v = 0{,}6\,\text{m} \cdot \pi \cdot 850\,\frac{1}{\text{min}} = 1602{,}2\,\frac{\text{m}}{\text{min}} = \underline{\underline{26{,}7\,\frac{\text{m}}{\text{s}}}}$$

Formelzeichen / Einheiten	Formel / Formelumstellung	Abbildung
ω Winkelgeschwindigkeit (z. B.) $\frac{1}{s}$ n Umdrehungsfrequenz (Drehzahl) $\frac{1}{s}$, $\frac{1}{min}$ r Radius (z. B.) mm, m	$\omega = 2 \cdot \pi \cdot n$ $n = \frac{\omega}{2 \cdot \pi}$	**Konstante Winkelgeschwindigkeit** 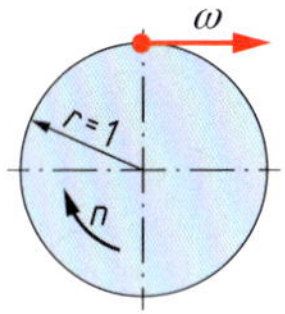

Beispiel

$n = 1200\,\frac{1}{\text{min}}$

$\omega = ?$

$$\omega = 2 \cdot \pi \cdot n$$

$$\omega = 2 \cdot \pi \cdot 1200\,\frac{1}{\text{min}} = \underline{\underline{7539{,}8\,\frac{1}{\text{min}}}}$$

Bewegung, Geschwindigkeit

Abbildung	Formel / Formelumstellung	Formelzeichen / Einheiten
Mittlere Kurbeltriebgeschwindigkeit	$v_m = 2 \cdot s \cdot n$	v_m mittlere Kurbeltrieb- bzw. Kolbengeschwindigkeit (z. B.) $\frac{m}{min}$
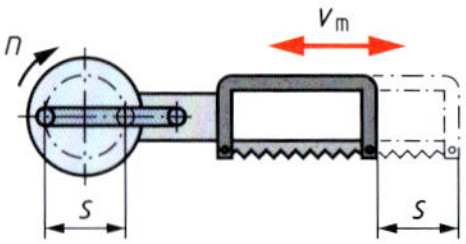	$s = \frac{v_m}{2 \cdot n}$	s Hublänge bzw. Kolbenhub (z. B.) m
Mittlere Kolbengeschwindigkeit	$n = \frac{v_m}{2 \cdot s}$	n Kurbeldrehzahl (Anzahl der Doppelhübe) bzw. Umdrehungsfrequenz (Drehzahl) (z. B.) $\frac{1}{min}$
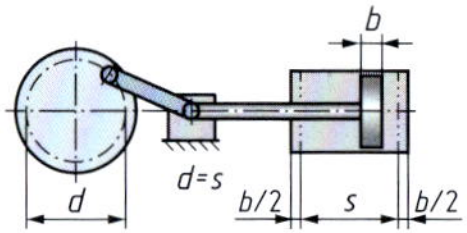		

Beispiel

$s = 210\,mm$

$n = 76\,\frac{1}{min}$

$v_m = ?$

$$v_m = 2 \cdot s \cdot n$$

$$v_m = 2 \cdot 0{,}21\,m \cdot 76\,\frac{1}{min} = \underline{\underline{31{,}9\,\frac{m}{min}}}$$

Bewegung, Geschwindigkeit, Freier Fall

Formelzeichen / Einheiten	Formel / Formelumstellung	Abbildung
v Endgeschwindigkeit (Beschleunigung) bzw. Anfangsgeschwindigkeit (Verzögerung) (z. B.) $\frac{m}{s}$, $\frac{km}{h}$ a Beschleunigung bzw. Verzögerung (z. B.) $\frac{m}{s^2}$ t Zeit (z. B.) s, h s Weg (z. B.) m, km	$v = a \cdot t = \frac{2 \cdot s}{t} = \sqrt{2 \cdot a \cdot s}$ $s = \frac{v \cdot t}{2} = \frac{v^2}{2 \cdot a} = \frac{a \cdot t^2}{2}$ $t = \frac{v}{a} = \frac{2 \cdot s}{v} = \sqrt{\frac{2 \cdot s}{a}}$ $a = \frac{v}{t} = \frac{v^2}{2 \cdot s} = \frac{2 \cdot s}{t^2}$	**Gleichmäßig beschleunigte und verzögerte Bewegung** 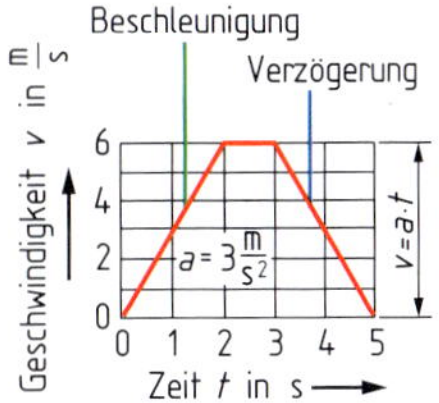

Beispiel

$a = 3 \frac{m}{s^2}$

$t = 10 s$

$v = ?$

$v = a \cdot t$

$v = 3 \frac{m}{s^2} \cdot 10 s = 30 \frac{m}{s^{\not 2}} \cdot \not s = 30 \frac{m}{s} = \underline{\underline{108 \frac{km}{h}}}$

Einheitenumrechnung: $1 \frac{m}{s} = 3{,}6 \frac{km}{h}$

Formelzeichen / Einheiten	Formel / Formelumstellung	Abbildung
v Geschwindigkeit (z. B.) $\frac{m}{s}$, $\frac{km}{h}$ g Erd-(Fall-)beschleunigung (z. B.) $\frac{m}{s^2}$ t Zeit (z. B.) s, h h Höhe (z. B.) m, km	$v = g \cdot t = \frac{2 \cdot h}{t} = \sqrt{2 \cdot g \cdot h}$ $h = \frac{v \cdot t}{2} = \frac{v^2}{2 \cdot g} = \frac{g \cdot t^2}{2}$ $t = \frac{v}{g} = \frac{2 \cdot h}{v} = \sqrt{\frac{2 \cdot h}{g}}$	**Freier Fall** 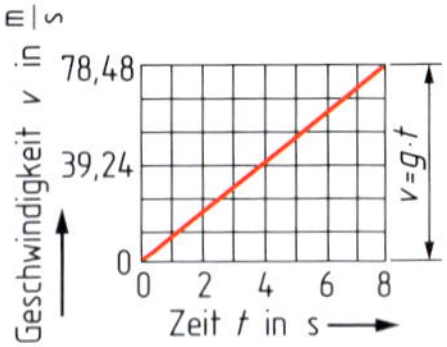

Beispiel

$g = 9{,}81 \frac{m}{s^2}$

$t = 4 s$

$v = ?$

$v = g \cdot t$

$v = 9{,}81 \frac{m}{s^2} \cdot 4 s = 39{,}24 \frac{m}{s^{\not 2}} \cdot \not s = 39{,}24 \frac{m}{s} = \underline{\underline{141{,}26 \frac{km}{h}}}$

Einheitenumrechnung: $1 \frac{m}{s} = 3{,}6 \frac{km}{h}$

Kraft, Beschleunigung, Verzögerung, Federkraft

Abbildung	Formel / Formelumstellung	Formelzeichen / Einheiten
Kraft, Beschleunigung, Verzögerung 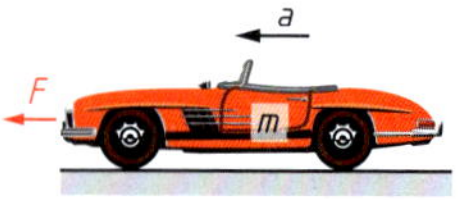	$F = m \cdot a$ $m = \frac{F}{a}$ $a = \frac{F}{m}$	F Kraft (z. B.) N, kN m Masse (z. B.) kg, t a Beschleuninigung (Verzögerung) (z. B.) $\frac{m}{s^2}$
Beispiel $m = 1500\,kg$ $a = 3{,}5\,\frac{m}{s^2}$ $F = ?$	$F = m \cdot a$ $F = 1500\,kg \cdot 3{,}5\,\frac{m}{s^2} = 5250\,\frac{kg \cdot m}{s^2} = \underline{\underline{5250\,N}}$	$\frac{kg \cdot m}{s^2} = N$
Federkraft 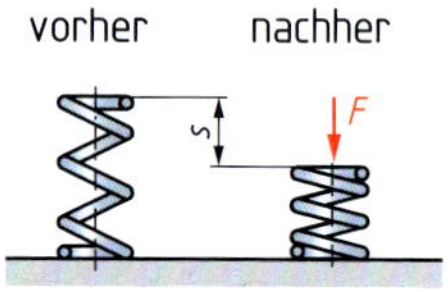	$F = R \cdot s$ $R = \frac{F}{s}$ $s = \frac{F}{R}$	F Federkraft (z. B.) N, kN R Federkonstante (Federrate) (z. B.) $\frac{N}{mm}$ s Federweg (z. B.) mm
Beispiel $R = 25\,\frac{N}{mm}$ $s = 100\,mm$ $F = ?$	$F = R \cdot s$ $F = 25\,\frac{N}{mm} \cdot 100\,mm = 2500\,\frac{N \cdot \cancel{mm}}{\cancel{mm}} = \underline{\underline{2500\,N}}$	

Hebelgesetz, Drehmoment

Formelzeichen / Einheiten

F_1, F_2	Kräfte am Hebel	(z. B.) N
l_1, l_2	wirksame Hebellängen	(z. B.) mm, m
M	Drehmoment	(z. B.) N · m
F	Kraft	(z. B.) N, kN
l	wirksame Hebellänge	(z. B.) mm, m
$\sum M_r$	Summe aller rechtsdrehenden Momente	(z. B.) N · m
$\sum M_l$	Summe aller linksdrehenden Momente	(z. B.) N · m

Formel / Formelumstellung

$$M = F \cdot l$$

$$F = \frac{M}{l}$$

$$l = \frac{M}{F}$$

$$\sum M_l = \sum M_r$$

$$F_1 \cdot l_1 = F_2 \cdot l_2$$

$$F_1 = \frac{F_2 \cdot l_2}{l_1}$$

$$F_2 = \frac{F_1 \cdot l_1}{l_2}$$

$$l_1 = \frac{F_2 \cdot l_2}{F_1}$$

$$l_2 = \frac{F_1 \cdot l_1}{F_2}$$

Abbildung

Einseitiger Hebel

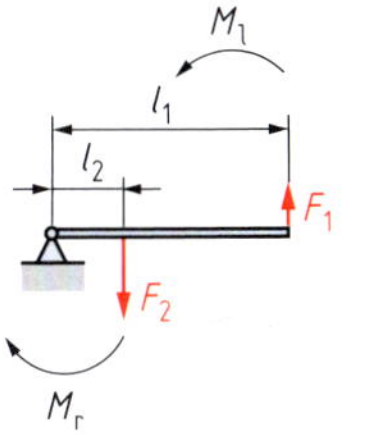

Beispiel

$F_1 = 50\,\text{N}$

$l_1 = 350\,\text{mm}$

$l_2 = 100\,\text{mm}$

$F_2 = ?$

$$F_2 = \frac{F_1 \cdot l_1}{l_2}$$

$$F_2 = \frac{50\,\text{N} \cdot 350\,\text{mm}}{100\,\text{mm}} = 175\frac{\text{N} \cdot \cancel{\text{mm}}}{\cancel{\text{mm}}} = \underline{\underline{175\,\text{N}}}$$

2

Hebelgesetz, Drehmoment

Abbildung	Formel / Formelumstellung		Formelzeichen / Einheiten		
Zweiseitiger Hebel 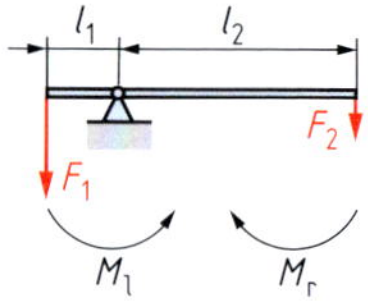	$M = F \cdot l$	$F_1 \cdot l_1 = F_2 \cdot l_2$	F_1, F_2	Kräfte am Hebel	(z. B.) N, kN
	$F = \frac{M}{l}$	$F_1 = \frac{F_2 \cdot l_2}{l_1}$	l_1, l_2	wirksame Hebellängen	(z. B.) mm, m
	$l = \frac{M}{F}$	$F_2 = \frac{F_1 \cdot l_1}{l_2}$	M	Drehmoment	(z. B.) N · m
	$\sum M_l = \sum M_r$	$l_1 = \frac{F_2 \cdot l_2}{F_1}$	F	Kraft	(z. B.) N
		$l_2 = \frac{F_1 \cdot l_1}{F_2}$	l	wirksame Hebellänge	(z. B.) mm, m
			$\sum M_r$	Summe aller rechtsdrehenden Momente	(z. B.) N · m
			$\sum M_l$	Summe aller linksdrehenden Momente	(z. B.) N · m

Beispiel

$F_1 = 250\,N$

$l_1 = 150\,mm$

$l_2 = 350\,mm$

$F_2 = ?$

$$F_2 = \frac{F_1 \cdot l_1}{l_2}$$

$$F_2 = \frac{250\,N \cdot 150\,mm}{350\,mm} = 107\frac{N \cdot \cancel{mm}}{\cancel{mm}} = \underline{\underline{107{,}1\,N}}$$

Winkelhebel, Drehmoment

Formelzeichen / Einheiten			Formel / Formelumstellung		Abbildung
F_1, F_2	Kräfte am Hebel	(z. B.) N, kN	$M = F \cdot l$	$F_1 \cdot l_1 = F_2 \cdot l_2$	**Winkelhebel** 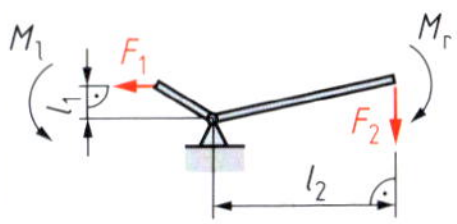
l_1, l_2	wirksame Hebellängen	(z. B.) mm, m	$F = \frac{M}{l}$	$F_1 = \frac{F_2 \cdot l_2}{l_1}$	
M	Drehmoment	(z. B.) N · m	$l = \frac{M}{F}$	$F_2 = \frac{F_1 \cdot l_1}{l_2}$	
F	Kraft	(z. B.) N, kN	$\sum M_l = \sum M_r$	$l_1 = \frac{F_2 \cdot l_2}{F_1}$	
l	wirksame Hebellänge	(z. B.) mm, m		$l_2 = \frac{F_1 \cdot l_1}{F_2}$	
$\sum M_r$	Summe aller rechtsdrehenden Momente	(z. B.) N · m			
$\sum M_l$	Summe aller linksdrehenden Momente	(z. B.) N · m			

Beispiel

$F_1 = 150\,\text{N}$

$l_1 = 150\,\text{mm}$

$l_2 = 300\,\text{mm}$

$F_2 = ?$

$$F_2 = \frac{F_1 \cdot l_1}{l_2}$$

$$F_2 = \frac{150\,\text{N} \cdot 150\,\text{mm}}{300\,\text{mm}} = 75\,\frac{\text{N} \cdot \cancel{\text{mm}}}{\cancel{\text{mm}}} = \underline{\underline{75\,\text{N}}}$$

Mehrfacher Hebel

Abbildung

Mehrfacher Hebel

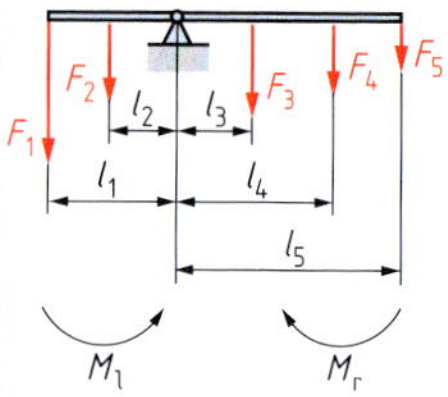

Formel / Formelumstellung

$$\sum M_l = \sum M_r$$

$$F_1 \cdot l_1 + F_2 \cdot l_2 = F_3 \cdot l_3 + F_4 \cdot l_4 + F_5 \cdot l_5$$

$$F_1 = \frac{F_3 \cdot l_3 + F_4 \cdot l_4 + F_5 \cdot l_5 - F_2 \cdot l_2}{l_1}$$

$$F_2 = \frac{F_3 \cdot l_3 + F_4 \cdot l_4 + F_5 \cdot l_5 - F_1 \cdot l_1}{l_2}$$

$$F_3 = \frac{F_1 \cdot l_1 + F_2 \cdot l_2 - F_4 \cdot l_4 - F_5 \cdot l_5}{l_3}$$

$$F_4 = \frac{F_1 \cdot l_1 + F_2 \cdot l_2 - F_3 \cdot l_3 - F_5 \cdot l_5}{l4}$$

$$F_5 = \frac{F_1 \cdot l_1 + F_2 \cdot l_2 - F_3 \cdot l_3 - F_4 \cdot l_4}{l_5}$$

Formelzeichen / Einheiten

$F_1, \ldots$	Kräfte am Hebel	(z. B.) N, kN
$l_1, \ldots$	wirksame Hebellängen	(z. B.) mm, m
M	Drehmoment	(z. B.) N · m
$\sum M_r$	Summe aller rechtsdrehenden Momente	(z. B.) N · m
$\sum M_l$	Summe aller linksdrehenden Momente	(z. B.) N · m

Beispiel

$F_2 = 150\,\text{N}, F_3 = 125\,\text{N}$

$F_4 = 100\,\text{N}, F_5 = 200\,\text{N}$

$l_1 = 280\,\text{mm}$

$l_2 = 160\,\text{mm}, l_3 = 150\,\text{mm}, l_4 = 300\,\text{mm}, l_5 = 450\,\text{mm}$

$F_1 = ?$

$$F_1 = \frac{F_3 \cdot l_3 + F_4 \cdot l_4 + F_5 \cdot l_5 - F_2 \cdot l_2}{l_1}$$

$$F_1 = \frac{125\,\text{N} \cdot 150\,\text{mm} + 100\,\text{N} \cdot 300\,\text{mm} + 200\,\text{N} \cdot 450\,\text{mm} - 150\,\text{N} \cdot 160\,\text{mm}}{280\,\text{mm}}$$

$$= 409{,}82\,\frac{\text{N} \cdot \cancel{\text{mm}}}{\cancel{\text{mm}}} = \underline{\underline{410\,\text{N}}}$$

Auflagerkräfte, Drehmomente

Formelzeichen / Einheiten

F_1, F_2	Kräfte	(z. B.) N, kN
F_A, F_B	Auflagerkräfte	(z. B.) N, kN
$l_1, \ldots$	wirksame Hebellänge	(z. B.) mm, m
$\sum M_r$	Summe aller rechtsdrehenden Momente	(z. B.) N · m
$\sum M_l$	Summe aller linksdrehenden Momente	(z. B.) N · m

Formel / Formelumstellung

$$\sum F^{\uparrow} = \sum F^{\downarrow}$$

$$F_A + F_B = F_1 + F_2$$

$$F_A = F_1 + F_2 - F_B$$

$$F_B = F_1 + F_2 - F_A$$

$$\sum M_l = \sum M_r$$

$$F_A = \frac{F_1 \cdot l_1 + F_2 \cdot l_2}{l}$$

$$F_B = \frac{F_1 \cdot (l - l_1) + F_2 \cdot (l - l_2)}{l}$$

Abbildung

Auflagerkräfte

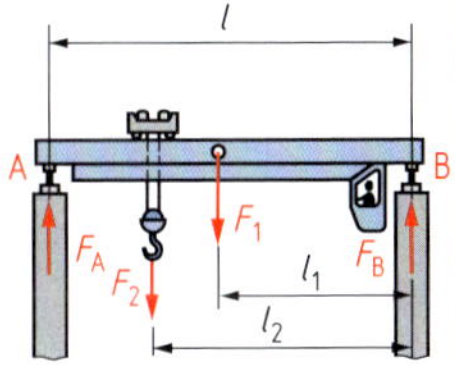

Drehpunkt bei B:

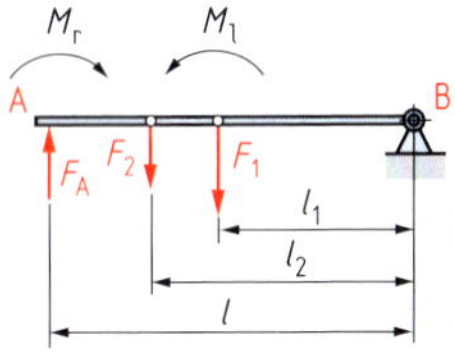

Drehpunkt bei A:

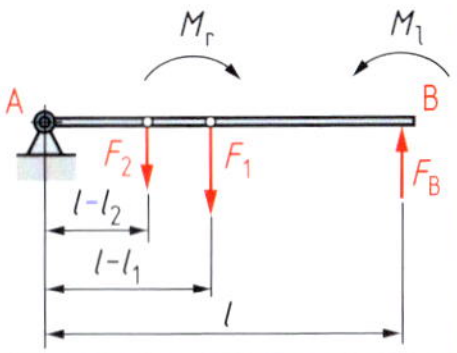

Beispiel (1. Abbildung)

$F_1 = 50\,\text{kN}, F_2 = 125\,\text{kN}$

$l = 10\,\text{m}, l_1 = 5\,\text{m}, l_2 = 6{,}5\,\text{m}$

$F_A = ?$

$F_B = ?$

$$F_A = \frac{F_1 \cdot l_1 + F_2 \cdot l_2}{l} = \frac{50\,\text{kN} \cdot 5\,\text{m} + 125\,\text{kN} \cdot 6{,}5\,\text{m}}{10\,\text{m}} = 106{,}25\,\frac{\text{kN} \cdot \cancel{\text{m}}}{\cancel{\text{m}}} = \underline{\underline{106{,}25\,\text{kN}}}$$

$$F_B = \frac{F_1 \cdot (l - l_1) + F_2 \cdot (l - l_2)}{l} = \frac{50\,\text{kN} \cdot (10\,\text{m} - 5\,\text{m}) + 125\,\text{kN} \cdot (10\,\text{m} - 6{,}5\,\text{m})}{10\,\text{m}} = 68{,}75\,\frac{\text{kN} \cdot \cancel{\text{m}}}{\cancel{\text{m}}} = \underline{\underline{68{,}75\,\text{kN}}}$$

2

2

Drehmoment bei Zahnradtrieben 1

Abbildung

Drehmoment bei Zahnradtrieben

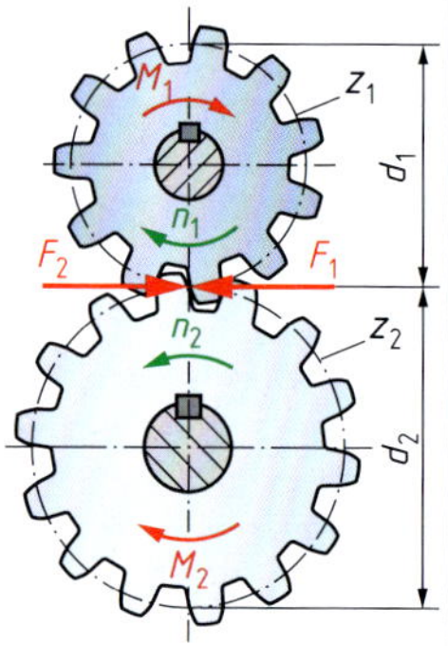

Formel / Formelumstellung

$$M_1 = F_1 \cdot \frac{d_1}{2}$$

$$F_1 = \frac{2 \cdot M_1}{d_1}$$

$$d_1 = \frac{2 \cdot M_1}{F_1}$$

$$d_1 = m \cdot z_1$$

$$z_1 = \frac{d_1}{m}$$

$$m = \frac{d_1}{z_1}$$

$$M_2 = F_2 \cdot \frac{d_2}{2}$$

$$F_2 = \frac{2 \cdot M_2}{d_2}$$

$$d_2 = \frac{2 \cdot M_2}{F_2}$$

$$d_2 = m \cdot z_2$$

$$z_2 = \frac{d_2}{m}$$

$$m = \frac{d_2}{z_2}$$

$$i = \frac{M_2}{M_1}$$

$$M_1 = \frac{M_2}{i}$$

$$M_2 = i \cdot M_1$$

Formelzeichen / Einheiten

Treibendes Rad

M_1	Drehmoment	(z. B.) N · m
F_1	Umfangskraft	(z. B.) N, kN
d_1	Teilkreisdurchmesser	(z. B.) mm
n_1	Umdrehungsfrequenz (Drehzahl)	(z. B.) $\frac{1}{\text{min}}$
z_1	Zähnezahl	

Getriebenes Rad

M_2	Drehmoment	(z. B.) N · m
F_2	Umfangskraft	(z. B.) N, kN
d_2	Teilkreisdurchmesser	(z. B.) mm
n_2	Umdrehungsfrequenz (Drehzahl)	(z. B.) $\frac{1}{\text{min}}$
z_2	Zähnezahl	

Für beide Zahnräder

i	Übersetzungsverhältnis	
m	Modul	mm

Beispiel

$F_1 = 2800\,\text{N}$

$D_1 = 300\,\text{mm}$

$M_1 = ?$

$$M_1 = F_1 \cdot \frac{d_1}{2}$$

$$M_1 = 2800\,\text{N} \cdot \frac{300\,\text{mm}}{2} = 420\,000\,\text{N} \cdot \text{mm} = \underline{\underline{420\,\text{N} \cdot \text{m}}}$$

Drehmoment bei Zahnradtrieben 2

Formelzeichen / Einheiten

Treibendes Rad

M_1	Drehmoment	(z. B.) N · m
n_1	Umdrehungsfrequenz (Drehzahl)	(z. B.) $\frac{1}{\text{min}}$
z_1	Zähnezahl	

Getriebenes Rad

M_2	Drehmoment	(z. B.) N · m
n_2	Umdrehungsfrequenz (Drehzahl)	(z. B.) $\frac{1}{\text{min}}$
z_2	Zähnezahl	

Für beide Zahnräder

i	Übersetzungsverhältnis
η	Wirkungsgrad

Formel / Formelumstellung

$$\frac{M_2}{M_1} = \frac{n_1}{n_2}$$

$$M_1 = \frac{M_2 \cdot n_2}{n_1}$$

$$M_2 = \frac{M_1 \cdot n_1}{n_2}$$

$$n_1 = \frac{M_2 \cdot n_2}{M_1}$$

$$n_2 = \frac{M_1 \cdot n_1}{M_2}$$

$$\frac{M_2}{M_1} = \frac{z_2}{z_1}$$

$$M_1 = \frac{M_2 \cdot z_1}{z_2}$$

$$M_2 = \frac{M_1 \cdot z_2}{z_1}$$

$$z_1 = \frac{M_1 \cdot z_2}{M_2}$$

$$z_2 = \frac{M_2 \cdot z_1}{M_1}$$

$$M_1 = \frac{M_2}{i \cdot \eta}$$

$$M_2 = i \cdot \eta \cdot M_1$$

$$i = \frac{M_2}{M_1 \cdot \eta}$$

$$\eta = \frac{M_2}{i \cdot M_1}$$

Abbildung

Drehmoment bei Zahnradtrieben

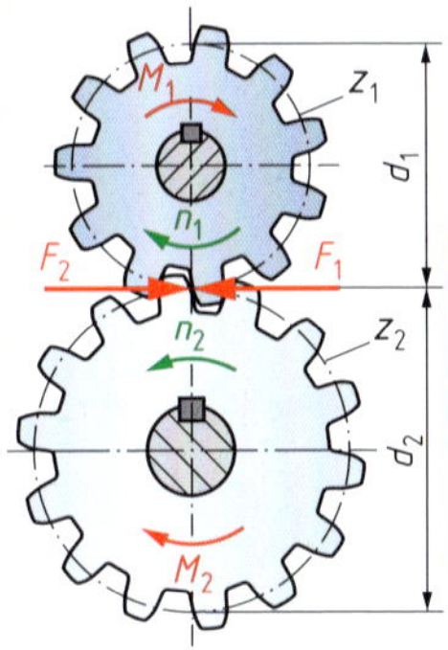

Beispiel

$M_2 = 500\,\text{N} \cdot \text{m}$

$\eta = 0{,}95$

$i = 4$

$M_1 = ?$

$$M_1 = \frac{M_2}{i \cdot \eta}$$

$$M_1 = \frac{500\,\text{Nm}}{4 \cdot 0{,}95} = \underline{\underline{131{,}6\,\text{N} \cdot \text{m}}}$$

Haftreibung, Gleitreibung

Abbildung	Formel / Formelumstellung	Formelzeichen / Einheiten
Haftreibung 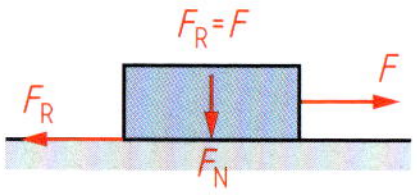	$F_R = \mu \cdot F_N$ $\mu = \frac{F_R}{F_N}$ $F_N = \frac{F_R}{\mu}$	F_R Haftreibungskraft (z. B.) N, kN μ Haftreibungszahl F_N Normalkraft (z. B.) N, kN F Zugkraft (z. B.) N, kN
Beispiel $F_N = 980\,N$ $\mu = 0{,}10$ $F_R = ?$	$F_R = \mu \cdot F_N$ $F_R = 0{,}10 \cdot 980\,N = \underline{\underline{98\,N}}$	
Gleitreibung 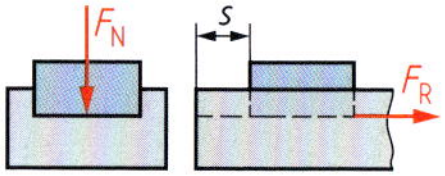	$F_R = \mu \cdot F_N$ $\mu = \frac{F_R}{F_N}$ $F_N = \frac{F_R}{\mu}$ $W = F_R \cdot s$ $F_R = \frac{W}{s}$ $s = \frac{W}{F_R}$	F_R Gleitreibungskraft (z. B.) N, kN μ Gleitreibungszahl F_N Normalkraft (z. B.) N, kN W Reibungsarbeit (z. B.) N · m s Kraftweg, Reibweg (z. B.) mm, m
Beispiel $F_N = 1500\,N$ $\mu = 0{,}20$ $F_R = ?$	$F_R = \mu \cdot F_N$ $F_R = 0{,}2 \cdot 1500\,N = \underline{\underline{300\,N}}$	

Rollreibung, Reibungsmoment

Formelzeichen / Einheiten	Formel / Formelumstellung	Abbildung
F_N Normalkraft (z. B.) N, kN F_R Rollreibungskraft (z. B.) N, kN f Rollreibungszahl (z. B.) mm, m r Radius (z. B.) mm, m	$F_R = \frac{f \cdot F_N}{r}$ $f = \frac{F_R \cdot r}{F_N}$ $F_N = \frac{F_R \cdot r}{f}$ $r = \frac{f \cdot F_N}{F_R}$	**Rollreibung** 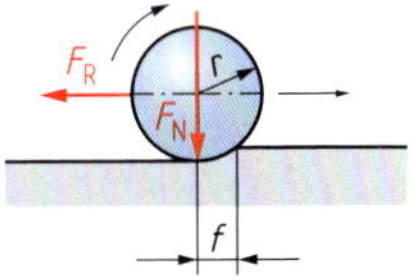

Beispiel

$F_N = 50\,kN$

$d = 400\,mm$

$f = 0{,}6\,mm$

$F_R = ?$

$$F_R = \frac{f \cdot F_N}{r}$$

$$F_R = \frac{0{,}6\,mm \cdot 50000\,N}{200\,mm} = 150\,\frac{\cancel{mm} \cdot N}{\cancel{mm}} = \underline{\underline{150\,N}}$$

Formelzeichen / Einheiten	Formel / Formelumstellung	Abbildung
M_R Reibungsmoment (z. B.) N · m F_N Normalkraft (z. B.) N, kN F_R Rollreibungskraft (z. B.) N, kN μ Haftreibungszahl d Durchmesser (z. B.) mm, m	$M_R = \frac{\mu \cdot F_N \cdot d}{2}$ $\mu = \frac{2 \cdot M_R}{F_N \cdot d}$ $F_N = \frac{2 \cdot M_R}{\mu \cdot d}$ $d = \frac{2 \cdot M_R}{\mu \cdot F_N}$ $F_R = \mu \cdot F_N$ $\mu = \frac{F_R}{F_N}$ $F_N = \frac{F_R}{\mu}$	**Reibungsmoment** 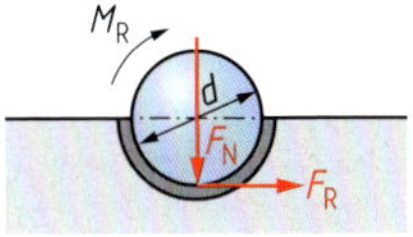

Beispiel

$\mu = 0{,}05$

$F_N = 5\,kN$

$d = 150\,mm$

$M_R = ?$

$$M_R = \frac{\mu \cdot F_N \cdot d}{2}$$

$$M_R = \frac{0{,}05 \cdot 5000\,N \cdot 150\,mm}{2} = 18750\,N \cdot mm = \underline{\underline{18{,}75\,N \cdot m}}$$

2

Reibungskraft, Reibungsmoment, Reibungsleistung

Abbildung	Formel / Formelumstellung	Formelzeichen / Einheiten
Reibung am Zapfen/Lager, Reibungsmoment, Reibungsleistung Tragzapfen $F_R \perp F_N$ 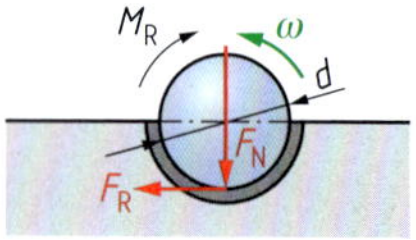 	**Reibungskraft, Reibungsmoment:** $F_R = \mu \cdot F_N$ $\quad \mu = \frac{F_R}{F_N}$ $\quad F_N = \frac{F_R}{\mu}$ $M_R = \mu \cdot F_N \cdot \frac{d}{2}$ $\quad \mu = \frac{2 \cdot M_R}{\mu \cdot F_N}$ $F_N = \frac{2 \cdot M_R}{\mu \cdot d}$ $\quad d = \frac{2 \cdot M_R}{F_N \cdot d}$ **Reibungsleistung:** $P_R = F_R \cdot v$ $\quad F_R = \frac{P_R}{v}$ $\quad v = \frac{P_R}{F_R}$ $P_R = M_R \cdot \omega$ $\quad M_R = \frac{P_R}{\omega}$ $\quad \omega = \frac{P_R}{M_R}$ $P_R = F_R \cdot d \cdot \pi \cdot n$ $\quad F_R = \frac{P_R}{d \cdot \pi \cdot n}$ $d = \frac{P_R}{F_R \cdot \pi \cdot n}$ $\quad n = \frac{P_R}{F_R \cdot d \cdot \pi}$	F_R Rollreibungskraft (z. B.) N, kN μ Haftreibungszahl F_N Normalkraft (z. B.) N, kN M_R Reibungsmoment (z. B.) N · m d Durchmesser (z. B.) mm, m P_R Reibleistung (z. B.) W, kW v Geschwindigkeit (z. B.) $\frac{m}{s}, \frac{m}{min}$ ω Winkelgeschwindigkeit (z. B.) $\frac{1}{s}$ n Umdrehungsfrequenz (Drehzahl) (z. B.) $\frac{1}{s}, \frac{1}{min}$ $1\,W = 1\,N \cdot \frac{1\,m}{1\,s}$

Beispiel

$\mu = 0{,}20$

$F_N = 1200\,N$

$d = 120\,mm$

$M_R = ?$

$$M_R = \mu \cdot F_N \cdot \frac{d}{2}$$

$$M_R = 0{,}20 \cdot 1200\,N \cdot \frac{0{,}12\,m}{2} = \underline{\underline{14{,}4\,N \cdot m}}$$

2

Reibungskraft, Reibungsmoment, Reibungsleistung

Formelzeichen / Einheiten

M_R	Reibungsmoment	(z. B.) N · m
F_N	Normalkraft	(z. B.) N, kN
F_R	Rollreibungskraft	(z. B.) N · m
D	Außendurchmesser	(z. B.) mm, m
d	Innendurchmesser	(z. B.) mm, m
μ	Haftreibungszahl	
P_R	Reibleistung	(z. B.) W, kW
v	Geschwindigkeit	(z. B.) $\frac{m}{s}$, $\frac{m}{min}$
ω	Winkelgeschwindigkeit	(z. B.) $\frac{1}{min}$
n	Umdrehungsfrequenz (Drehzahl)	(z. B.) $\frac{1}{s}$, $\frac{1}{min}$

$$1\,W = 1\,N \cdot \frac{1\,m}{1\,s}$$

Formel / Formelumstellung

Reibmoment:

$$M_R = F_N \cdot \mu \cdot \frac{D+d}{4}$$

$$F_N = \frac{4 \cdot M_R}{\mu \cdot (D+d)} \qquad \mu = \frac{4 \cdot M_R}{F_N \cdot (D+d)}$$

$$D = \frac{4 \cdot M_R}{F_N \cdot \mu} - d \qquad d = \frac{4 \cdot M_R}{F_N \cdot \mu} - D$$

Reibleistung:

$$P_R = F_R \cdot v \qquad F_R = \frac{P_R}{v} \qquad v = \frac{P_R}{F_R}$$

$$P_R = M_R \cdot \omega \qquad M_R = \frac{P_R}{\omega} \qquad \omega = \frac{P_R}{M_R}$$

$$P_R = F_R \cdot d \cdot \pi \cdot n \qquad F_R = \frac{P_R}{d \cdot \pi \cdot n}$$

$$d = \frac{P_R}{F_R \cdot \pi \cdot n} \qquad n = \frac{P_R}{F_R \cdot d \cdot \pi}$$

Abbildung

Spurzapfen / Ringzapfen

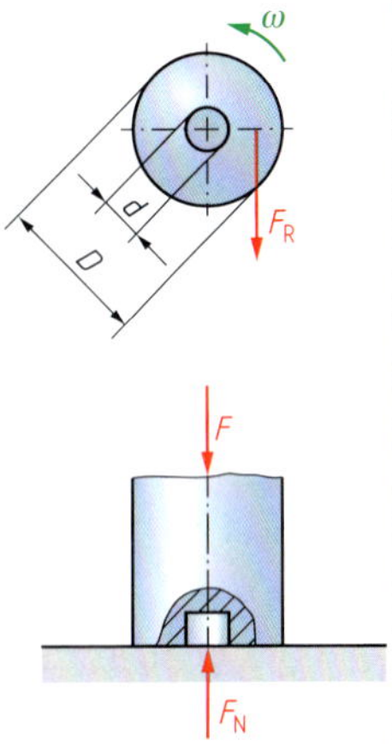

Beispiel

$\mu = 0{,}10$

$F = 800\,N$

$D = 100\,mm$

$d = 40\,mm$

$M_R = ?$

$$M_R = F \cdot \mu \cdot \frac{D+d}{4}$$

$$M_R = 800\,N \cdot 0{,}10 \cdot \frac{100\,mm + 40\,mm}{4} = 2800\,Nmm = \underline{\underline{2{,}8\,N \cdot m}}$$

2

Feste Rolle, Lose Rolle

Abbildung	Formel / Formelumstellung	Formelzeichen / Einheiten
Feste Rolle 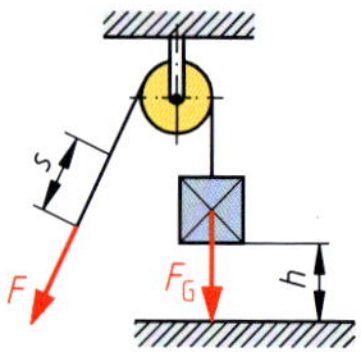	$F_G = F$ $s = h$	F_G Gewichtskraft (z. B.) N, kN F Seilkraft (z. B.) N, kN H Hubweg (z. B.) mm, m s Kraftweg (z. B.) mm, m
Beispiel $F = 2{,}4\,\text{kN}$ $h = 2{,}1\,\text{m}$ $F_G = ?$	$F_G = F$ $F_G = \underline{\underline{2{,}4\,\text{kN}}}$	
Lose Rolle 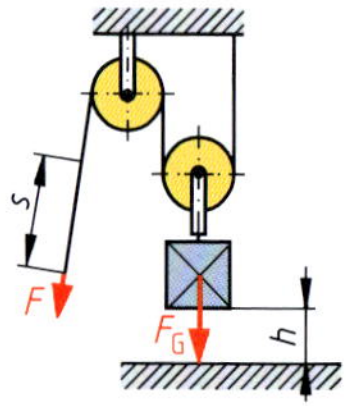	$F_G \cdot h = F \cdot s$ $\quad F_G = \frac{F \cdot s}{h}$ $h = \frac{F \cdot s}{F_G}$ $\quad F = \frac{F_G \cdot h}{s}$ $\quad s = \frac{F_G \cdot h}{F}$ $F = \frac{F_G}{2}$ $\quad s = 2 \cdot h$	F_G Gewichtskraft (z. B.) N, kN F Seilkraft (z. B.) N, kN H Hubweg (z. B.) mm, m s Kraftweg (z. B.) mm, m
Beispiel $F = 6\,\text{kN}$ $h = 2\,\text{m}$ $s = 10\,\text{m}$ $F_G = ?$	$F_G = \frac{F \cdot s}{h}$ $F_G = \frac{6\,\text{kN} \cdot 10\,\text{m}}{2\,\text{m}} = 30\,\frac{\text{kN} \cdot \cancel{\text{m}}}{\cancel{\text{m}}} = \underline{\underline{30\,\text{kN}}}$	

Flaschenzug

Formelzeichen / Einheiten		
F	Seilkraft	(z. B.) N, kN
F_G	Gewichtskraft	(z. B.) N, kN
n	Zahl der tragenden Seile (rote Punkte, hier: 4)	
h	Hubweg	(z. B.) mm, m
s	Kraftweg	(z. B.) mm, m
W_1	aufgewendete Arbeit	(z. B.) J = N · m
W_2	abgegebene Arbeit	(z. B.) J = N · m

Formel / Formelumstellung

$$F \cdot s = F_G \cdot h$$

$$F = \frac{F_G \cdot h}{s}$$

$$s = \frac{F_G \cdot h}{F}$$

$$F_G = \frac{F \cdot s}{h}$$

$$h = \frac{F \cdot s}{F_G}$$

$$h = \frac{s}{n}$$

$$s = h \cdot n$$

$$n = \frac{s}{h}$$

$$F = \frac{F_G}{n}$$

$$F_G = F \cdot n$$

$$n = \frac{F_G}{F}$$

$$^{*}W_2 = F_G \cdot h$$

$$F_G = \frac{W_2}{h}$$

$$h = \frac{W_2}{F_G}$$

* Die Reibung wird hier vernachlässigt. Die aufgewendete Arbeit W_1 ist gleich der abgegebenen Arbeit W_2.

Abbildung

Flaschenzug*

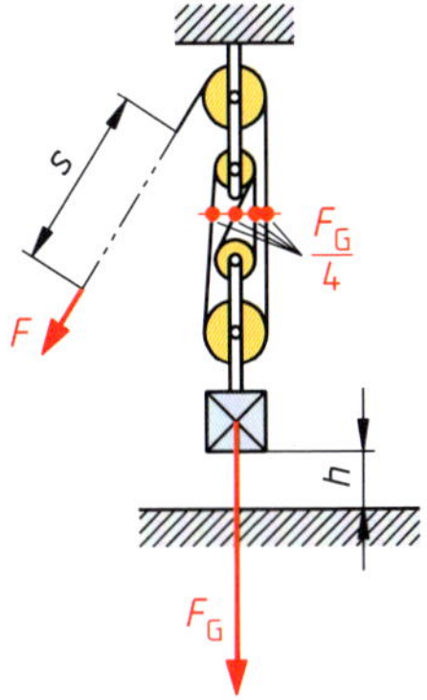

Beispiel

$F_G = 3000\,\text{N}$

$h = 1{,}5\,\text{m}$

$s = 15\,\text{m}$

$F = ?$

$$F = \frac{F_G \cdot h}{s}$$

$$F = \frac{3000\,\text{N} \cdot 1{,}5\,\text{m}}{15\,\text{m}} = 300\,\frac{\text{N} \cdot \cancel{\text{m}}}{\cancel{\text{m}}} = \underline{\underline{300\,\text{N}}}$$

Winde (Seilwinde)

Abbildung

Winde (Seilwinde)*

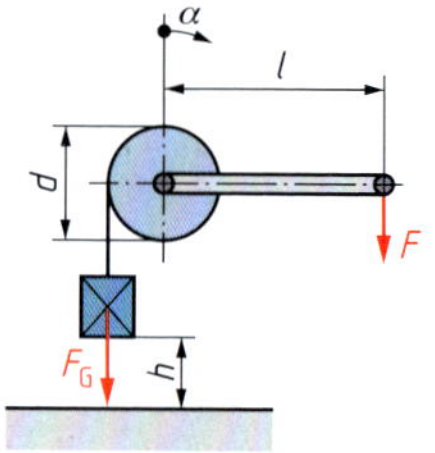

Formel / Formelumstellung

$$F \cdot l = F_G \cdot \frac{d}{2}$$

$$F = \frac{F_G \cdot d}{2 \cdot l}$$

$$l = \frac{F_G \cdot d}{2 \cdot F}$$

$$F_G = \frac{2 \cdot F \cdot l}{d}$$

$$d = \frac{2 \cdot F \cdot l}{F_G}$$

$$h = d \cdot \pi \cdot n$$

$$d = \frac{h}{\pi \cdot n}$$

$$n = \frac{h}{d \cdot \pi}$$

$$W_2 = F_G \cdot h$$

$$F_G = \frac{W_2}{h}$$

$$h = \frac{W_2}{F_G}$$

$$h = d \cdot \pi \cdot \frac{\alpha}{360°}$$

* Die Reibung wird hier vernachlässigt. Die aufgewendete Arbeit W_1 ist gleich der abgegebenen Arbeit W_2.

Formelzeichen / Einheiten

F	Kraft an der Handkurbel	(z. B.) N, kN
F_G	Gewichtskraft	(z. B.) N, kN
d	Seiltrommeldurchmesser	(z. B.) cm, m
l	Hebelarm (Kurbellänge)	(z. B.) mm, cm, m
h	Hubweg	(z. B.) cm, m
n	Zahl der Kurbelumdrehungen	
α	Verdrehwinkel an der Handkurbel	in ° (Grad)
W_1	aufgewendete Arbeit	(z. B.) J = N · m
W_2	abgegebene Arbeit	(z. B.) J = N · m

Beispiel

$F_G = 1500\,N$

$d = 0,25\,m$

$l = 10,35\,m$

$F = ?$

$$F = \frac{F_G \cdot d}{2 \cdot l}$$

$$F = \frac{1500\,N \cdot 0,25\,m}{2 \cdot 0,35\,m} = 535,71 \frac{N \cdot \not{m}}{\not{m}} = \underline{\underline{535,71\,N}}$$

2

Räderwinde

Formelzeichen / Einheiten

F	Kraft an der Handkurbel	(z. B.) N, kN
F_G	Gewichtskraft	(z. B.) N, kN
d	Seiltrommeldurchmesser	(z. B.) mm, m
l	Hebelarm	(z. B.) mm, m
h	Hubweg	(z. B.) mm, m
n	Zahl der Kurbelumdrehungen	
i	Zahnradübersetzung	
z_1, z_2	Zähnezahlen	
W_1	aufgewendete Arbeit	(z. B.) J = N · m
W_2	abgegebene Arbeit	(z. B.) J = N · m

Formel / Formelumstellung

$$F \cdot i \cdot l = F_G \cdot \frac{d}{2}$$

$$F = \frac{F_G \cdot d}{2 \cdot i \cdot l}$$

$$i = \frac{F_G \cdot d}{2 \cdot F \cdot l}$$

$$l = \frac{F_G \cdot d}{2 \cdot F \cdot i}$$

$$F_G = \frac{2 \cdot F \cdot i \cdot l}{d}$$

$$d = \frac{2 \cdot F \cdot i \cdot l}{F_G}$$

$$i = \frac{z_2}{z_1}$$

$$h = \frac{d \cdot \pi \cdot n}{i}$$

$$d = \frac{h \cdot i}{\pi \cdot n}$$

$$n = \frac{h \cdot i}{d \cdot \pi}$$

$$i = \frac{d \cdot \pi \cdot n}{h}$$

$$W_2 = F_G \cdot h$$

$$F_G = \frac{W_2}{h}$$

$$h = \frac{W_2}{F_G}$$

* Die Reibung wird hier vernachlässigt. Die aufgewendete Arbeit W_1 ist gleich der abgegebenen Arbeit W_2.

Abbildung

Räderwinde*

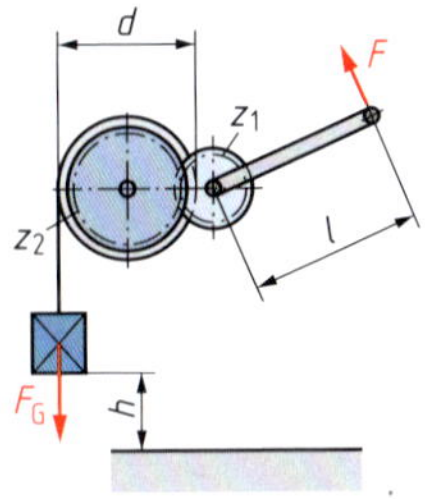

2

Beispiel

$F_G = 500\,\text{N}$

$d = 0{,}3\,\text{m}$

$l = 0{,}4\,\text{m}$

$i = 2{,}5$

$F = ?$

$$F = \frac{F_G \cdot d}{2 \cdot i \cdot l}$$

$$F = \frac{500\,\text{N} \cdot 0{,}3\,\text{m}}{2 \cdot 2{,}5 \cdot 0{,}4\,\text{m}} = 75\,\frac{\text{N} \cdot \cancel{\text{m}}}{\cancel{\text{m}}} = \underline{\underline{75\,\text{N}}}$$

Hangabtriebskraft, Normalkraft, Schiefe (Geneigte) Ebene

Abbildung

Hangabtriebskraft, Normalkraft, Schiefe (Geneigte) Ebene*

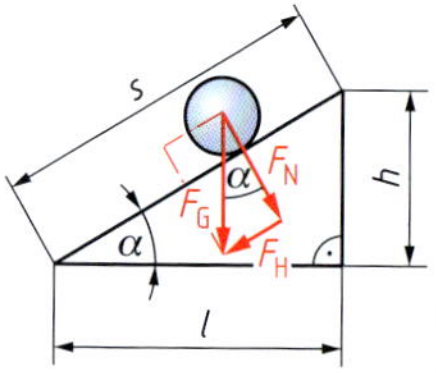

Formel / Formelumstellung

$$\frac{F_H}{F_G} = \frac{h}{s}$$

$$F_H = \frac{h \cdot F_G}{s}$$

$$F_G = \frac{F_H \cdot s}{h}$$

$$h = \frac{F_H \cdot s}{F_G}$$

$$s = \frac{F_G \cdot h}{F_H}$$

$$F_H = F_G \cdot \sin\alpha$$

$$F_G = \frac{F_H}{\sin\alpha}$$

$$\sin\alpha = \frac{F_H}{F_G}$$

$$W_1 = F_H \cdot s$$

$$F_H = \frac{W_1}{s}$$

$$s = \frac{W_1}{F_H}$$

$$\frac{F_N}{F_G} = \frac{l}{s}$$

$$F_N = \frac{l \cdot F_G}{s}$$

$$F_G = \frac{F_N \cdot s}{l}$$

$$l = \frac{F_N \cdot s}{F_G}$$

$$s = \frac{F_G \cdot l}{F_N}$$

$$F_N = F_G \cdot \cos\alpha$$

$$F_G = \frac{F_N}{\cos\alpha}$$

$$\cos\alpha = \frac{F_N}{F_G}$$

$$W_2 = F_G \cdot h$$

$$F_G = \frac{W_2}{h}$$

$$h = \frac{W_2}{F_G}$$

* Die Reibung wird hier vernachlässigt. Die aufgewendete Arbeit W_1 ist gleich der abgegebenen Arbeit W_2.

Formelzeichen / Einheiten

F_H	Hangabtriebskraft	(z. B.) N, kN
F_G	Gewichtskraft	(z. B.) N, kN
F_N	Normalkraft	(z. B.) N, kN
h	Höhenunterschied	(z. B.) mm, m
s	Weg	(z. B.) mm, m
l	horizontale Länge	(z. B.) mm, m
α	Neigungswinkel	in ° (Grad)
W_1	aufgewendete Arbeit	$J = N \cdot m$
W_2	abgegebene Arbeit	$J = N \cdot m$

Beispiel

$F_G = 15\,kN$

$h = 5\,m$

$s = 10\,m$

$F_H = ?$

$$F_H = \frac{h \cdot F_G}{s}$$

$$F_H = \frac{5\,m \cdot 15\,kN}{10\,m} = 7{,}5\,\frac{\cancel{m} \cdot kN}{\cancel{m}} = \underline{\underline{7{,}5\,kN}}$$

2

Keil

Formelzeichen / Einheiten

F	Last	(z. B.) N, kN
F_1, F_2	Kräfte	(z. B.) N, kN
s	Kraftweg	(z. B.) cm, m
h	Lastweg	(z. B.) cm, m
α	Neigungswinkel	in ° (Grad)
ϱ	Reibungswinkel	in ° (Grad)
μ	Reibfaktor	
W_1	aufgewendete Arbeit	(z. B.) J, kJ
W_2	abgegebene Arbeit	(z. B.) J, kJ

$1\,\text{J} = 1\,\text{N} \cdot \text{m} = 1\,\text{W} \cdot \text{s}$

Formel / Formelumstellung

$$F_1 \cdot s = F \cdot h$$

$$F_1 = \frac{F \cdot h}{s}$$

$$s = \frac{F \cdot h}{F_1}$$

$$F = \frac{F_1 \cdot s}{h}$$

$$h = \frac{F_1 \cdot s}{F}$$

$$W_1 = W_2$$

$$W_1 = F_1 \cdot s$$

$$W_2 = F \cdot h$$

Eintreiben (+)

$$F_1 = F \cdot \tan(\alpha + 2\varrho)$$

$$F = \frac{F_1}{\tan(\alpha + 2\varrho)}$$

$$\tan(\alpha + 2\varrho) = \frac{F_1}{F}$$

Austreiben, Lockern (–)

$$F_2 = F \cdot \tan(\alpha - 2\varrho)$$

$$F = \frac{F_2}{\tan(\alpha - 2\varrho)}$$

$$\tan(\alpha - 2\varrho) = \frac{F_2}{F}$$

$$\tan\varrho = \mu$$

$$\varrho = \arctan\mu$$

Abbildung

Keil

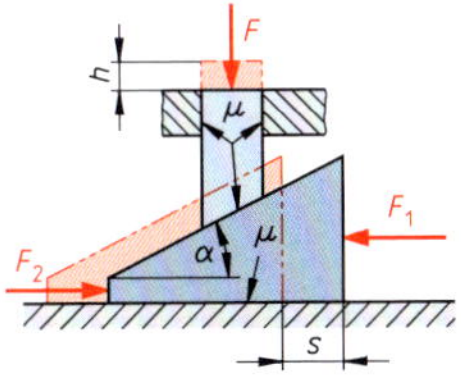

Beispiel

$F = 250\,\text{N}$

$h = 5\,\text{mm}$

$s = 25\,\text{m}$

$F_1 = ?$

$$F_1 = \frac{F \cdot h}{s}$$

$$F_1 = \frac{250\,\text{N} \cdot 5\,\text{mm}}{25\,\text{mm}} = 50\,\frac{\text{N} \cdot \cancel{\text{mm}}}{\cancel{\text{mm}}} = \underline{\underline{50\,\text{N}}}$$

2

Schraube

Abbildung	Formel / Formelumstellung	Formelzeichen / Einheiten

Schraube*

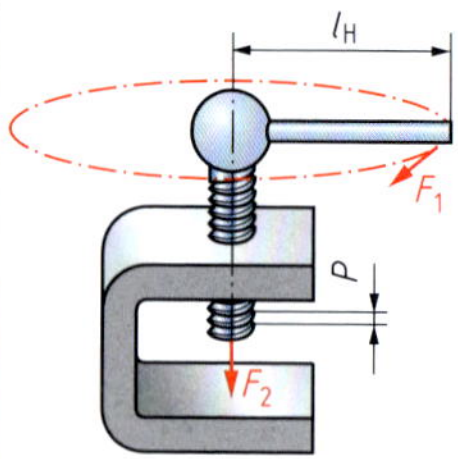

$$F_1 \cdot 2 \cdot l_H \cdot \pi = F_2 \cdot P$$

$$F_1 = \frac{F_2 \cdot P}{2 \cdot l_H \cdot \pi} \qquad l_H = \frac{F_2 \cdot P}{F_1 \cdot 2 \cdot \pi}$$

$$F_2 = \frac{F_1 \cdot 2 \cdot l_H \cdot \pi}{P} \qquad P = \frac{F_1 \cdot 2 \cdot l_H \cdot \pi}{F_2}$$

$$M = \frac{F_2 \cdot P}{2 \cdot \pi}$$

$$F_2 = \frac{M \cdot 2 \cdot \pi}{P} \qquad P = \frac{M \cdot 2 \cdot \pi}{F_2}$$

$$W_1 = W_2$$

$$W_1 = F_1 \cdot 2 \cdot l_H \cdot \pi$$

$$F_1 = \frac{W_1}{2 \cdot l_H \cdot \pi} \qquad l_H = \frac{W_1}{F_1 \cdot 2 \cdot \pi}$$

$$W_2 = F_2 \cdot P$$

$$F_2 = \frac{W_2}{P} \qquad P = \frac{W_2}{F_2}$$

* Die Reibung wird hier vernachlässigt. Die aufgewendete Arbeit W_1 ist gleich der abgegebenen Arbeit W_2.

Formelzeichen	Bedeutung	Einheiten
F_1	Drehkraft	(z. B.) N, kN
F_2	Spindelkraft Vorspannkraft	(z. B.) N, kN
P	Steigung	mm
M	Anzugsdrehmoment	N · m
l_H	Länge Hebelarm	(z. B.) mm, cm
W_1	aufgewendete Arbeit	J = N · m
W_2	abgegebene Arbeit	J = N · m

Beispiel

$F_2 = 1000\,\text{N}$

$P = 1{,}25\,\text{mm}$

$l_H = 150\,\text{mm}$

$F_1 = ?$

$$F_1 = \frac{F_2 \cdot P}{2 \cdot l_H \cdot \pi}$$

$$F_1 = \frac{1000\,\text{N} \cdot 1{,}25\,\text{mm}}{2 \cdot 150\,\text{mm} \cdot \pi} = 1{,}3\,\frac{\text{N} \cdot \cancel{\text{mm}}}{\cancel{\text{mm}}} = \underline{\underline{1{,}3\,\text{N}}}$$

Mechanische Arbeit, Hubarbeit

Formelzeichen / Einheiten	Formel / Formelumstellung	Abbildung
W Arbeit (z. B.) N · m, J, W · s F Kraft (z. B.) N, kN F_G Gewichtskraft (z. B.) N, kN s Kraftweg (z. B.) mm, m $1\,\text{J} = 1\,\text{N} \cdot \text{m}$ $1\,\text{J} = \frac{\text{kg} \cdot \text{m}^2}{\text{s}^2}$ $1\,\text{J} = \text{W} \cdot \text{s}$	$W = F \cdot s$ $F = F_G$ $F = \frac{W}{s}$ $s = \frac{W}{F}$	**Mechanische Arbeit** 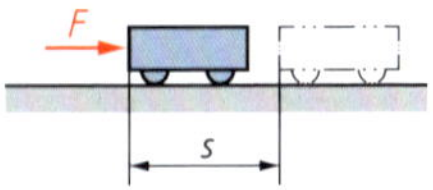

Beispiel

$F = 1250\,\text{N}$

$S = 2{,}5\,\text{m}$

$W = ?$

$W = F \cdot s$

$W = 1250\,\text{N} \cdot 2{,}5\,\text{m} = 3125\,\text{Nm} = \underline{\underline{3125\,\text{J}}}$

Formelzeichen / Einheiten	Formel / Formelumstellung	Abbildung
W Hubarbeit (z. B.) N · m, J, W · s F Hubkraft (z. B.) N, kN F_G Gewichtskraft (z. B.) N, kN h Hub (Kraftweg) (z. B.) mm, m m Masse (z. B.) kg, t g Erdbeschleunigung $9{,}81\,\frac{\text{m}}{\text{s}^2}$ $1\,\text{J} = 1\,\text{N} \cdot \text{m}$ $1\,\text{J} = \frac{\text{kg} \cdot \text{m}^2}{\text{s}^2}$ $1\,\text{J} = \text{W} \cdot \text{s}$	$W = F \cdot h$ $F_G = m \cdot g$ $(F = F_G)$ $F = \frac{W}{h}$ $h = \frac{W}{F}$ $W = m \cdot g \cdot h$ $m = \frac{W}{g \cdot h}$ $h = \frac{W}{m \cdot g}$	**Hubarbeit** 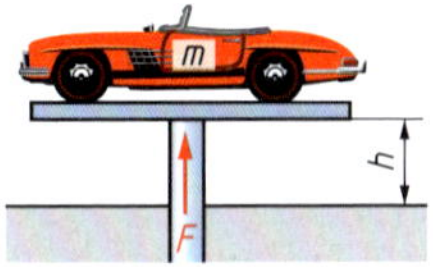

Beispiel

$m = 2000\,\text{kg}$

$h = 2\,\text{m}$

$W = ?$

$W = m \cdot g \cdot h$

$W = 2000\,\text{kg} \cdot 9{,}81\,\frac{\text{m}}{\text{s}^2} \cdot 2\,\text{m} = 39240\,\frac{\text{kg} \cdot \text{m}^2}{\text{s}^2} = \underline{\underline{39240\,\text{J}}}$

Potenzielle Energie (Lageenergie)

Abbildung

Potentielle Energie (Lageenergie)

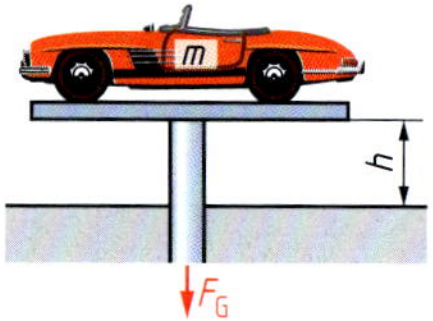

Formel / Formelumstellung

$W_P = F_G \cdot h$ $\quad F = F_G$

$F_G = \frac{W_P}{h}$

$h = \frac{W_P}{F_G}$

$W_P = m \cdot g \cdot h$ $\quad F_G = m \cdot g$

$m = \frac{W_P}{h \cdot g}$

$h = \frac{W_p}{m \cdot g}$

Formelzeichen / Einheiten

W_P	Potenzielle Energie	(z. B.) N · m, J, W · s
F	Kraft	(z. B.) N, kN
F_G	Gewichtskraft	(z. B.) N, kN
h	Kraftweg, Hub, Fallhöhe	(z. B.) mm, m
m	Masse	(z. B.) kg, t
g	Erdbeschleunigung	$9{,}81 \frac{m}{s^2}$

$1\ J = 1\ N \cdot m$

$1\ J = \frac{kg \cdot m^2}{s^2}$

$1\ J = W \cdot s$

Beispiel

$m = 1600\ kg$

$h = 1{,}8\ m$

$W_p = ?$

$W_P = m \cdot g \cdot h$

$W_P = 1600\ kg \cdot 9{,}81 \frac{m}{s^2} \cdot 1{,}8\ m = 28252{,}8 \frac{kg \cdot m^2}{s^2} = \underline{\underline{28252{,}8\ J}}$

2

Kinetische Energie, Potenzielle Energie (Federenergie)

Formelzeichen / Einheiten	Formel / Formelumstellung	Abbildung
W_k Kinetische Energie (z. B.) N · m, J, W · s m Masse (z. B.) kg, t v Geschwindigkeit (z. B.) $\frac{\text{m}}{\text{s}}, \frac{\text{km}}{\text{h}}$ $1\,\frac{\text{km}}{\text{h}} = \frac{1\,\text{m}}{3{,}6\,\text{s}}$ $1\,\text{J} = 1\,\text{N} \cdot \text{m}$ $1\,\text{J} = \frac{\text{kg} \cdot \text{m}^2}{\text{s}^2}$ $1\,\text{J} = \text{W} \cdot \text{s}$	$W_k = \frac{m \cdot v^2}{2}$ $m = \frac{2 \cdot W_k}{v^2}$ $v = \sqrt{\frac{2 \cdot W_k}{m}}$	**Kinetische Energie** (Bewegungsenergie) 

Beispiel

$m = 1900\,\text{kg}$

$v = 100\,\frac{\text{km}}{\text{h}} = 27{,}77\,\frac{\text{m}}{\text{s}}$

$W_k = ?$

$$W_k = \frac{m \cdot v^2}{2}$$

$$W_k = \frac{1900\,\text{kg} \cdot \left(27{,}77\,\frac{\text{m}}{\text{s}}\right)^2}{2} = 732614\,\frac{\text{kg} \cdot \text{m}^2}{\text{s}^2} = 732614\,\text{J} = \underline{\underline{732{,}6\,\text{kJ}}}$$

Formelzeichen / Einheiten	Formel / Formelumstellung	Abbildung
W_p Potenzielle Energie (z. B.) N · m, J, W · s R Federrate (z. B.) $\frac{\text{N}}{\text{m}}$ s Federweg (z. B.) mm $1\,\text{J} = 1\,\text{N} \cdot \text{m}$ $1\,\text{J} = \frac{\text{kg} \cdot \text{m}^2}{\text{s}^2}$ $1\,\text{J} = \text{W} \cdot \text{s}$	$W_p = \frac{R \cdot s^2}{2}$ $R = \frac{2 \cdot W_p}{s^2}$ $s = \sqrt{\frac{2 \cdot W_p}{R}}$	**Potenzielle Energie** (Federenergie) 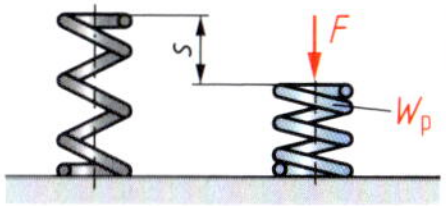

Beispiel

$s = 25\,\text{mm}$

$R = 3\,\frac{\text{N}}{\text{mm}}$

$W_p = ?$

$$W_p = \frac{R \cdot s^2}{2}$$

$$W_p = \frac{3\,\frac{\text{N}}{\text{mm}} \cdot (25\,\text{mm})^2}{2} = 937{,}5\,\frac{\text{N} \cdot \text{mm}^{\not 2}}{\not{\text{mm}}} = \underline{\underline{0{,}94\,\text{J}}}$$

Mechanische Leistung bei geradliniger Bewegung

Abbildung	Formel / Formelumstellung			Formelzeichen / Einheiten		
Mechanische Leistung 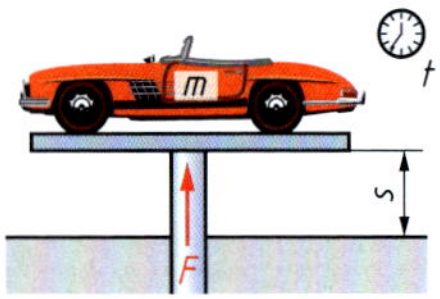	$P = \frac{W}{t}$ $t = \frac{W}{P}$ $W = P \cdot t$	$P = \frac{F \cdot s}{t}$ $F = \frac{P \cdot t}{s}$ $s = \frac{P \cdot t}{F}$ $t = \frac{F \cdot s}{P}$	$(F = F_G)$	P W t F F_G s v	Leistung Arbeit Zeit Kraft Gewichtskraft Weg in Kraftrichtung Geschwindigkeit	(z. B.) W, kW (z. B.) N · m, J, W · s (z. B.) s, min (z. B.) N, kN (z. B.) N, kN (z. B.) mm, m (z. B.) $\frac{m}{s}$
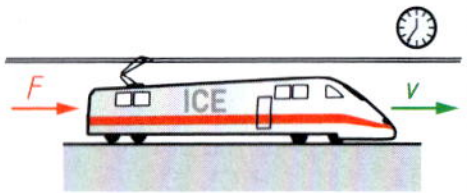	$P = F \cdot v$ $F = \frac{P}{v}$ $v = \frac{P}{F}$	$v = \frac{s}{t}$ $s = v \cdot t$ $t = \frac{s}{v}$		Veraltete Einheit: 1 PS ≈ 0,735 kW 1 kW ≈ 1,36 PS $\frac{N \cdot m}{s} = W$		

Beispiel

$F = 100\,000\,N$

$v = 120\,\frac{km}{h} = 33{,}33\,\frac{m}{s}$

$P = ?$

$P = F \cdot v$

$P = 100\,000\,N \cdot 33{,}33\,\frac{m}{s} = 333333\,\frac{N \cdot m}{s} = \underline{\underline{333{,}33\,kW}}$

Pumpenleistung

Formelzeichen / Einheiten

P	Pumpenleistung	(z. B.) W, kW
V	Fördervolumen	(z. B.) dm^3 (l), m^3
Δp	Druckdifferenz	(z. B.) $\frac{N}{m^2}$
t	Förderzeit	(z. B.) s, min
$\dot{m}$	Massenstrom	(z. B.) $\frac{kg}{s}$
h	Förderhöhe	(z. B.) mm, m
$\dot{V}$	Volumenstrom	(z. B.) $\frac{dm^3}{s}$
ϱ	Dichte	(z. B.) $\frac{kg}{dm^3}$
g	Fall-/Erd-beschleunigung	$9{,}81\,\frac{m}{s^2}$

In die Zahlenwertgleichung einzusetzende Einheiten:

P	Pumpenleistung	kW
$\dot{V}$	Volumenstrom	$\frac{dm^3}{min}$
p_e	Überdruck	bar

Formel / Formelumstellung

$$P = \frac{\dot{V} \cdot \Delta p}{t}$$

$$\dot{V} = \frac{P \cdot t}{\Delta p} \qquad \Delta p = \frac{P \cdot t}{\dot{V}} \qquad t = \frac{\dot{V} \cdot \Delta p}{P}$$

$$P = \dot{m} \cdot g \cdot h$$

$$\dot{m} = \frac{P}{g \cdot h} \qquad h = \frac{P}{\dot{m} \cdot g}$$

$$P = \dot{V} \cdot \varrho \cdot g \cdot h$$

$$\dot{V} = \frac{P}{\varrho \cdot g \cdot h} \qquad \varrho = \frac{P}{\dot{V} \cdot g \cdot h} \qquad h = \frac{P}{\dot{V} \cdot \varrho \cdot g}$$

Zahlenwertgleichung:

$$P = \frac{\dot{V} \cdot p_e}{600}$$

Abbildung

Pumpenleistung

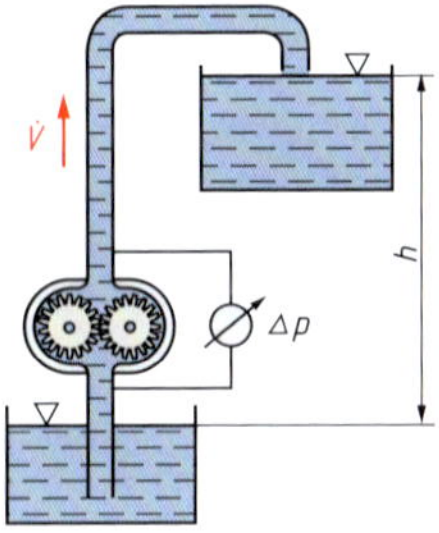

Beispiel

$\dot{m} = 25\,\frac{kg}{s}$

$h = 3\,m$

$P = ?$

$$P = \dot{m} \cdot g \cdot h$$

$$P = 25\,\frac{kg}{s} \cdot 9{,}81\,\frac{m}{s^2} \cdot 3\,m = 735{,}75\,\frac{kg \cdot m}{s^s} \cdot \frac{m}{s} = 735{,}75\,\frac{N \cdot m}{s} = \underline{\underline{735{,}75\,W}}$$

$$1\,N = 1\,\frac{kg \cdot m}{s^2}$$

$$1\,W = 1\,\frac{N \cdot m}{s}$$

Mechanische Leistung bei Drehbewegung (Antriebsleistung)

Abbildung	Formel / Formelumstellung	Formelzeichen / Einheiten
Mechanische Leistung bei Drehbewegung 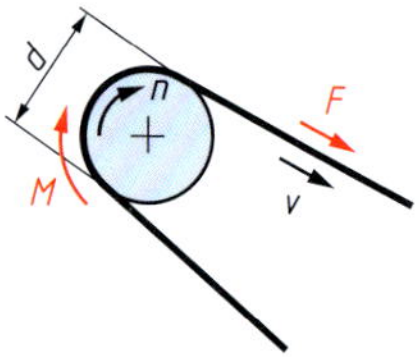 	$P = F \cdot v$ $\quad F = \frac{P}{v}$ $\quad v = \frac{P}{F}$ $P = F \cdot d \cdot \pi \cdot n$ $\quad F = \frac{P}{d \cdot \pi \cdot n}$ $d = \frac{P}{F \cdot \pi \cdot n}$ $\quad n = \frac{P}{F \cdot d \cdot \pi}$ $P = 2 \cdot \pi \cdot n \cdot M$ $\quad M = \frac{P}{2 \cdot \pi \cdot n}$ $\quad n = \frac{P}{2 \cdot \pi \cdot n \cdot M}$ $P = M \cdot \omega$ $\quad M = \frac{P}{\omega}$ $\quad \omega = \frac{P}{M}$	P Leistung (z. B.) W, kW F Kraft (z. B.) N, kN v Umfangsgeschwindigkeit (z. B.) $\frac{\text{m}}{\text{s}}$ d Durchmesser (z. B.) mm, m n Umdrehungsfrequenz (Drehzahl) (z. B.) $\frac{1}{\text{s}}, \frac{1}{\text{min}}$ M Drehmoment (z. B.) N · m ω Winkelgeschwindigkeit (z. B.) $\frac{1}{\text{min}}$ $\frac{\text{N} \cdot \text{m}}{\text{s}} = \text{W}$
	Zahlenwertgleichung: $P = \frac{M \cdot n}{9550}$ $\quad M = \frac{9550 \cdot P}{n}$ $\quad n = \frac{9550 \cdot P}{M}$	In die Zahlenwertgleichung einzusetzende Einheiten: M in N · m n in $\frac{1}{\text{min}}$ Für die Leistung P ergibt sich die Einheit kW

Beispiel

$F = 1200\,\text{N}$

$d = 0{,}3\,\text{m}$

$n = 40\,\frac{1}{\text{s}}$

$P = ?$

$P = F \cdot d \cdot \pi \cdot n$

$P = 1200\,\text{N} \cdot \pi \cdot 0{,}3\,\text{m} \cdot 40\,\frac{1}{\text{s}} = 45216\,\frac{\text{N} \cdot \text{m}}{\text{s}} = \underline{\underline{45216\,\text{W}}}$

Beispiel

Zahlenwertgleichung

$M = 120\,\text{N} \cdot \text{m}$

$n = 1200\,\frac{1}{\text{min}}$

$P = ?$

$P = \frac{M \cdot n}{9550}$

$P = \frac{120\,\text{N} \cdot \text{m} \cdot 1200\,\frac{1}{\text{min}}}{9550} = \underline{\underline{15\,\text{kW}}}$

2

Wirkungsgrad, Gesamtwirkungsgrad

Formelzeichen / Einheiten	Formel / Formelumstellung	Abbildung
η Wirkungsgrad η stets ≤ 1 P_{ab} abgegebene Leistung (z. B.) W, kW P_{zu} zugeführte Leistung (z. B.) W, kW W_{ab} abgegebene Arbeit (z. B.) N · m, J, W · s W_{zu} zugeführte Arbeit (z. B.) N · m, J, W · s	$\eta = \frac{P_{ab}}{P_{zu}}$ $\quad P_{ab} = \eta \cdot P_{zu}$ $\quad P_{zu} = \frac{P_{ab}}{\eta}$ $\eta = \frac{W_{ab}}{W_{zu}}$ $\quad W_{ab} = \eta \cdot W_{zu}$ $\quad W_{zu} = \frac{W_{ab}}{\eta}$	**Wirkungsgrad (beispielhaft)** 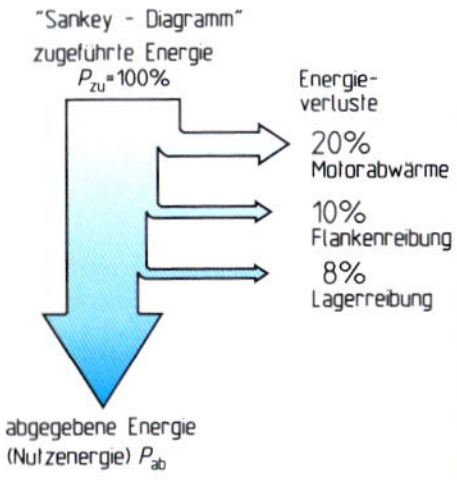

Beispiel

$\eta = 0{,}75$

$P_{zu} = 1200\,\text{W}$

$P_{ab} = ?$

$$P_{ab} = \eta \cdot P_{zu}$$

$$P_{ab} = 0{,}75 \cdot 1200\,\text{W} = \underline{\underline{900\,\text{W}}}$$

Formelzeichen / Einheiten	Formel / Formelumstellung	Abbildung
η Gesamtwirkungsgrad η stets ≤ 1 $\eta_1, \eta_2, \eta_3, \eta_4$ Einzelwirkungsgrade	$\eta = \eta_1 \cdot \eta_2 \cdot \eta_3 \cdot \eta_4$ $\eta_1 = \frac{\eta}{\eta_2 \cdot \eta_3 \cdot \eta_4}$ $\quad \eta_3 = \frac{\eta}{\eta_1 \cdot \eta_2 \cdot \eta_4}$ $\eta_2 = \frac{\eta}{\eta_1 \cdot \eta_3 \cdot \eta_4}$ $\quad \eta_4 = \frac{\eta}{\eta_1 \cdot \eta_2 \cdot \eta_3}$	**Gesamtwirkungsgrad** 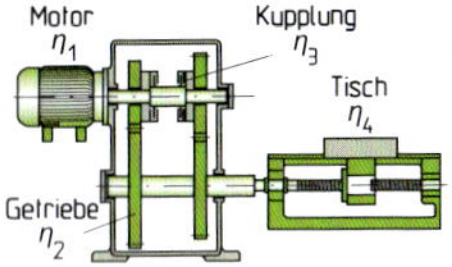

Beispiel

Motorwirkungsgrad	$\eta_1 = 0{,}85$
Getriebewirkungsgrad	$\eta_2 = 0{,}97$
Kupplungswirkungsgrad	$\eta_3 = 0{,}82$
Tischwirkungsgrad	$\eta_4 = 0{,}87$
Gesamtwirkungsgrad	$\eta = ?$

$$\eta = \eta_1 \cdot \eta_2 \cdot \eta_3 \cdot \eta_4$$

$$\eta = 0{,}85 \cdot 0{,}97 \cdot 0{,}82 \cdot 0{,}87 = \underline{\underline{0{,}59}}$$

Zugbeanspruchung, Spannungs-Dehnungs-Diagramm

Abbildung	Formel / Formelumstellung	Formelzeichen / Einheiten

Zugbeanspruchung

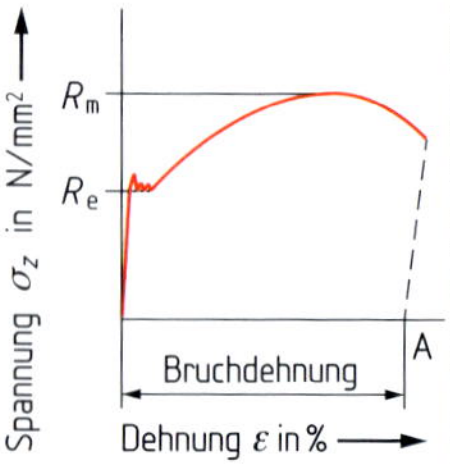

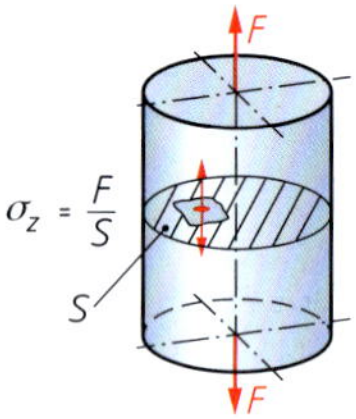

Formel / Formelumstellung

$\sigma_Z = \frac{F}{S}$ $\quad F = \sigma_Z \cdot S \quad S = \frac{F}{\sigma_Z}$

$\sigma_{Z\,zul} = \frac{\sigma_{grenz}}{\nu} \left(= \frac{\text{Grenzspannung}}{\text{Sicherheitszahl}} \right)$

$\sigma_{grenz} = \sigma_{Z\,zul} \cdot \nu \qquad \nu = \frac{\sigma_{grenz}}{\sigma_{Z\,zul}}$

$\sigma_{grenz} = R_e$ bzw. $R_{p0,2}$ für Stahl und zähe Werkstoffe
$\sigma_{grenz} = R_m$ für Gusseisen u. a.

$F_{zul} = \sigma_{Z\,zul} \cdot S$ $\quad \sigma_{Z\,zul} = \frac{F_{zul}}{S} \quad S = \frac{F_{zul}}{\sigma_{Z\,zul}}$

$S_{erf} = \frac{F}{\sigma_{Z\,zul}}$ $\quad F = \sigma_{Z\,zul} \cdot S_{erf} \quad \sigma_{Z\,zul} = \frac{F}{S_{erf}}$

Formelzeichen / Einheiten

σ_Z	Zugspannung	$\frac{N}{mm^2}$
F	Zugkraft	(z. B.) N
S	Querschnittsfläche	(z. B.) mm^2
$\sigma_{Z\,zul}$	zulässige Zugspannung	$\frac{N}{mm^2}$
σ_{grenz}	Grenzsspannung	$\frac{N}{mm^2}$
ν	Sicherheitszahl	
F_{zul}	zulässige Zugkraft	(z. B.) N
S_{erf}	erforderliche Querschnittsfläche	(z. B.) mm^2

Beispiel

$F = 6500\,N$
$S = 72\,mm^2$
$\sigma_Z = ?$

$\sigma_Z = \frac{F}{S}$

$\sigma_Z = \frac{6500\,N}{72\,mm^2} = \underline{\underline{90{,}3\,\frac{N}{mm^2}}}$

2

Zugversuch, Spannungs-Dehnungs-Diagramm, Hookesches Gesetz

Formelzeichen / Einheiten

σ_Z	Zugspannung	$\frac{N}{mm^2}$
F	Zugkraft	N
S_0	Anfangsquerschnitt der Probe	mm^2
S_u	kleinster Querschnitt nach dem Bruch	mm^2
R_m	Zugfestigkeit	$\frac{N}{mm^2}$
F_m	höchste Zugkraft	N
R_e	Streckgrenze	$\frac{N}{mm^2}$
F_e	Kraft an der Streckgrenze	N
$R_{p0,2}$	Dehngrenze	$\frac{N}{mm^2}$
$F_{p0,2}$	Kraft an der Dehngrenze	N
E	Elastizitätsmodul	$\frac{N}{mm^2}$
ε	Dehnung	%
L	Länge nach der Dehnung	mm
L_0	Anfangsmesslänge	mm
L_u	Messlänge nach dem Bruch	mm
Z	Brucheinschnürung	%

Formel / Formelumstellung

$\sigma_Z = \frac{F}{S_0}$	$F = \sigma_Z \cdot S_0$	$S_0 = \frac{F}{\sigma_Z}$
$R_m = \frac{F_m}{S_0}$	$F_m = R_m \cdot S_0$	$S_0 = \frac{F_m}{R_m}$
$R_e = \frac{F_e}{S_0}$	$F_e = R_e \cdot S_0$	$S_0 = \frac{F_e}{R_e}$
$R_{p0,2} = \frac{F_{p0,2}}{S_0}$	$F_{p0,2} = R_{p0,2} \cdot S_0$	$S_0 = \frac{F_{p0,2}}{R_{p0,2}}$
$E = \frac{\sigma_Z}{\varepsilon} \cdot 100\%$ [1]	$\sigma_Z = \frac{E \cdot \varepsilon}{100\%}$	$\varepsilon = \frac{\sigma_Z}{E} \cdot 100\%$
$\varepsilon = \frac{L - L_0}{L_0} \cdot 100\%$	$L = L_0 + \frac{\varepsilon \cdot L_0}{100\%}$	$L_0 = \frac{100\% \cdot L}{100\% + \varepsilon}$
$A = \frac{L_u - L_0}{L_0} \cdot 100\%$	$L_u = L_0 \cdot \left(1 + \frac{A}{100\%}\right)$	$L_0 = \frac{100\% \cdot L_u}{100\% + A}$
$Z = \frac{S_0 - S_u}{S_0} \cdot 100\%$	$S_0 = -\frac{100\% \cdot S_u}{Z - 100\%}$	$S_u = S_0 - \frac{Z \cdot S_0}{100\%}$

[1] Hookesches Gesetz
(gilt nur für die Dehnung im elastischen Bereich)

Abbildung

Zugbeanspruchung

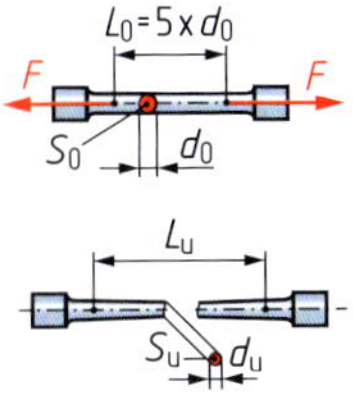

Im dargestellten Spannungs-Dehnungs-Diagramm ist R_e nicht ausgeprägt (z. B. vergüteter Stahl).

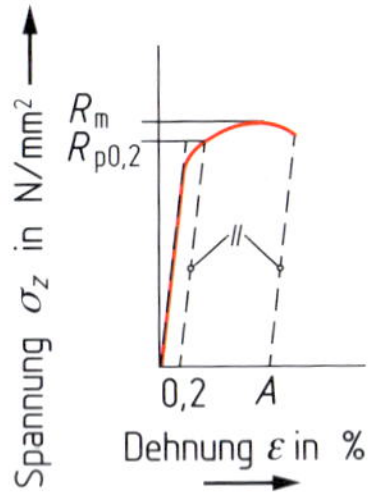

Beispiel

$F = 6500\,N$

$S_0 = 72\,mm^2$

$\sigma_Z = ?$

$$\sigma_Z = \frac{F}{S_0}$$

$$\sigma_Z = \frac{6500\,N}{72\,mm^2} = 90{,}3\,\frac{N}{mm^2}$$

Druckbeanspruchung, Festigkeitsberechnung

Abbildung	Formel / Formelumstellung			Formelzeichen / Einheiten		
Druckbeanspruchung	$\sigma_d = \frac{F}{S}$	$F = \sigma_d \cdot S$	$S = \frac{F}{\sigma_d}$	σ_d	Druckspannung	$\frac{N}{mm^2}$
	$\sigma_{dzul} = \frac{\sigma_{dF}}{\nu}$	$\sigma_{dF} = \sigma_{dzul} \cdot \nu$	$\nu = \frac{\sigma_{dF}}{\sigma_{dzul}}$	F	Druckkraft	(z. B.) N
	$\sigma_{dzul} = \frac{\sigma_{dB}}{\nu}$	$\sigma_{dB} = \sigma_{dzul} \cdot \nu$	$\nu = \frac{\sigma_{dB}}{\sigma_{dzul}}$	S	Querschnittsfläche	(z. B.) mm^2
	$F_{zul} = \sigma_{dzul} \cdot S$	$\sigma_{dzul} = \frac{F_{zul}}{S}$	$S = \frac{F_{zul}}{\sigma_{dzul}}$	σ_{dzul}	zulässige Druckspannung	$\frac{N}{mm^2}$
	(für Gusseisen)			σ_{dF}	Quetschgrenze	$\frac{N}{mm^2}$
	$\sigma_{dzul} \approx \frac{4 \cdot R_m}{\nu}$	$R_m \approx \frac{\sigma_{dzul} \cdot \nu}{4}$	$\nu \approx \frac{4 \cdot R_m}{\sigma_{dzul}}$	ν	Sicherheitszahl	
				σ_{dB}	Druckfestigkeit	$\frac{N}{mm^2}$
				F_{zul}	zulässige Druckkraft	(z. B.) N
				S_{erf}	erforderliche Querschnittsfläche	(z. B.) mm^2
				R_m	Zugfestigkeit	$\frac{N}{mm^2}$

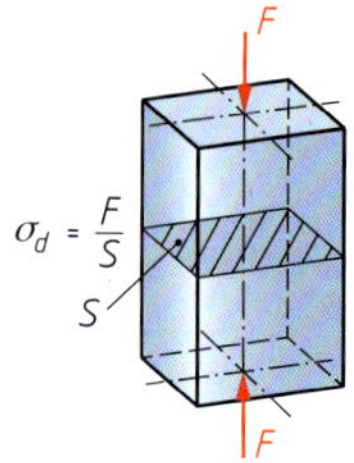

Anstelle mit der Druckfestigkeit σ_{dB}, kann auch mit der Stauchgrenze $\sigma_{d0,2}$ oder der Dauerfestigkeit σ_D gerechnet werden.

Beispiel

$F = 160\,kN$

$S = 16\,cm^2$

$\sigma_d = ?$

$$\sigma_d = \frac{F}{S}$$

$$\sigma_d = \frac{160\,kN}{16\,cm^2} = \frac{160 \cdot 1000\,N}{16 \cdot 100\,mm^2} = \underline{\underline{100\,\frac{N}{mm^2}}}$$

2

Flächenpressung, Festigkeitsberechnung

Formelzeichen / Einheiten			Formel / Formelumstellung			Abbildung
p	Flächenpressung	(z. B.) $\frac{N}{mm^2}$	$p = \frac{F}{A}$	$F = p \cdot A$	$A = \frac{F}{p}$	**Flächenpressung** 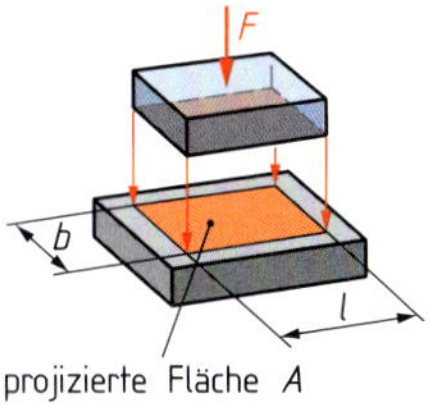 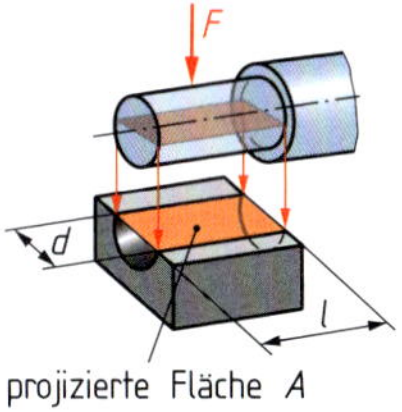
F	Druckkraft	(z. B.) N	$A = l \cdot b$	$l = \frac{A}{b}$	$b = \frac{A}{l}$	
A	Berührungsfläche, projizierte Berührungsfläche	(z. B.) mm^2	$A = l \cdot d$	$l = \frac{A}{d}$	$d = \frac{A}{l}$	
l	Länge der Berührungsfläche	(z. B.) mm	$F_{zul} = p_{zul} \cdot A$	$p_{zul} = \frac{F_{zul}}{A}$	$A = \frac{F_{zul}}{p_{zul}}$	
b	Breite der Berührungsfläche	(z. B.) mm	$A_{erf} = \frac{F}{p_{zul}}$	$F = p_{zul} \cdot A_{erf}$	$p_{zul} = \frac{F}{A_{erf}}$	
d	Zapfendurchmesser	(z. B.) mm				
F_{zul}	zulässige Kraft	(z. B.) N				
p_{zul}	zulässige Flächenpressung	(z. B.) $\frac{N}{mm^2}$				
A_{erf}	erforderliche Berührungsfläche	(z. B.) mm^2				

Beispiel

$F = 56\,kN$

$A = 35\,cm^2$

$p = ?$

$$p = \frac{F}{A}$$

$$p = \frac{56\,kN}{35\,cm^2} = \frac{56000\,N}{3500\,mm^2} = \underline{\underline{16\,\frac{N}{mm^2}}}$$

2

Scherbeanspruchung, Festigkeitsberechnung

Abbildung

Scherbeanspruchung

einschnittig:

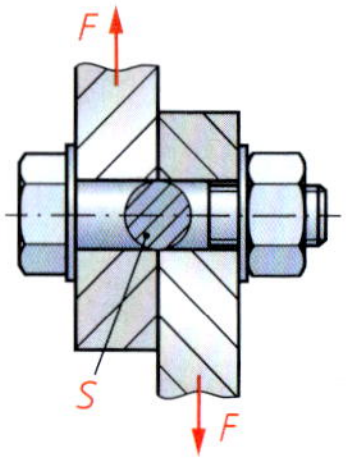

zweischnittig:

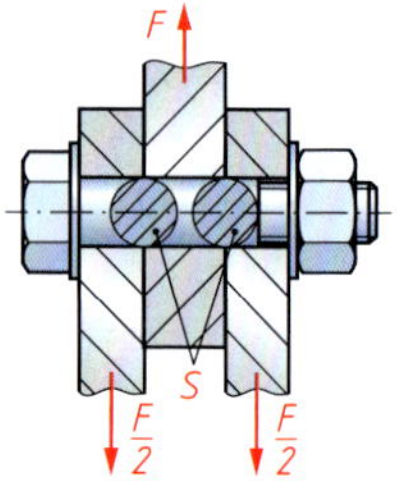

Formel / Formelumstellung

einschnittig:

$\tau_a = \frac{F}{S}$	$F = \tau_a \cdot S$	$S = \frac{F}{\tau_a}$

zweischnittig: $\tau_a = \frac{F}{2 \cdot S}$

dreischnittig: $\tau_a = \frac{F}{3 \cdot S}$ usw.

$\tau_{azul} = \frac{\tau_{aB}}{\nu}$	$\tau_{aB} = \tau_{azul} \cdot \nu$	$\nu = \frac{\tau_{aB}}{\tau_{azul}}$
$\tau_{azul} = \frac{\tau_{aF}}{\nu}$	$\tau_{aF} = \tau_{azul} \cdot \nu$	$\nu = \frac{\tau_{aF}}{\tau_{azul}}$
$F_{zul} = \tau_{azul} \cdot S$	$\tau_{azul} = \frac{F_{zul}}{S}$	$S = \frac{F_{zul}}{\tau_{azul}}$
$S_{erf} = \frac{F}{\tau_{azul}}$	$F = \tau_{azul} \cdot S_{erf}$	$\tau_{azul} = \frac{F}{S_{erf}}$

Formelzeichen / Einheiten

τ_a	Scherspannung	(z. B.) $\frac{N}{mm^2}$
F	Scherkraft	(z. B.) N
S	Querschnittsfläche	(z. B.) mm^2
τ_{azul}	zulässige Scherspannung	(z. B.) $\frac{N}{mm^2}$
τ_{aB}	Scherfestigkeit (für spröde Werkstoffe)	(z. B.) $\frac{N}{mm^2}$
ν	Sicherheitszahl	
τ_{aF}	Scherfließgrenze (für zähe Werkstoffe)	(z. B.) $\frac{N}{mm^2}$
F_{zul}	zulässige Scherkraft	(z. B.) N
S_{erf}	erforderliche Querschnittsfläche	(z. B.) mm^2

$\tau_{aBmax} \approx 0{,}8 \cdot R_{mmax}$

Beispiel

$F = 3\,kN$

$S = 19{,}6\,mm^2$

$\tau_a = ?$

$$\tau_a = \frac{F}{S}$$

$$\tau_a = \frac{3\,kN}{19{,}6\,mm^2} = \frac{3000\,N}{19{,}6\,mm^2} = \underline{\underline{153{,}1\,\frac{N}{mm^2}}}$$

Schneiden, Schneidkraft, Scherfläche

Formelzeichen / Einheiten

F	Schneidkraft	(z. B.) N
S	Scherfläche	(z. B.) mm²
$\tau_{aB\,max}$	maximale Scherfestigkeit	(z. B.) $\frac{N}{mm^2}$
U	Schnittkantenlänge (Umfang)	(z. B.) mm
s	Blechdicke	(z. B.) mm
W	Schneidarbeit	(z. B.) Nm
$R_{m\,max}$	maximale Zugfestigkeit	(z. B.) $\frac{N}{mm^2}$
d	Stempeldurchmesser	mm

$$\tau_{aBmax} \approx 0{,}8 \cdot R_{mmax}$$

Formel / Formelumstellung

$$F = S \cdot \tau_{aBmax}$$

$$S = \frac{F}{\tau_{aBmax}}$$

$$\tau_{aBmax} = \frac{F}{S}$$

$$S = U \cdot s \qquad (U = d \cdot \pi)$$

$$U = \frac{S}{s} \qquad s = \frac{S}{U}$$

$$W = \frac{2}{3} \cdot F \cdot s$$

$$F = \frac{W \cdot 3}{2 \cdot s} \qquad s = \frac{W \cdot 3}{2 \cdot F}$$

Abbildung

Schneiden

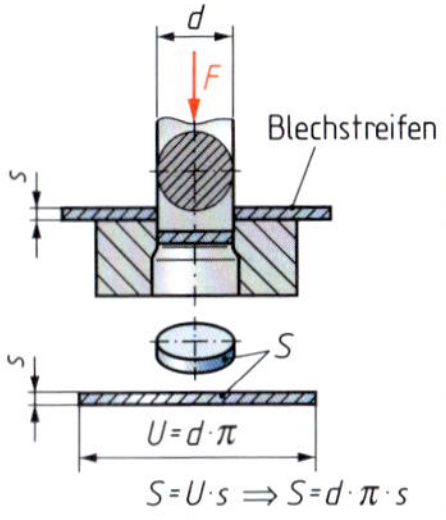

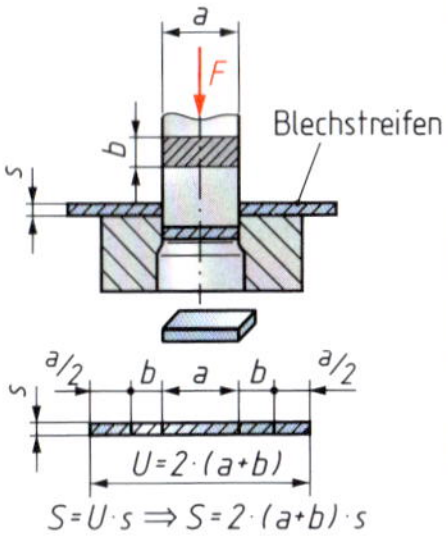

Beispiel

$S = 117{,}8\,mm^2$

$\tau_{aBmax} = 295\,\frac{N}{mm^2}$

$F = ?$

$$F = S \cdot \tau_{aBmax}$$

$$F = 117{,}8\,mm^2 \cdot 295\,\frac{N}{mm^2} = 34751\,\frac{\cancel{mm^2} \cdot N}{\cancel{mm^2}} = \underline{\underline{34751\,N}}$$

2

2

Spannungs-Dehnungs-Kurven, Zugversuch für Kunststoffe

Abbildung

Zugversuch

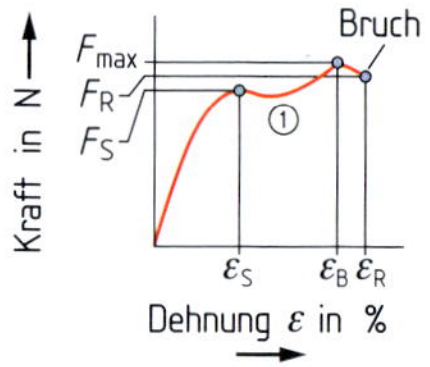

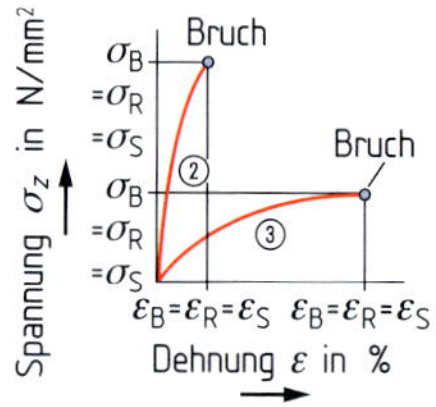

① zäh-elastische Kurve
② hart-spröde Kurve
③ weich-elastische Kurve

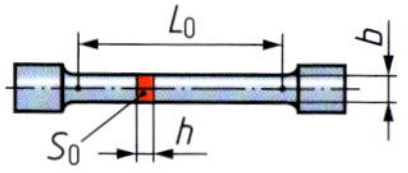

Formel / Formelumstellung

$$\sigma_B = \frac{F_{max}}{S_0} \qquad F_{max} = \sigma_B \cdot S_0 \qquad S_0 = \frac{F_{max}}{\sigma_B}$$

$$\sigma_S = \frac{F_S}{S_0} \qquad F_S = \sigma_S \cdot S_0 \qquad S_0 = \frac{F_S}{\sigma_S}$$

$$\sigma_R = \frac{F_R}{S_0} \qquad F_R = \sigma_R \cdot S_0 \qquad S_0 = \frac{F_R}{\sigma_R}$$

$$\varepsilon_B = \frac{\Delta L_{Fmax}}{L_0} \cdot 100\,\%$$

$$\Delta L_{Fmax} = \frac{\varepsilon_B \cdot L_0}{100\,\%} \qquad L_0 = \frac{\Delta L_{Fmax}}{\varepsilon_B} \cdot 100\,\%$$

$$\varepsilon_R = \frac{\Delta L_R}{L_0} \cdot 100\,\%$$

$$\Delta L_R = \frac{\varepsilon_R \cdot L_0}{100\,\%} \qquad L_0 = \frac{\Delta L_R}{\varepsilon_R} \cdot 100\,\%$$

$$E_t = \frac{\Delta\sigma}{\Delta\varepsilon} \cdot 100\,\%$$

$$\Delta\sigma = \frac{E_t \cdot \Delta\varepsilon}{100\,\%} \qquad \Delta\varepsilon = \frac{\Delta\sigma}{E_t} \cdot 100\,\%$$

Formelzeichen / Einheiten

σ_B	Zugfestigkeit	$\frac{N}{mm^2}$
F_{max}	maximale Zugkraft	(z. B.) N
S_0	Anfangsquerschnitt	mm²
σ_S	Streckspannung	$\frac{N}{mm^2}$
F_S	Kraft bei Streckspannung	(z. B.) N
σ_R	Reißfestigkeit bei F_R	$\frac{N}{mm^2}$
F_R	Reißkraft	(z. B.) N
ε_B	Dehnung bei F_{max}	%
$\Delta L_{F\,max}$	Längenänderung bei F_{max}	mm
L_0	Anfangsprobenmesslänge	mm
ε_R	Reißdehnung bei F_R	$\frac{N}{mm^2}$
ΔL_R	Längenänderung bei F_R	mm
E_t	Zugmodul	$\frac{N}{mm^2}$
$\Delta\sigma$	Spannungsänderung	$\frac{N}{mm^2}$
$\Delta\varepsilon$	Dehnungsänderung	$\frac{N}{mm^2}$
b	Probenbreite	mm
h	Probendicke	mm

Beispiel

$F_{max} = 6500\,N$

$S_0 = 145\,mm^2$

$\sigma_B = ?$

$$\sigma_B = \frac{F_{max}}{S_0}$$

$$\sigma_B = \frac{6500\,N}{145\,mm^2} = \underline{\underline{44{,}8\,\frac{N}{mm^2}}}$$

Temperatureinheiten, Längenänderung

Formelzeichen / Einheiten			Formel / Formelumstellung
T	thermodynamische, absolute Temperatur	K	$T = t + 273$
t	Celsius Temperatur	in °C	$t = T - 273$

Abbildung – Temperatureinheiten

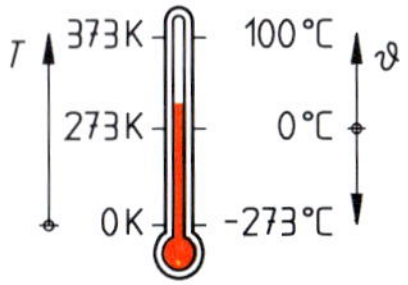

Die Kelvin-Skala beginnt mit 0 K am absoluten Nullpunkt (–273,15 °C), die Celsius-Skala mit 0 °C beim Schmelzpunkt des Eises. Beide Temperaturskalen sind lediglich gegeneinander verschoben, die Skalenteilung ist gleich.

Beispiel

$T = 305\,\text{K}$

$t = ?$

$t = T - 273$

$t = 305\,\text{K} - 273\,°\text{C} = \underline{\underline{32\,°\text{C}}}$

273 K = 0 °C

0 K = –273 °C

Formelzeichen / Einheiten		
Δl	Längenänderung	(z. B.) mm
Δd	Durchmesseränderung	(z. B.) mm
Δt	Temperaturdifferenz	K
α	Längenausdehnungskoeffizient	$\frac{1}{°\text{C}}, \frac{1}{\text{K}}$
d	Durchmesser nach Temperaturänderung	(z. B.) mm
d_0	Durchmesser vor der Temperaturänderung	(z. B.) mm
l	Länge nach Temperaturänderung	(z. B.) mm
l_0	Länge vor Temperaturänderung	(z. B.) mm
t_1	Temperatur vor Erwärmung	$\frac{1}{°\text{C}}, \frac{1}{\text{K}}$
t_2	Temperatur nach Erwärmung	$\frac{1}{°\text{C}}, \frac{1}{\text{K}}$

Formel / Formelumstellung

$$\Delta l = \alpha \cdot l_0 \cdot \Delta t \qquad \Delta d = \alpha \cdot d_0 \cdot \Delta t$$

$$l_0 = \frac{\Delta l}{\alpha \cdot \Delta t} \qquad d_0 = \frac{\Delta d}{\alpha \cdot \Delta t}$$

$$\Delta t = \frac{\Delta l}{\alpha \cdot l_0} \qquad \Delta t = \frac{\Delta d}{\alpha \cdot d_0}$$

$$\alpha = \frac{\Delta l}{l_0 \cdot \Delta t} \qquad \alpha = \frac{\Delta d}{d_0 \cdot \Delta t}$$

$$\Delta l = l - l_0 \qquad \Delta t = t_2 - t_1 \qquad \Delta d = d - d_0$$

Abbildung – Längenänderung und Durchmesseränderung

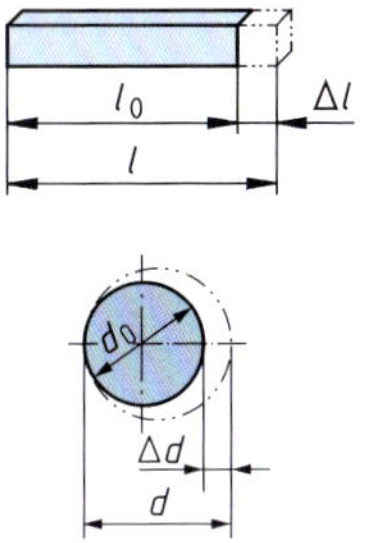

Beispiel

$\alpha_{PS} = 0{,}00007\,\frac{1}{\text{K}}$

$l_0 = 200\,\text{mm}$

$\Delta t = 25\,\text{K}$

$\Delta l = ?$

$\Delta l = \alpha \cdot l_0 \cdot \Delta T$

$\Delta l = 0{,}00007\,\frac{1}{\text{K}} \cdot 200\,\text{mm} \cdot 25\,\text{K} = 0{,}35\,\frac{\cancel{\text{K}} \cdot \text{mm}}{\cancel{\text{K}}} = \underline{\underline{0{,}35\,\text{mm}}}$

2

Volumenänderung fester Stoffe (Auswirkung von Temperaturänderungen)

Abbildung	Formel / Formelumstellung	Formelzeichen / Einheiten

Volumenänderung

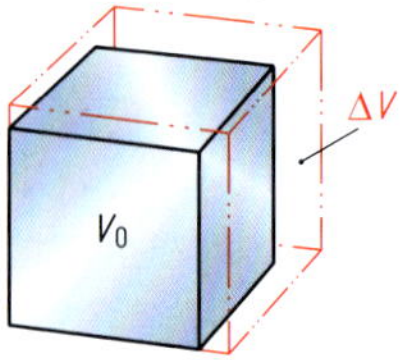

Formel / Formelumstellung

$$\Delta V = V_0 \cdot \alpha \cdot \Delta t \qquad \Delta t = t_2 - t_1$$

$$V_0 = \frac{\Delta V}{\alpha \cdot \Delta t} \qquad t_1 = t_2 - \Delta t$$

$$\Delta t = \frac{\Delta V}{\alpha \cdot V_0} \qquad t_2 = t_1 + \Delta t$$

$$\alpha = \frac{\Delta V}{V_0 \cdot \Delta t}$$

Formelzeichen / Einheiten

Formelzeichen	Bedeutung	Einheit
ΔV	Volumenänderung	(z. B.) mm^3
V_0	Volumen vor der Temperaturänderung	(z. B.) mm^3
α	Volumenausdehnungskoeffizient	$\frac{1}{°C}, \frac{1}{K}$
t_1	Temperatur vor der Erwärmung	$\frac{1}{°C}, \frac{1}{K}$
t_2	Temperatur nach der Erwärmung	$\frac{1}{°C}, \frac{1}{K}$
Δt	Temperaturdifferenz	K; °C

Beispiel

$V_0 = 2000\,l$

$\alpha_{Heizöl} = 0{,}00096\,\frac{1}{K}$

$\Delta t = 40\,K$

$\Delta V = ?$

$$\Delta V = V_0 \cdot \alpha \cdot \Delta t$$

$$\Delta V = 2000\,l \cdot 0{,}00096\,\frac{1}{K} \cdot 40\,K = 76{,}8\,\frac{l \cdot \not{K}}{\not{K}} = \underline{\underline{76{,}8\,l}}$$

Wärmemenge, spezifische Wärmekapazität

Formelzeichen / Einheiten	Formel / Formelumstellung	Abbildung
Q Wärmemenge (z. B.) J, kJ m Masse (z. B.) g, kg, t c spezifische Wärmekapazität (z. B.) $\frac{\text{kJ}}{\text{kg} \cdot \text{K}}$, $\frac{\text{kJ}}{\text{kg} \cdot °\text{C}}$ Δt Temperaturdifferenz (z. B.) K, °C t_1 Temperatur vor Erwärmung (z. B.) K, °C t_2 Temperatur nach Erwärmung (z. B.) K, °C	$Q = m \cdot c \cdot (t_2 - t_1)$ $Q = m \cdot c \cdot \Delta t$ $\quad$ $\Delta t = t_2 - t_1$ $m = \frac{Q}{\Delta t \cdot c}$ $\quad$ $t_1 = t_2 - \Delta t$ $c = \frac{Q}{m \cdot \Delta t}$ $\quad$ $t_2 = t_1 + \Delta t$ $\Delta t = \frac{Q}{c \cdot m}$	**Wärmemenge, spezifische Wärmekapazität** 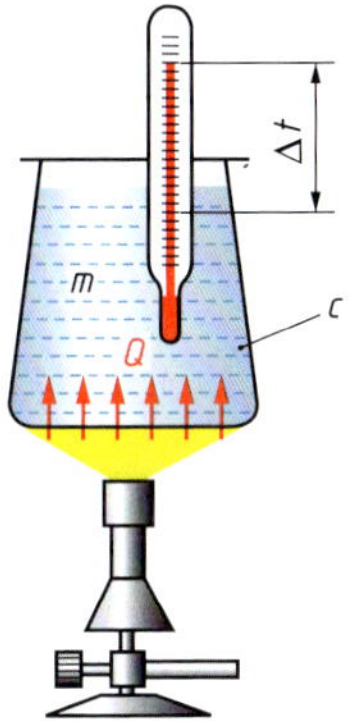

$$1\ \text{J} = 1\ \text{W} \cdot 1\ \text{s} = 1\ \text{W} \cdot \text{s}$$

$$1\ \text{MJ} = \frac{1}{3{,}6}\ \text{kW} \cdot \text{h}$$

$$1\ \text{kW} \cdot \text{h} = 3{,}6\ \text{MJ} = 3600\ \text{kJ} = 3600000\ \text{J}$$

Beispiel

$m = 5\ \text{kg}$

$c_{\text{Wasser}} = 4{,}18\ \frac{\text{kJ}}{\text{kg} \cdot \text{K}}$

$\Delta t = 60\ \text{K}$

$Q = ?$

$$Q = m \cdot c \cdot \Delta t$$

$$Q = 5\ \text{kg} \cdot 4{,}18\ \frac{\text{kJ}}{\text{kg} \cdot \text{K}} \cdot 60\ \text{K} = 1254\ \frac{\cancel{\text{kg}} \cdot \text{kJ} \cdot \cancel{\text{K}}}{\cancel{\text{kg}} \cdot \cancel{\text{K}}} = \underline{\underline{1254\ \text{kJ}}}$$

2

Wärmestrom

Abbildung	Formel / Formelumstellung	Formelzeichen / Einheiten
Wärmestrom 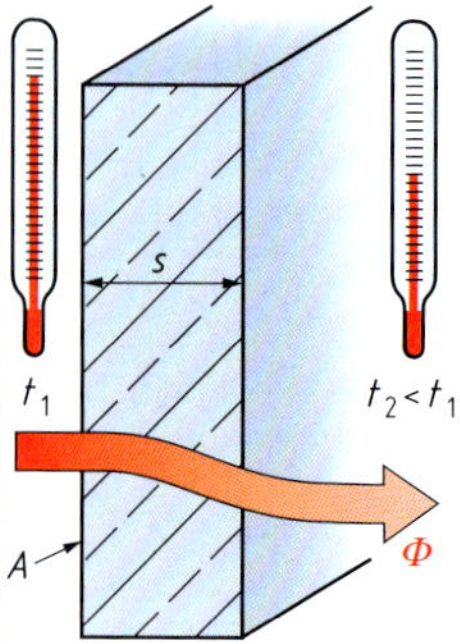	**Wärmestrom bei Wärmeleitung:** $\Phi = \frac{\lambda \cdot A \cdot \Delta t}{s}$ $\lambda = \frac{\Phi \cdot s}{A \cdot \Delta t}$ $A = \frac{\Phi \cdot s}{\lambda \cdot \Delta t}$ $\Delta t = \frac{\Phi \cdot s}{\lambda \cdot A}$ $s = \frac{\lambda \cdot A \cdot \Delta t}{\Phi}$ **Wärmestrom bei Wärmedurchgang:** $\Phi = U \cdot A \cdot \Delta t$ $U = \frac{\Phi}{A \cdot \Delta t}$ $A = \frac{\Phi}{U \cdot \Delta t}$ $\Delta t = \frac{\Phi}{U \cdot A}$ $U = \frac{\lambda}{s}$	Φ Wärmestrom (z. B.) W, kW λ Wärmeleitfähigkeit (z. B.) $\frac{W}{m \cdot K}$, $\frac{W}{m \cdot °C}$ U Wärmedurchgangszahl (z. B.) $\frac{W}{m^2 \cdot K}$, $\frac{W}{m^2 \cdot °C}$ Δt Temperaturdifferenz (z. B.) K, °C s Bauteildicke (z. B.) mm, cm, m A durchströmte Fläche des Bauteils (z. B.) m^2 Innerhalb eines Stoffes ist die Richtung des **Wärmestroms** Φ von der höheren zur niedrigen Temperatur hin gerichtet. Die **Wärmedurchgangszahl** U bezieht sowohl die Wärmeleitfähigkeit eines Bauteils als auch die Wärmeübergangswiderstände an dessen Grenzflächen mit ein.

Beispiel

$\lambda_{Al} = 204 \frac{W}{m \cdot K}$

$\Delta t = 50\,K$

$s = 2\,mm$

$A = 0{,}5\,m^2$

$\Phi = ?$

$$\Phi = \frac{\lambda \cdot A \cdot \Delta t}{s}$$

$$\Phi = \frac{204 \frac{W}{m \cdot K} \cdot 0{,}5\,m^2 \cdot 50\,K}{0{,}002\,m} = 2550000 \frac{W \cdot \cancel{m^2} \cdot \cancel{K}}{\cancel{m} \cdot K \cdot \cancel{m}} = 2550000\,W = \underline{\underline{2550\,kW}}$$

Wärme beim Schmelzen und Verdampfen

Formelzeichen / Einheiten			Formel / Formelumstellung	Abbildung
Q	Schmelzwärme, Verdampfungswärme	(z. B.) J, kJ	**Schmelzwärme:** $Q = m \cdot q$	**Wärme beim Schmelzen und Verdampfen**
m	Masse	(z. B.) g, kg	$m = \frac{Q}{q}$	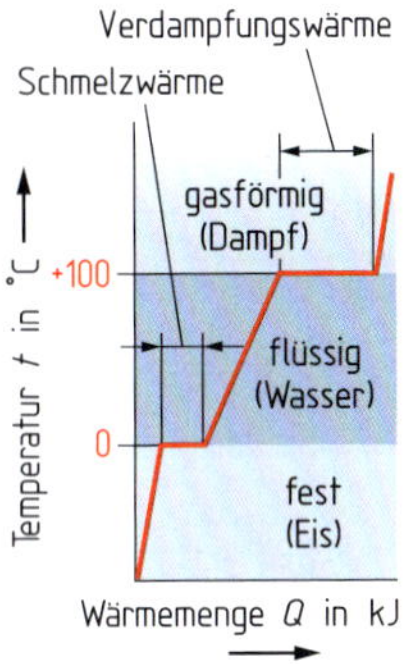
q	spezifische Schmelzwärme	(z. B.) $\frac{kJ}{kg}$	$q = \frac{Q}{m}$	
r	spezifische Verdampfungswärme	(z. B.) $\frac{kJ}{kg}$	**Verdampfungswärme:** $Q = m \cdot r$	
t	Temperatur	(z. B.) °C	$m = \frac{Q}{r}$	
			$r = \frac{Q}{m}$	

Beispiel

$m = 5\,kg$

$q_{Al} = 356\,\frac{kJ}{kg}$

$Q = ?$

$Q = m \cdot q$

$Q = 5\,kg \cdot 356\,\frac{kJ}{kg} = 1780\,\frac{kJ \cdot \cancel{kg}}{\cancel{kg}} = \underline{\underline{1780\,kJ}}$

2

2

Verbrennungswärme

Abbildung	Formel / Formelumstellung	Formelzeichen / Einheiten
Verbrennungswärme  	**Verbrennungswärme fester und flüssiger Stoffe:** $Q = m \cdot H_u$ $m = \frac{Q}{H_u}$ $H_u = \frac{Q}{m}$ **Verbrennungswärme von Gasen:** $Q = V \cdot H_u$ $V = \frac{Q}{H_u}$ $H_u = \frac{Q}{V}$	Q Verbrennungswärme (z. B.) kWh, MJ m Masse (z. B.) kg, t **Für feste und flüssige Stoffe:** H_u spezifischer Heizwert (z. B.) $\frac{\text{kW} \cdot \text{h}}{\text{kg}}$, $\frac{\text{MJ}}{\text{kg}}$ **Für gasförmige Stoffe:** H_u spezifischer Heizwert (z. B.) $\frac{\text{kW} \cdot \text{h}}{\text{m}^3}$, $\frac{\text{MJ}}{\text{m}^3}$ V Brenngasvolumen (z. B.) dm^3, l, m^3 $1\,\text{J} = 1\,\text{W} \cdot 1\,\text{s} = 1\,\text{W} \cdot \text{s}$ $1\,\text{MJ} = \frac{1}{3{,}6}\,\text{kW} \cdot \text{h}$ $1\,\text{kW} \cdot \text{h} = 3{,}6\,\text{MJ} = 3600\,\text{kJ} = 3\,600\,000\,\text{J}$

Beispiel

$m = 830\,\text{kg}$

$H_{\text{Heizöl}} = 42{,}8\,\frac{\text{MJ}}{\text{kg}}$

$Q = ?$

$Q = m \cdot H_u$

$$Q = 830\,\text{kg} \cdot 42{,}8\,\frac{\text{MJ}}{\text{kg}} = 35524\,\frac{\cancel{\text{kg}} \cdot \text{MJ}}{\cancel{\text{kg}}} = \underline{\underline{35524\,\text{MJ}}}$$

Schwindung

Formelzeichen / Einheiten			Formel / Formelumstellung	Abbildung
l_1	Modelllänge	mm	$l_1 = \frac{l \cdot 100\,\%}{100\,\% - S}$	**Schwindung**
l	Werkstücklänge	mm	$l = \frac{l_1 \cdot (100\,\% - S)}{100\,\%}$	
S	Schwindmaß	%	$S = 100\,\% - \frac{l \cdot 100\,\%}{l_1}$	

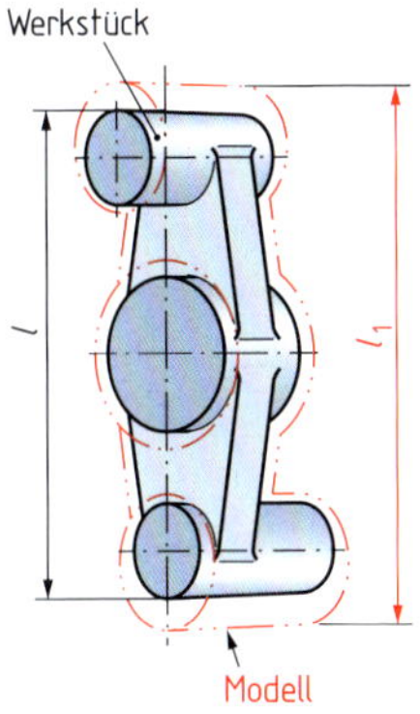

Beispiel

$l = 85\,mm$

$S_{Stahlguss} = 2{,}0\,\%$

$l_1 = ?$

$$l_1 = \frac{l \cdot 100\,\%}{100\,\% - S}$$

$$l_1 = \frac{86\,mm \cdot 100\,\%}{100\,\% - 2\,\%} = 87{,}76\,\frac{mm \cdot \not\%}{\not\%} = \underline{\underline{87{,}76\,mm}}$$

2

Luftdruck, Überdruck, absoluter Druck

Abbildung	Formel / Formelumstellung	Formelzeichen / Einheiten
Luftdruck, Überdruck, absoluter Druck 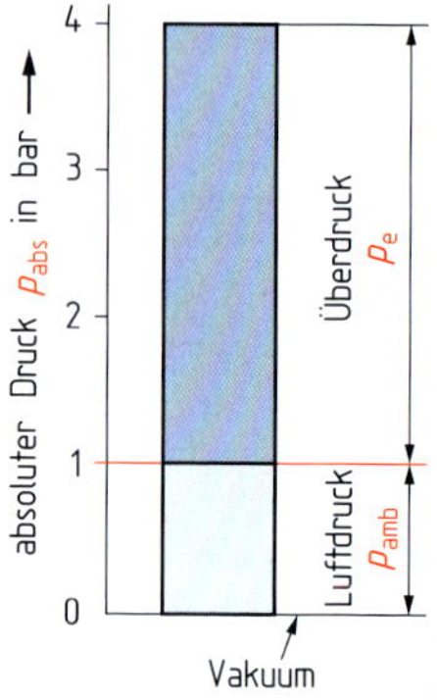	$p_e = p_{abs} - p_{amb}$ $p_{abs} = p_e + p_{amb}$ $p_{amb} = p_{abs} - p_e$ Überdruck herrscht, wenn $p_{abs} > p_{amp}$ ist Unterdruck herrscht, wenn $p_{abs} < p_{amp}$ ist	p_e Überdruck (excedens, überschreitend) (z. B.) bar, Pa p_{amb} Luftdruck (ambient, umgebend) (z. B.) bar, Pa p_{abs} absoluter Druck (absolut, absolut) (z. B.) bar, Pa $1\ \text{bar} = 10\ \frac{\text{N}}{\text{cm}^2} = 10^5\ \text{Pa}$ $p_{amb} = 1{,}013\ \text{bar} \approx 1\ \text{bar}$

Beispiel

$p_{abs} = 10\ \text{bar}$

$p_{amb} = 1\ \text{bar}$

$p_e = ?$

$p_e = p_{abs} - p_{amp}$

$p_e = 10\ \text{bar} - 1\ \text{bar} = \underline{\underline{9\ \text{bar}}}$

Zustandsänderung von Gasen 1

Formelzeichen / Einheiten

$p_{abs\,1}$	absoluter Druck vor der Zustandsänderung	bar
V_1	Gasvolumen vor der Zustandsänderung	(z. B.) dm³, l, m³
T_1	absolute Temperatur vor der Zustandsänderung	K
$p_{abs\,2}$	absoluter Druck nach der Zustandsänderung	bar
V_2	Gasvolumen nach der Zustandsänderung	(z. B.) dm³, l, m³
T_2	absolute Temperatur nach der Zustandsänderung	K

$$1\,\text{bar} = 10\,\frac{\text{N}}{\text{cm}^2} = 10^5\,\text{Pa}$$

Formel / Formelumstellung

$$\frac{p_{abs_1} \cdot V_1}{T_1} = \frac{p_{abs_2} \cdot V_2}{T_2}$$

$$p_{abs_1} = \frac{p_{abs_2} \cdot V_2 \cdot T_1}{V_1 \cdot T_2} \qquad p_{abs_2} = \frac{p_{abs_1} \cdot V_1 \cdot T_2}{T_1 \cdot V_2}$$

$$V_1 = \frac{p_{abs_2} \cdot V_2 \cdot T_1}{p_{abs_1} \cdot T_2} \qquad V_2 = \frac{p_{abs_1} \cdot V_1 \cdot T_2}{p_{abs_2} \cdot T_1}$$

$$T_1 = \frac{p_{abs_1} \cdot V_1 \cdot T_2}{p_{abs_2} \cdot V_2} \qquad T_2 = \frac{p_{abs_2} \cdot V_2 \cdot T_1}{p_{abs_1} \cdot V_1}$$

Abbildung

Allgemeine Gasgleichung

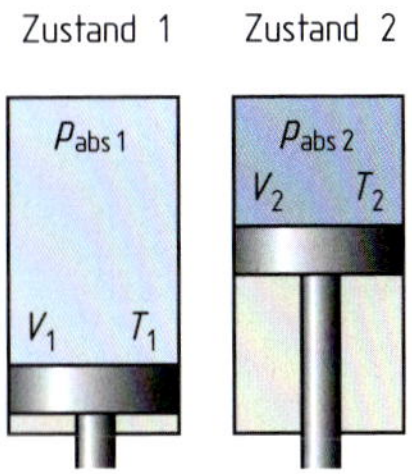

Beispiel

$V_1 = 40\,\text{l}$

$T_1 = 290\,\text{K}$

$V_2 = 80\,\text{l}$

$T_2 = 330\,\text{K}$

$p_{abs\,2} = 20\,\text{bar}$

$p_{abs\,1} = ?$

$$p_{abs_1} = \frac{p_{abs_2} \cdot V_2 \cdot T_1}{V_1 \cdot T_2}$$

$$p_{abs_1} = \frac{20\,\text{bar} \cdot 80\,\text{l} \cdot 290\,\text{K}}{40\,\text{l} \cdot 330\,\text{K}} = 35{,}15\,\frac{\text{bar} \cdot \cancel{\text{l}} \cdot \cancel{\text{K}}}{\cancel{\text{l}} \cdot \cancel{\text{K}}} = \underline{\underline{35{,}15\,\text{bar}}}$$

2

Isobare Zustandsänderung bei Gasen

Abbildung	Formel / Formelumstellung	Formelzeichen / Einheiten
Isobare Zustandsänderung **Gesetz von Gay-Lussac** 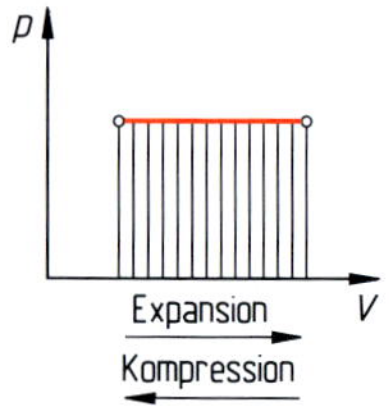	$p = \text{konstant}$ $\frac{V}{T} = \text{konstant}$ $V_1 \cdot T_2 = V_2 \cdot T_1$ $V_1 = \frac{V_2 \cdot T_1}{T_2}$ $\quad V_2 = \frac{V_1 \cdot T_2}{T_1}$ $T_1 = \frac{V_1 \cdot T_2}{V_2}$ $\quad T_2 = \frac{V_2 \cdot T_1}{V_1}$	V_1 Volumen (z. B.) dm^3, l V_2 Volumen (z. B.) dm^3, l T_1 Temperatur K T_2 Temperatur K p Druck (z. B.) bar, Pa

Beispiel

$V_2 = 6{,}5\,\text{l}$

$T_1 = 273\,\text{K}$

$T_2 = 320\,\text{K}$

$V_1 = ?$

$$V_1 = \frac{V_2 \cdot T_1}{T_2}$$

$$V_1 = \frac{6{,}5\,\text{l} \cdot 273\,\text{K}}{320\,\text{K}} = 5{,}55\,\frac{\text{l} \cdot \cancel{\text{K}}}{\cancel{\text{K}}} = \underline{\underline{5{,}55\,\text{l}}}$$

Isochore Zustandsänderung bei Gasen

Formelzeichen / Einheiten			Formel / Formelumstellung	Abbildung
p_1	Gasdruck, absolut	(z. B.) bar, $\frac{N}{cm^2}$, Pa	V = konstant	**Isochore Zustandsänderung**
p_2	Gasdruck, absolut	(z. B.) bar, $\frac{N}{cm^2}$, Pa	$\frac{p}{T}$ = konstant	**Gesetz von Amontons**
T_1	Temperatur	K	$p_1 \cdot T_2 = p_2 \cdot T_1$	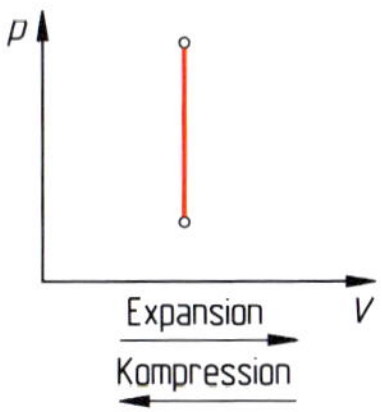
T_2	Temperatur	K	$p_1 = \frac{p_2 \cdot T_1}{T_2}$ $\quad p_2 = \frac{p_1 \cdot T_2}{T_1}$	
V	Volumen	(z. B.) dm³, m³	$T_1 = \frac{p_1 \cdot T_2}{p_2}$ $\quad T_2 = \frac{p_2 \cdot T_1}{p_1}$	

$1\,\text{Pa} = 1\,\frac{N}{m^2} = 0{,}01\,\text{mbar}$

$1\,\text{bar} = 10\,\frac{N}{cm^2} = 0{,}1\,\frac{N}{mm^2} = 10^5\,\text{Pa}$

$10\,\text{bar} = 1\,\frac{N}{mm^2} = 100\,\frac{N}{cm^2} = 1\,\text{MPa}$

Beispiel

$p_1 = 8{,}4\,\text{bar}$

$T_1 = 280\,\text{K}$

$T_2 = 310\,\text{K}$

$p_2 = ?$

$$p_2 = \frac{p_1 \cdot T_2}{T_1}$$

$$p_2 = \frac{8{,}4\,\text{bar} \cdot 310\,\text{K}}{280\,\text{K}} = 9{,}3\,\frac{\text{bar} \cdot \cancel{\text{K}}}{\cancel{\text{K}}} = \underline{\underline{9{,}3\,\text{bar}}}$$

2

Isotherme Zustandsänderung bei Gasen

Abbildung	Formel / Formelumstellung	Formelzeichen / Einheiten
Isotherme Zustandsänderung **Gesetz von Boyle-Mariotte** 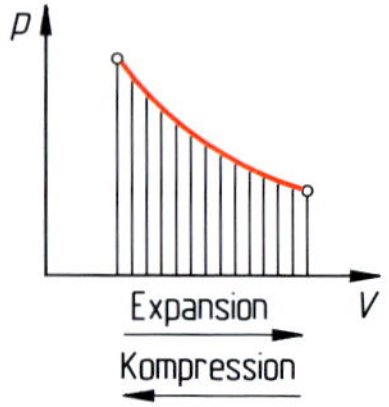	$T = \text{konstant}$ $p \cdot V = \text{konstant}$ $p_1 \cdot V_1 = p_2 \cdot V_2$ $p_1 = \frac{p_2 \cdot V_2}{V_1}$ $\quad p_2 = \frac{p_1 \cdot V_1}{V_2}$ $V_1 = \frac{p_2 \cdot V_2}{p_1}$ $\quad V_2 = \frac{p_1 \cdot V_1}{p_2}$	p_1 Gasdruck, absolut (z.B.) bar, $\frac{N}{cm^2}$, Pa p_2 Gasdruck, absolut (z.B.) bar, $\frac{N}{cm^2}$, Pa V_1 Volumen (z.B.) dm^3, l V_2 Volumen (z.B.) dm^3, l T Temperatur K $1\,Pa = 1\,\frac{N}{m^2} = 0{,}01\,mbar$ $1\,bar = 10\,\frac{N}{cm^2} = 0{,}1\,\frac{N}{mm^2} = 10^5\,Pa$ $10\,bar = 1\,\frac{N}{mm^2} = 100\,\frac{N}{cm^2} = 1\,MPa$

Beispiel

$p_2 = 10\,bar$

$V_1 = 10\,l$

$V_2 = 16\,l$

$p_1 = ?$

$$p_1 = \frac{p_2 \cdot V_2}{V_1}$$

$$p_1 = \frac{10\,bar \cdot 16\,l}{10\,l} = 16\,\frac{bar \cdot \cancel{l}}{\cancel{l}} = \underline{\underline{16\,bar}}$$

2

Adiabate Zustandsänderung bei Gasen

Formelzeichen / Einheiten		
T_1	Temperatur	K
T_2	Temperatur	K
p_1	Gasdruck, absolut	(z. B.) bar, $\frac{N}{cm^2}$, Pa
p_2	Gasdruck, absolut	(z. B.) bar, $\frac{N}{cm^2}$, Pa
V_1	Volumen	(z. B.) dm³, l
V_2	Volumen	(z. B.) dm³, l
Q	Wärmemenge	(z. B.) J, kJ
κ	Adiabatenexponent	

$1\,\text{Pa} = 1\,\frac{N}{m^2} = 0{,}01\,\text{mbar}$

$1\,\text{bar} = 10\,\frac{N}{cm^2} = 0{,}1\,\frac{N}{mm^2} = 10^5\,\text{Pa}$

$10\,\text{bar} = 1\,\frac{N}{mm^2} = 100\,\frac{N}{cm^2} = 1\,\text{MPa}$

Formel / Formelumstellung

$Q = 0$ $\qquad$ $p \cdot V = \text{konstant}$

$$\frac{T_1}{T_2} = \left(\frac{p_1}{p_2}\right)^{\frac{\kappa-1}{\kappa}}$$

$$T_1 = T_2 \cdot \left(\frac{p_1}{p_2}\right)^{\frac{\kappa-1}{\kappa}} \qquad T_2 = \left(\frac{p_1}{p_2}\right)^{\frac{\kappa-1}{\kappa}} \cdot \frac{1}{T_1}$$

$$p_1 = p_2 \cdot \left(\frac{T_1}{T_2}\right)^{\frac{\kappa}{\kappa-1}} \qquad p_2 = \frac{1}{p_1} \cdot \left(\frac{T_1}{T_2}\right)^{\frac{\kappa}{\kappa-1}}$$

$$\frac{T_1}{T_2} = \left(\frac{V_2}{V_1}\right)^{\kappa-1}$$

$$T_1 = T_2 \cdot \left(\frac{V_2}{V_1}\right)^{\kappa-1} \qquad T_2 = \left(\frac{V_2}{V_1}\right)^{\kappa-1} \cdot \frac{1}{T_1}$$

$$V_2 = V_1 \cdot \sqrt[\kappa-1]{\frac{T_1}{T_2}} \qquad V_1 = \frac{1}{V_2} \cdot \sqrt[\kappa-1]{\frac{T_1}{T_2}}$$

Abbildung

Adiabate Zustandsänderung

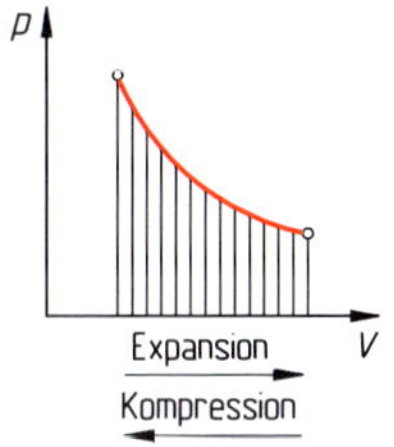

Beispiel

$T_2 = 303\,\text{K}$

$p_1 = 2\,\text{bar}$

$p_2 = 4\,\text{bar}$

$\kappa = 1{,}66$

$T_1 = ?$

$$T_1 = T_2 \cdot \left(\frac{p_1}{p_2}\right)^{\frac{\kappa-1}{\kappa}}$$

$$T_1 = 303\,\text{K} \cdot \left(\frac{2\,\text{bar}}{4\,\text{bar}}\right)^{\frac{1{,}66-1}{1{,}66}} = 303\,\text{K} \cdot \left(\frac{2\,\text{bar}}{4\,\text{bar}}\right)^{0{,}3976} = \underline{\underline{230\,\text{K}}}$$

2

Elektrotechnik, Ohmsches Gesetz, Leiterwiderstand

Abbildung	Formel / Formelumstellung	Formelzeichen / Einheiten
Ohmsches Gesetz 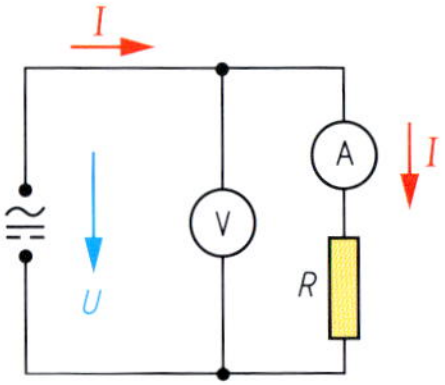 	$I = \frac{U}{R}$ $U = R \cdot I$ $R = \frac{U}{I}$	I Stromstärke (z. B.) mA, A U Spannung (z. B.) mV, V R Widerstand (z. B.) Ω, kΩ
Beispiel $U = 230\,\text{V}$ $R = 65\,\Omega$ $I = ?$	$I = \frac{U}{R}$ $I = \frac{230\,\text{V}}{65\,\Omega} = \underline{\underline{3{,}5\,\text{A}}}$	$1\,\text{A} = \frac{1\,\text{V}}{1\,\Omega}$
Leiterwiderstand 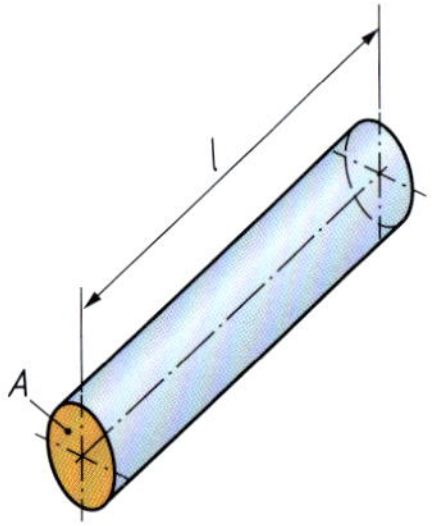 	$R = \frac{\varrho \cdot l}{A}$ $\varrho = \frac{R \cdot A}{l}$ $l = \frac{A \cdot R}{\varrho}$ $A = \frac{\varrho \cdot l}{R}$	R Widerstand (z. B.) Ω, kΩ ϱ spezifischer elektrischer Widerstand $\frac{\Omega \cdot \text{mm}^2}{\text{m}}$ l Leiterlänge (z. B.) mm, m A Leiterquerschnitt (z. B.) mm^2
Beispiel $\varrho_{\text{Kupfer}} = 0{,}0178\,\frac{\Omega \cdot \text{mm}^2}{\text{m}}$ $l = 55\,\text{m}$ $R = ?$	$R = \frac{\varrho \cdot l}{A}$ $R = \frac{0{,}0178\,\frac{\Omega \cdot \text{mm}^2}{\text{m}} \cdot 55\,\text{m}}{0{,}75\,\text{mm}^2} = 1{,}3\,\frac{\Omega \cdot \cancel{\text{mm}^2} \cdot \cancel{\text{m}}}{\cancel{\text{m}} \cdot \cancel{\text{mm}^2}} = \underline{\underline{1{,}3\,\Omega}}$	

Elektrotechnik, Reihenschaltung

Formelzeichen / Einheiten

Formelzeichen	Bedeutung	Einheiten
R	Gesamtwiderstand	(z. B.) Ω, kΩ
$R_1, R_2, R_3, \ldots$	Einzelwiderstände	(z. B.) Ω, kΩ
U	Gesamtspannung	(z. B.) mV, V
$U_1, U_2, U_3, \ldots$	Teilspannungen	(z. B.) mV, V
I	Gesamtstrom	(z. B.) mA, A
$I_1, I_2, I_3, \ldots$	Teilströme	(z. B.) mA, A

Formel / Formelumstellung

$$R = R_1 + R_2 + R_3 + \ldots$$

$$U = U_1 + U_2 + U_3 + \ldots$$

$$I = I_1 = I_2 = I_3 = \ldots$$

$$U_1 = R_1 \cdot I \qquad U_2 = R_2 \cdot I \qquad \text{usw.}$$

$$R_1 = \frac{U_1}{I} \qquad R_2 = \frac{U_2}{I}$$

$$I = \frac{U_1}{R_1} \qquad I = \frac{U_2}{R_2}$$

bei zwei Widerständen:

$$\frac{U_1}{U_2} = \frac{R_1}{R_2} \qquad \frac{U_1}{R_1} = \frac{U_2}{R_2}$$

$$U_1 = \frac{U_2 \cdot R_1}{R_2} \qquad U_2 = \frac{U_1 \cdot R_2}{R_1}$$

$$R_1 = \frac{U_1 \cdot R_2}{U_2} \qquad R_2 = \frac{R_1 \cdot U_2}{U_1}$$

Abbildung

Reihenschaltung von Widerständen

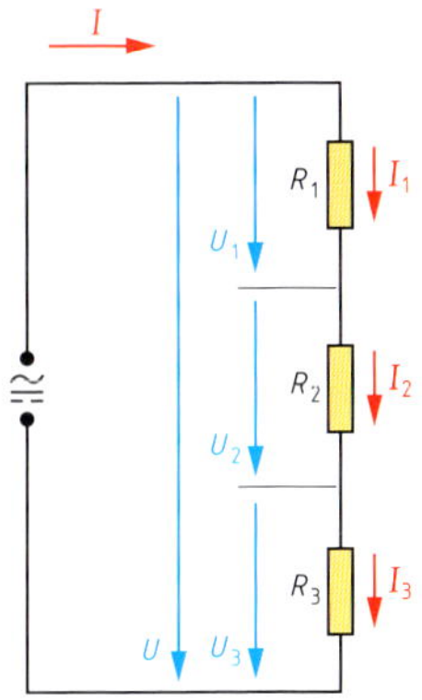

Beispiel

$R_1 = 140\,\Omega$

$R_2 = 180\,\Omega$

$R_3 = 280\,\Omega$

$R = ?$

$$R = R_1 + R_2 + R_3$$

$$R = 140\,\Omega + 180\,\Omega + 280\,\Omega = \underline{\underline{600\,\Omega}}$$

2

Elektrotechnik, Parallelschaltung

Abbildung

Parallelschaltung von Widerständen

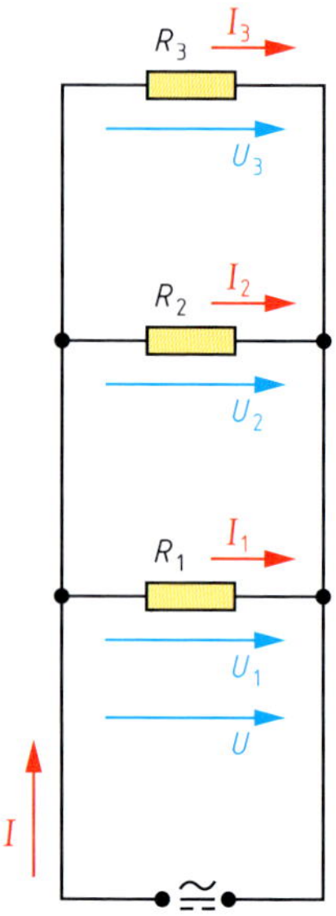

Formel / Formelumstellung

$$\frac{1}{R} = \frac{1}{R_1} + \frac{1}{R_2} + \frac{1}{R_3} + \ldots$$

bzw.

$$R = \frac{1}{\frac{1}{R_1} + \frac{1}{R_2} + \frac{1}{R_3} + \ldots}$$

$$U = U_1 = U_2 = U_3 = \ldots$$

$$I = I_1 + I_2 + I_3 + \ldots$$

$$R_1 = \frac{U}{I_1} \qquad R_2 = \frac{U}{I_2} \quad \text{usw.}$$

$$U = R_1 \cdot I_1 \qquad U = R_2 \cdot I_2$$

$$I_1 = \frac{U}{R_1} \qquad I_2 = \frac{U}{R_2}$$

bei zwei Widerständen:

$$\frac{I_1}{I_2} = \frac{R_2}{R_1} \qquad R = \frac{R_1 \cdot R_2}{R_1 + R_2}$$

Formelzeichen / Einheiten

R	Gesamtwiderstand	(z. B.) Ω, kΩ
$R_1, R_2, R_3, \ldots$	Einzelwiderstände	(z. B.) Ω, kΩ
U	Gesamtspannung	(z. B.) mV, V
$U_1, U_2, U_3, \ldots$	Teilspannungen	(z. B.) mV, V
I	Gesamtstrom	(z. B.) mA, A
$I_1, I_2, I_3, \ldots$	Teilströme	(z. B.) mA, A

Beispiel

$R_1 = 140\,\Omega$

$R_2 = 180\,\Omega$

$R_3 = 280\,\Omega$

$R = ?$

$$R = \frac{1}{\frac{1}{R_1} + \frac{1}{R_2} + \frac{1}{R_3}} = \frac{1}{\frac{1}{140\,\Omega} + \frac{1}{180\,\Omega} + \frac{1}{280\,\Omega}} = \underline{\underline{61{,}5\,\Omega}}$$

Elektrotechnik, Drehstrom

Formelzeichen / Einheiten

I	Leiterstrom	(z. B.) A
I_{Str}	Strangstrom	(z. B.) A
U	Leiterspannung	(z. B.) V
U_{Str}	Strangspannung	(z. B.) V
R_{Str}	Strangwiderstand	(z. B.) Ω
$\cos\varphi$	Leistungsfaktor	
P	Wirkleistung	(z. B.) W
S	Scheinleistung	(z. B.) W

$1\,W = 1\,V \cdot 1\,A$

Formel / Formelumstellung

Sternschaltung:

$$I = I_{Str} \qquad U = \sqrt{3} \cdot U_{Str}$$

Stern- oder Dreieckschaltung:

$$I_{Str} = \frac{U_{Str}}{R_{Str}}$$

Leistung bei induktionsfreier (ohmscher) Belastung ($\cos\varphi = 1$):

$$P = \sqrt{3} \cdot U \cdot I \qquad U = \frac{P}{\sqrt{3} \cdot I} \qquad I = \frac{P}{\sqrt{3} \cdot U}$$

Leistung bei induktiver oder kapazitiver Belastung $\left(\cos\varphi = \frac{P}{S}\right)$:

$$P = \sqrt{3} \cdot U \cdot I \cdot \cos\varphi$$

$$U = \frac{P}{\sqrt{3} \cdot I \cdot \cos\varphi} \qquad I = \frac{P}{\sqrt{3} \cdot U \cdot \cos\varphi}$$

Dreieckschaltung:

$$I = \sqrt{3} \cdot I_{Str} \qquad U = U_{Str}$$

Abbildung

Drehstrom

(Dreiphasenwechselstrom)

Sternschaltung Y

$U_{Str} = 230\,V$

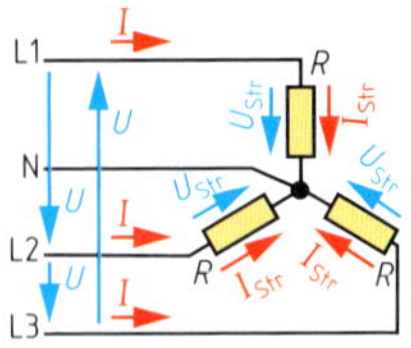

Dreieckschaltung △

$U_{Str} = 400\,V$

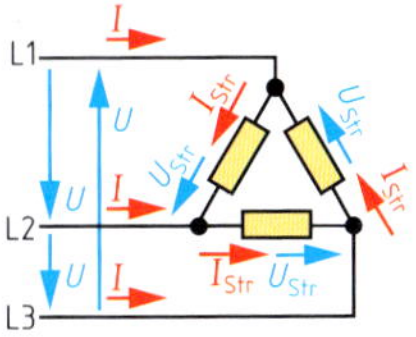

L_1, L_2, L_3 = stromführende Leitungen

N = Neutralleiter

Beispiel

$U = 380\,V$

$I = 4{,}3\,A$

$\cos\varphi = 0{,}86$

$P = ?$

$$P = \sqrt{3} \cdot U \cdot I \cdot \cos\varphi$$

$$P = \sqrt{3} \cdot 380\,V \cdot 4{,}3\,A \cdot 0{,}86 = \underline{\underline{2434\,W \approx 2{,}4\,kW}}$$

Elektrotechnik, Transformator

Abbildung

Transformator

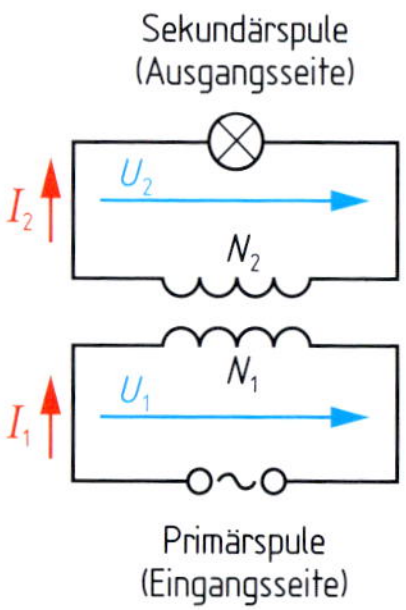

Formel / Formelumstellung

$$\frac{I_1}{I_2} = \frac{N_2}{N_1} = \frac{U_2}{U_1}$$

Strom-Windungszahl:

$$\frac{I_1}{I_2} = \frac{N_2}{N_1} \qquad I_1 = \frac{N_2 \cdot I_2}{N_1} \qquad I_2 = \frac{I_2 \cdot N_1}{N_2}$$

$$N_1 = \frac{N_2 \cdot I_2}{I_1} \qquad N_2 = \frac{I_1 \cdot N_1}{I_2}$$

Spannung-Windungszahl:

$$\frac{U_1}{U_2} = \frac{N_1}{N_2} \qquad U_1 = \frac{N_1 \cdot U_2}{N_2} \qquad U_2 = \frac{U_1 \cdot N_2}{N_1}$$

$$N_1 = \frac{U_1 \cdot N_2}{U_2} \qquad N_2 = \frac{N_1 \cdot U_2}{U_1}$$

Strom-Spannung:

$$\frac{I_1}{I_2} = \frac{U_2}{U_1} \qquad I_1 = \frac{U_2 \cdot I_2}{U_1} \qquad I_2 = \frac{I_1 \cdot U_1}{U_2}$$

$$U_2 = \frac{I_1 \cdot U_1}{I_2} \qquad U_1 = \frac{U_2 \cdot I_2}{I_1}$$

Formelzeichen / Einheiten

I_1	Eingangsstrom	(z.B.) A
I_2	Ausgangsstrom	(z.B.) A
N_1	Windungszahl Primärspule	
N_2	Windungszahl Sekundärspule	
U_1	Eingangsspannung	(z.B.) V
U_2	Ausgangsspannung	(z.B.) V

Beispiel

$N_1 = 900$

$U_1 = 230\,V$

$U_2 = 24\,V$

$N_2 = ?$

$$N_2 = \frac{N_1 \cdot U_2}{U_1}$$

$$N_2 = \frac{900 \cdot 24\,V}{230\,V} = 93{,}9\,\frac{\cancel{V}}{\cancel{V}} \approx \underline{\underline{94}}$$

Elektrotechnik, Elektrische Leistung

Formelzeichen / Einheiten

P	elektrische Leistung	(z. B.) W
U	Spannung	(z. B.) V
I	Stromstärke	(z. B.) A
R	Widerstand	(z. B.) Ω
$\cos\varphi$	Leistungsfaktor (bei ohmscher Last $\cos\varphi = 1$)	

Formel / Formelumstellung

Für Gleichstrom und für Wechselstrom ohne induktive Belastung (= ohmsche Belastung)[1]:

$$P = U \cdot I$$

$$U = \frac{P}{I} \qquad I = \frac{P}{U}$$

$$P = \frac{U^2}{R}$$

$$U = \sqrt{P \cdot R} \qquad R = \frac{U^2}{P}$$

$$P = I^2 \cdot R$$

$$I = \sqrt{\frac{P}{R}} \qquad R = \frac{P}{I^2}$$

Für Wechselstrom mit induktiver oder kapazitiver Belastung[2]:

$$P = U \cdot I \cdot \cos\varphi$$

$$U = \frac{P}{I \cdot \cos\varphi} \qquad I = \frac{P}{U \cdot \cos\varphi}$$

[1] ohne Spulen und Kondensatoren (z. B. Wärmegeräte wie Trockenofen)

[2] mit Spulen oder Kondensatoren (z. B. Elektromotor)

Abbildung

Elektrische Leistung für Gleich- oder Wechselstrom

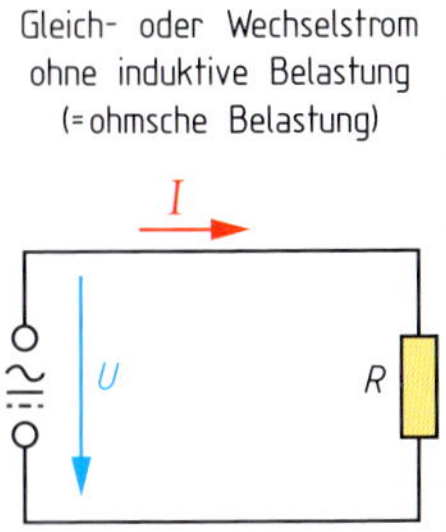

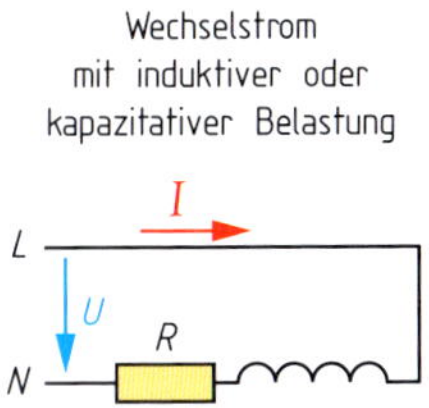

Beispiel

$U = 230\,\text{V}$

$I = 15\,\text{A}$

$P = ?$

$P = U \cdot I$

$P = 230\,\text{V} \cdot 15\,\text{A} = \underline{\underline{3450\,\text{W} \approx 3{,}5\,\text{kW}}}$

$1\,\text{W} = 1\,\text{V} \cdot 1\,\text{A}$

2

2

Elektrotechnik, Elektrische Arbeit

Abbildung	Formel / Formelumstellung	Formelzeichen / Einheiten

Elektrische Arbeit

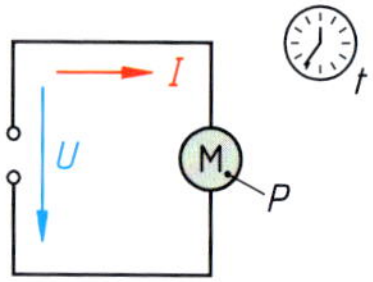

M = ohmscher Verbraucher, (z. B.) Gleichstrommotor, Widerstand, Heizofen, Glühlampe

Formel / Formelumstellung

$W = P \cdot t$

$P = \frac{W}{t}$ $t = \frac{W}{P}$

$W = U \cdot I \cdot t$

$U = \frac{W}{I \cdot t}$ $I = \frac{W}{U \cdot t}$ $t = \frac{W}{U \cdot I}$

$W = I^2 \cdot R \cdot t$

$I = \sqrt{\frac{W}{R \cdot t}}$ $R = \frac{W}{I^2 \cdot t}$ $t = \frac{W}{I^2 \cdot R}$

$W = \frac{U^2 \cdot t}{R}$

$U = \sqrt{\frac{W \cdot R}{t}}$ $t = \frac{W \cdot R}{U^2}$ $R = \frac{U^2 \cdot t}{W}$

Formelzeichen / Einheiten

W	elektrische Arbeit	(z. B.) kW · h
P	elektrische Leistung	(z. B.) W
t	Zeit	(z. B.) s
U	Spannung	(z. B.) V
I	Stromstärke	(z. B.) A
R	Widerstand	(z. B.) Ω

1 kW = 1000 W
1 kW · s = 1000 W · s
1 kW · h = 3,6 MJ
1 J = 1 W · s

Beispiel

$P = 1800\,W$
$t = 8\,h$
$W = ?$

$W = P \cdot t$

$W = 1800\,W \cdot 8\,h = 14\,400\,W \cdot h = \underline{\underline{14{,}4\,kW \cdot h}}$

Gasverbrauch (ohne Acetylen)

Formelzeichen / Einheiten	Formel / Formelumstellung	Abbildung
ΔV entnommene Gasmenge (z. B.) dm³, l V_{Fl} Volumen der Gasflasche (z. B.) dm³, l p_{e1} Flaschendruck vor der Gasentnahme bar p_{e2} Flaschendruck nach der Gasentnahme bar p_{amb} Umgebungsdruck der Atmosphäre bar $1\,\text{bar} = 10\,\frac{\text{N}}{\text{cm}^2} = 10^5\,\text{Pa}$ $p_{amb} = 1\,\text{bar}$	$\Delta V = \frac{V_{Fl} \cdot (p_{e1} - p_{e2})}{p_{amb}}$ $p_{e1} = \frac{\Delta V \cdot p_{amb}}{V_{Fl}} + p_{e2}$ $p_{e2} = p_{e1} - \frac{\Delta V \cdot p_{amb}}{V_{Fl}}$ $V_{FL} = \frac{\Delta V \cdot p_{amb}}{p_{e1} - p_{e2}}$	**Gasverbrauch von Sauerstoff und Brenngasen (ohne Acetylen)** 

Beispiel

$V_{Fl} = 50\,\text{l}$

$p_{e1} = 200\,\text{bar}$

$p_{e2} = 150\,\text{bar}$

$p_{amb} = 1\,\text{bar}$

$\Delta V = ?$

$$\Delta V = \frac{V_{Fl} \cdot (p_{e1} - p_{e2})}{p_{amb}}$$

$$\Delta V = \frac{50\,\text{l} \cdot (200\,\text{bar} - 150\,\text{bar})}{1\,\text{bar}} = 2500\,\frac{\text{l} \cdot \cancel{\text{bar}}}{\cancel{\text{bar}}} = \underline{\underline{2500\,\text{l}}}$$

3

Gasverbrauch von gelösten Gasen (Acetylen)

Abbildung

Acetylen-Verbrauch

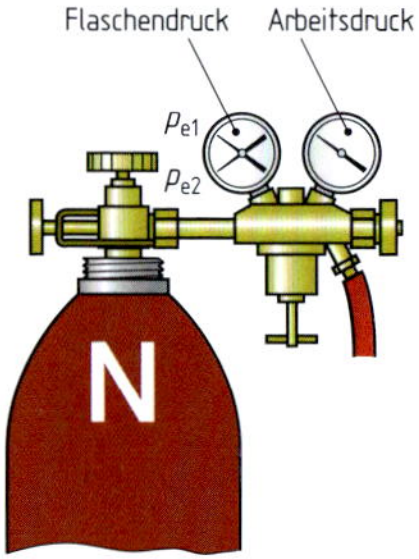

Formel / Formelumstellung

$$\Delta V = \frac{V_F \cdot (p_{e1} - p_{e2})}{p_F}$$

$$V_F = \frac{\Delta V \cdot p_F}{p_{e1} - p_{e2}}$$

$$p_{e1} = \frac{\Delta V \cdot p_F}{V_F} + p_{e2}$$

$$p_{e2} = p_{e1} - \frac{\Delta V \cdot p_F}{V_F}$$

Maximal nutzbares Acetylenvolumen (vollständige Flaschenfüllung)

Eine gängige 40-Liter-Acetylenflasche beinhaltet 13 l Aceton. Je 1 bar Flaschendruck löst 1 l Aceton 25 l Acetylen. Der maximale Fülldruck beträgt in der Regel $p_F = 18$ bar. Das somit maximal nutzbare Acetylenvolumen $V_{F\,max}$ errechnet sich wie folgt:

$$V_{Fmax} = \frac{25\,\text{l Acetylen} \cdot 13\,\text{l Aceton} \cdot 18\,\text{bar}}{1\,\text{bar} \cdot 1\,\text{l Aceton}}$$

$$V_{Fmax} = \underline{5850\,\text{l Acetylen}}$$

Formelzeichen / Einheiten

ΔV	entnommene Acetylenmenge	(z. B.) dm^3, l
V_F	Füllvolumen der Acetylenflasche	(z. B.) dm^3, l
p_{e1}	Flaschendruck vor der Gasentnahme	bar
p_{e2}	Flaschendruck nach der Gasentnahme	bar
p_F	maximaler Fülldruck der Gasflasche	bar
$V_{F\,max}$	maximal nutzbares Acetylenvolumen	(z. B.) dm^3, l

$$1\,\text{bar} = 10\,\frac{\text{N}}{\text{cm}^2} = 10^5\,\text{Pa}$$

Beispiel

$V_F = 5850$ l

$p_{e1} = 18$ bar

$p_{e2} = 9$ bar

$p_F = 18$ bar

$\Delta V = ?$

$$\Delta V = \frac{V_F \cdot (p_{e1} - p_{e2})}{p_F}$$

$$\Delta V = \frac{5850\,\text{l} \cdot (18\,\text{bar} - 9\,\text{bar})}{18\,\text{bar}} = 2925\,\frac{\text{l} \cdot (\cancel{\text{bar}} - \cancel{\text{bar}})}{\cancel{\text{bar}}} = \underline{\underline{2925\,\text{l}}}$$

3

Spezifische Schnittkraft, Spanungsquerschnitt beim Drehen

Formelzeichen / Einheiten

F_c	Schnittkraft	N
A	Spanungsquerschnitt	mm^2
k_c	spezifische Schnittkraft	$\frac{N}{mm^2}$
b	Spanungsbreite	mm
h	Spanungsdicke	mm
a_p	Schnitttiefe	mm
f	Vorschub je Umdrehung	mm
κ	Einstellwinkel	in ° (Grad)

Formel / Formelumstellung

Schnittkraft:

$$F_c = A \cdot k_c \qquad A = \frac{F_c}{k_c} \qquad k_c = \frac{F_c}{A}$$

Spanungsquerschnitt:

$$A = b \cdot h \qquad b = \frac{A}{h} \qquad h = \frac{A}{b}$$

$$A = a_p \cdot f \qquad a_p = \frac{A}{f} \qquad f = \frac{A}{a_p}$$

$$b = \frac{a_p}{\sin\kappa} \qquad a_p = b \cdot \sin\kappa \qquad \sin\kappa = \frac{a_p}{b}$$

$$h = f \cdot \sin\kappa \qquad f = \frac{h}{\sin\kappa} \qquad \sin\kappa = \frac{h}{f}$$

Abbildung

Spezifische Schnittkraft, Spanungsquerschnitt, beim Drehen

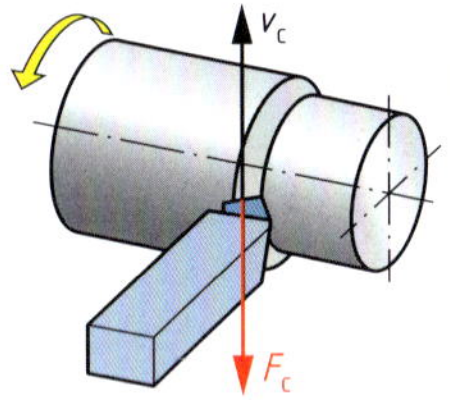

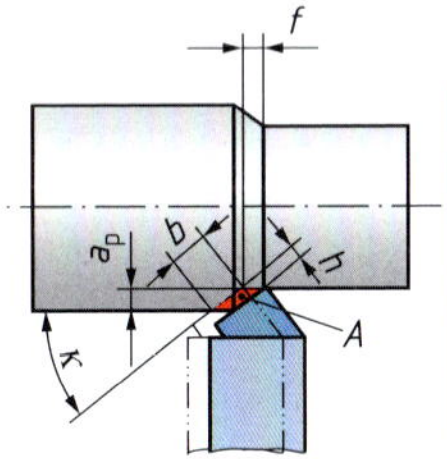

Beispiel

$A = 2{,}2\,mm^2$

Werkstoff: Werkzeugstahl 55NiCrMoV6

$k_c = 2504\,\frac{N}{mm^2}$ (bei $h = 0{,}25\,mm$)

$F_c = ?$

$$F_c = A \cdot k_c$$

$$F_c = 2{,}2\,mm^2 \cdot 2504\,\frac{N}{mm^2} = 5509\,\cancel{mm^2}\,\frac{N}{\cancel{mm^2}} = \underline{\underline{5509\,N}}$$

3

Zeitspanvolumen, Schnittleistung, Antriebsleistung beim Drehen

Abbildung	Formel / Formelumstellung	Formelzeichen / Einheiten

Abbildung

Zeitspanvolumen, Schnittleistung, erforderliche Antriebsleistung

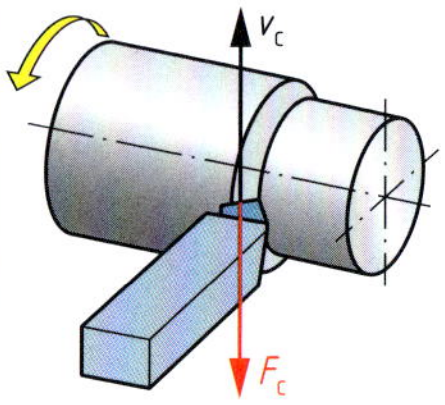

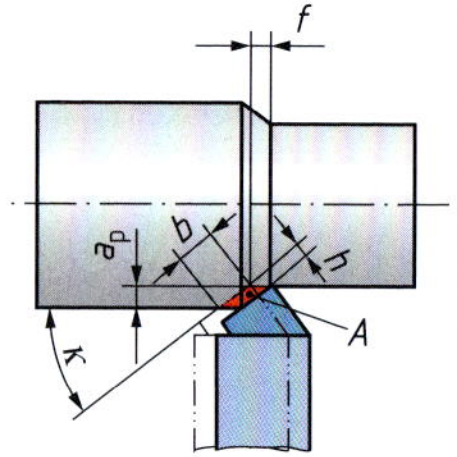

Formel / Formelumstellung

Zeitspanungsvolumen:

$$Q = A \cdot v_c \qquad A = \frac{Q}{v_c} \qquad v_c = \frac{Q}{A}$$

$$Q = a_p \cdot f \cdot v_c$$

$$a_p = \frac{Q}{f \cdot v_c} \qquad f = \frac{Q}{a_p \cdot v_c} \qquad v_c = \frac{Q}{a_p \cdot f}$$

Schnittleistung:

$$P_c = F_c \cdot v_c \qquad F_c = \frac{P_c}{v_c} \qquad v_c = \frac{P_c}{F_c}$$

$$P_c = Q \cdot k_c \qquad Q = \frac{P_c}{k_c} \qquad k_c = \frac{P_c}{Q}$$

Erforderliche Antriebsleistung:

$$P_1 = \frac{P_c}{\eta} \qquad P_c = P_1 \cdot \eta \qquad \eta = \frac{P_c}{P_1}$$

Formelzeichen / Einheiten

Q	Zeitspanungsvolumen	$\frac{cm^3}{min}$
A	Spanungsquerschnitt	mm^2
v_c	Schnittgeschwindigkeit	$\frac{m}{min}$
a_p	Schnitttiefe	mm
f	Vorschub je Umdrehung	mm
P_c	Schnittleistung	(z. B.) W, kW
F_c	Schnittkraft	N
k_c	spezifische Schnittkraft	$\frac{N}{mm^2}$
P_1	erforderliche Antriebsleistung	(z. B.) W, kW
η	Wirkungsgrad	

$$1\,W = 1\,N \cdot \frac{1\,m}{1\,s}$$

Beispiel

$A = 2{,}6\,mm^2$

$v_c = 30\,\frac{m}{min}$

$Q = ?$

$$Q = A \cdot v_c$$

$$Q = 2{,}6\,mm^2 \cdot 30000\,\frac{mm}{min} = 78000\,\frac{mm^2 \cdot mm}{min} = 78000\,\frac{mm^3}{min} = \underline{\underline{78\,\frac{cm^3}{min}}}$$

3

Schnittkraft, Spanungsquerschnitt beim Bohren

Formelzeichen / Einheiten

F_c	Schnittkraft	N
A	Spanungsquerschnitt	mm^2
k_c	spezifische Schnittkraft	$\frac{N}{mm^2}$
d	Bohrerdurchmesser	mm
f	Vorschub je Umdrehung	mm
f_z	Vorschub je Schneide	mm
b	Spanungsbreite	mm
h	Spanungsdicke	mm
a_p	Schnittbreite (d/2)	mm
σ	Spitzenwinkel	in ° (Grad)

Gängige Bohrertypen:

N $\sigma = 118°$

H $\sigma = 118°$

W $\sigma = 130°$

Formel / Formelumstellung

Schnittkraft (je Schneide):

$$F_c = A \cdot k_c \qquad A = \frac{F_c}{k_c} \qquad k_c = \frac{F_c}{A}$$

Spanungsquerschnitt:

$$A = d \cdot \frac{f}{2} \qquad d = \frac{2 \cdot A}{f} \qquad f = \frac{2 \cdot A}{d}$$

$$A = 2 \cdot b \cdot h \qquad b = \frac{A}{2 \cdot h} \qquad h = \frac{A}{2 \cdot b}$$

$$A = a_p \cdot f \qquad a_p = \frac{A}{f} \qquad f = \frac{A}{a_p}$$

$$b = \frac{a_p}{\sin\frac{\sigma}{2}} \qquad \sin\frac{\sigma}{2} = \frac{a_p}{b} \qquad a_p = \sin\frac{\sigma}{2} \cdot b$$

$$h = f_z \cdot \sin\frac{\sigma}{2} \qquad f_z = \frac{h}{\sin\frac{\sigma}{2}} \qquad \sin\frac{\sigma}{2} = \frac{h}{f_z}$$

Abbildung

Kräfte beim Bohren, spezifische Schnittkraft

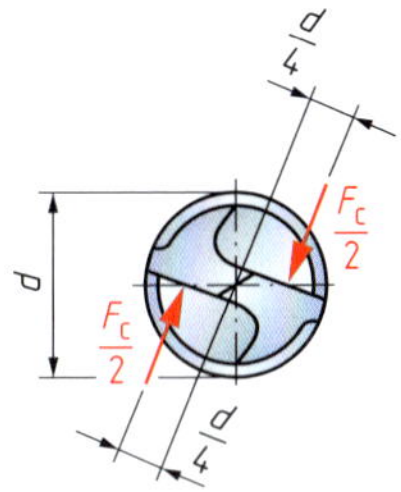

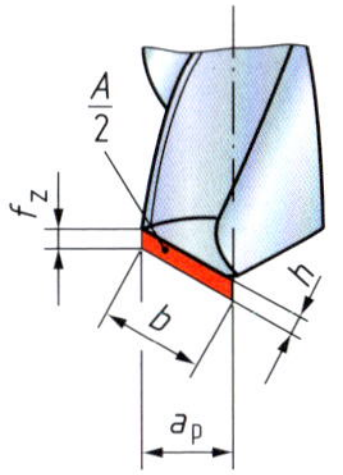

Beispiel

$A = 2{,}0\,mm^2$

$k_c = 1514\,\frac{N}{mm^2}$

$F_c = ?$

$F_c = A \cdot k_c$

$F_c = 2{,}0\,mm^2 \cdot 1514\,\frac{N}{mm^2} = 3028\,\frac{\cancel{mm^2} \cdot N}{\cancel{mm^2}} = \underline{\underline{3028\,N}}$

3

Schnittmoment, Zeitspanungsvolumen, Schnittleistung, Antriebsleistung beim Bohren

Abbildung

Schnittmoment, Zeitspanungsvolumen, Schnittleistung, erforderliche Antriebsleistung

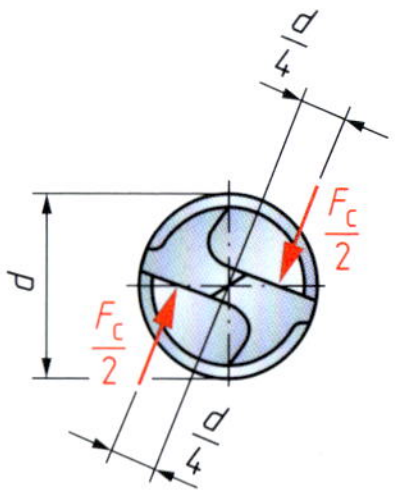

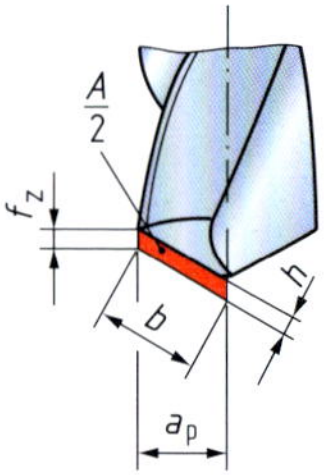

Formel / Formelumstellung

Schnittmoment:

$$M_c = \frac{F_c \cdot d}{4} \qquad F_c = \frac{4 \cdot M_c}{d} \qquad d = \frac{4 \cdot M_c}{F_c}$$

Zeitspanungsvolumen:

$$Q = A \cdot \frac{v_c}{2} \qquad A = \frac{2 \cdot Q}{v_c} \qquad v_c = \frac{2 \cdot Q}{A}$$

Schnittleistung:

$$P_c = \frac{F_c \cdot v_c}{2} \qquad F_c = \frac{2 \cdot P_c}{v_c} \qquad v_c = \frac{2 \cdot P_c}{F_c}$$

$$P_c = Q \cdot k_c \qquad Q = \frac{P_c}{k_c} \qquad k_c = \frac{P_c}{Q}$$

Erforderliche Antriebsleistung:

$$P_1 = \frac{P_c}{\eta} \qquad P_c = P_1 \cdot \eta \qquad \eta = \frac{P_c}{P_1}$$

Formelzeichen / Einheiten

M_c	Schnittmoment	$N \cdot m$
F_c	Schnittkraft	N
d	Bohrerdurchmesser	mm
Q	Zeitspanungsvolumen	$\frac{cm^3}{mm}$
A	Spanungsquerschnitt	mm^2
P_c	Schnittleistung	(z. B.) W, kW
v_c	Schnittgeschwindigkeit	$\frac{m}{min}$
k_c	spezifische Schnittkraft	$\frac{N}{mm^2}$
f	Vorschub je Umdrehung	mm
P_1	erforderliche Antriebsleistung	(z. B.) W, kW
η	Wirkungsgrad	

$$1\,W = 1\,N \cdot \frac{1\,m}{1\,s}$$

Beispiel

$F_c = 2820\,N$

$d = 16\,mm$

$M_c = ?$

$$M_c = \frac{F_c \cdot d}{4}$$

$$M_c = \frac{2820\,N \cdot 16\,mm}{4} = 11\,280\,N \cdot mm = \underline{\underline{11{,}28\,N \cdot m}}$$

3

Spezifische Schnittkraft beim Stirn-Planfräsen

Formelzeichen / Einheiten

F_c	Schnittkraft	N
A	Spanungsquerschnitt	mm^2
k_c	spezifische Schnittkraft	$\frac{N}{mm^2}$
h	Spanungsdicke	mm
a_p	Schnitttiefe	mm
a_e	Arbeitseingriff	mm
d	Fräserdurchmesser	mm
z	Schneidenzahl des Fräsers	
z_e	Schneiden im Eingriff	
φ_s	Eingriffswinkel	in ° (Grad)
f_z	Vorschub je Fräserschneide	mm

Formel / Formelumstellung

Schnittkraft:

$$F_c = A \cdot k_c \qquad A = \frac{F_c}{k_c} \qquad k_c = \frac{F_c}{A}$$

$$A = a_p \cdot h \cdot z_e$$

$$a_p = \frac{A}{h \cdot z_e} \qquad h = \frac{A}{a_p \cdot z_e} \qquad z_e = \frac{A}{a_p \cdot h}$$

$$h \approx 0{,}9 \cdot f_z \qquad f_z \approx \frac{h}{0{,}9}$$

$$z_e = \frac{\varphi_s \cdot z}{360°} \qquad \varphi_s = \frac{z_e \cdot 360°}{z} \qquad z = \frac{z_e \cdot 360°}{\varphi_s}$$

Abbildung

Spezifische Schnittkraft, beim Stirn-Planfräsen

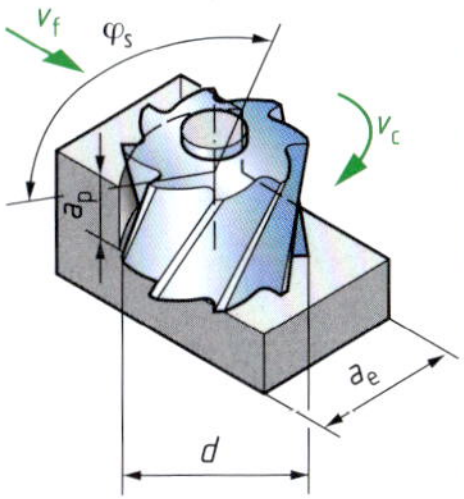

Beispiel

$A = 4\,mm^2$

$k_c = 2344 \frac{N}{mm^2}$

$F_c = ?$

$$F_c = A \cdot k_c$$

$$F_c = 4\,mm^2 \cdot 2344 \frac{N}{mm^2} = 9376\,mm^2 \frac{N}{mm^2} = \underline{\underline{9376\,N}}$$

Zeitspanungsvolumen, Vorschub, Leistungen beim Stirn-Planfräsen

Abbildung	Formel / Formelumstellung	Formelzeichen / Einheiten

Abbildung

Zeitspanungsvolumen, Vorschub, Schnittleistung, erforderliche Antriebsleistung beim Stirn-Planfräsen

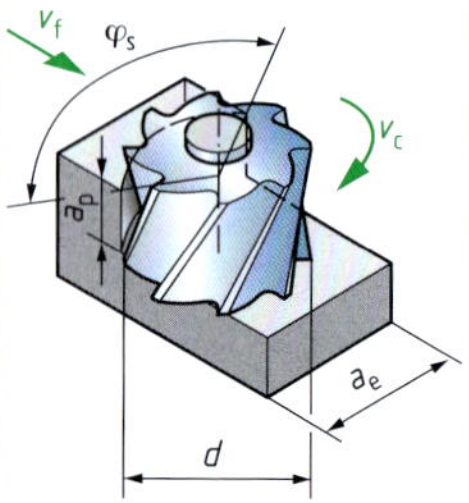

Formel / Formelumstellung

Zeitspanungsvolumen:

$$Q = a_p \cdot a_e \cdot v_f$$

$$a_p = \frac{Q}{a_e \cdot v_f} \qquad a_e = \frac{Q}{a_p \cdot v_f} \qquad v_f = \frac{Q}{a_p \cdot a_e}$$

Vorschub/Vorschubgeschwindigkeit:

$$f = f_z \cdot z \qquad f_z = \frac{f}{z} \qquad z = \frac{f}{f_z}$$

$$v_f = f \cdot n \qquad f = \frac{v_f}{n} \qquad n = \frac{v_f}{f}$$

$$v_f = f_z \cdot z \cdot n \qquad f_z = \frac{v_f}{z \cdot n} \qquad z = \frac{v_f}{f_z \cdot n} \qquad n = \frac{v_f}{f_z \cdot z}$$

Schnittleistung:

$$P_c = F_c \cdot v_c \qquad F_c = \frac{P_c}{v_c} \qquad v_c = \frac{P_c}{F_c}$$

$$P_c = Q \cdot k_c \qquad Q = \frac{P_c}{k_c} \qquad k_c = \frac{P_c}{Q}$$

Erforderliche Antriebsleistung:

$$P_1 = \frac{P_c}{\eta} \qquad P_c = P_1 \cdot \eta \qquad \eta = \frac{P_c}{P_1}$$

Formelzeichen / Einheiten

Q	Zeitspanungsvolumen	$\frac{cm^3}{min}$
a_e	Arbeitseingriff	mm
a_p	Schnitttiefe	mm
f	Vorschub	mm
f_z	Vorschub je Fräserschneide	mm
z	Schneidenzahl des Fräsers	
v_f	Vorschubgeschwindigkeit	$\frac{mm}{min}$
n	Umdrehungsfrequenz (Drehzahl)	(z. B.) $\frac{1}{min}$
P_c	Schnittleistung	(z. B.) W, kW
F_c	Schnittkraft	N
v_c	Schnittgeschwindigkeit	$\frac{m}{min}$
k_c	spezifische Schnittkraft	$\frac{N}{mm^2}$
P_1	erforderliche Antriebsleistung	(z. B.) W, kW
η	Wirkungsgrad	

$$1\,W = 1\,N \cdot \frac{1\,m}{1\,s}$$

Beispiel

$a_p = 2\,mm$

$a_e = 60\,mm$

$v_f = 30\,\frac{mm}{min}$

$Q = ?$

$$Q = a_p \cdot a_e \cdot v_f$$

$$Q = 2\,mm \cdot 60\,mm \cdot 30\,\frac{mm}{min} = 3600\,mm \cdot mm\,\frac{mm}{min} = 3600\,\frac{mm^3}{min} = \underline{\underline{3{,}6\,\frac{cm^3}{min}}}$$

3

Rautiefe, Eckenradius, Vorschub

Formelzeichen / Einheiten			Formel / Formelumstellung	Abbildung
R_{th}	theoretische Rautiefe	µm	**Drehen:**	**Theoretische Rautiefe in Abhängigkeit von Eckenradius und Vorschub (Drehen, Umfangsfräsen, Kugelfräsen)**
f	Vorschub	mm	$R_{th} = \frac{f^2}{8 \cdot r}$ $\quad f = \sqrt{8 \cdot R_{th} \cdot r}$ $\quad r = \frac{f^2}{8 \cdot R_{th}}$	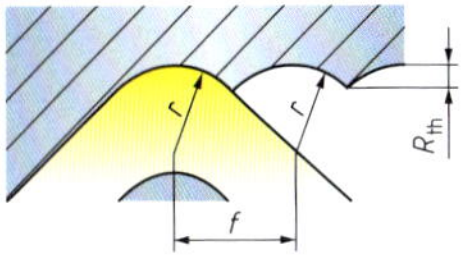
r	Eckenradius	mm	$R_{th} \approx R_z$	
R_z	größte Höhe des Profils innerhalb einer Einzelmessstrecke	µm	**Umfangsfräsen:**	
f_z	Vorschub pro Zahn	mm	$R_{th} = \frac{f_z^2}{4 \cdot D}$ $\quad f_z = \sqrt{R_{th} \cdot 4 \cdot D}$ $\quad D = \frac{f^2}{4 \cdot R_{th}}$	
D	Fräserdurchmesser	mm	**Kugelfräsen:**	
b_r	Zeilensprung	mm	$R_{th} = \frac{b_r^2}{4 \cdot D}$ $\quad b_r = \sqrt{R_{th} \cdot 4 \cdot D}$ $\quad D = \frac{b_r^2}{4 \cdot R_{th}}$	

Beispiel

$f = 0{,}4\,\text{mm}$

$r = 0{,}8\,\text{mm}$

$R_{th} = ?$

$$R_{th} = \frac{f^2}{8 \cdot r}$$

$$R_{th} = \frac{(0{,}4\,\text{mm})^2}{8 \cdot 0{,}8\,\text{mm}} = 0{,}025\,\frac{\text{mm}^{\cancel{2}}}{\cancel{\text{mm}}} = 0{,}025\,\text{mm} = \underline{\underline{25\,\mu\text{m}}}$$

1 mm = 1000 µm

3

Kegeldrehen durch Schwenken des Oberschlittens

Abbildung

Kegeldrehen durch Schwenken des Oberschlittens

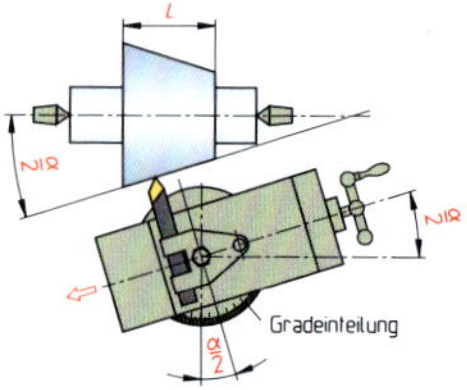

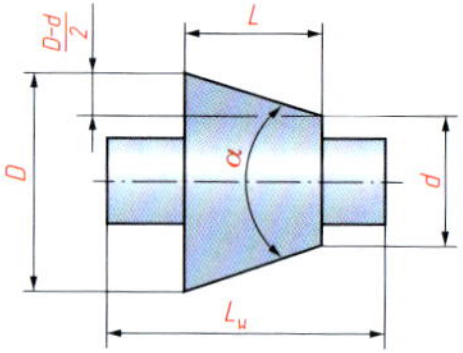

Formel / Formelumstellung

$$C = \frac{D-d}{L}$$

$$D = C \cdot L + d \qquad L = \frac{D-d}{C} \qquad d = D - C \cdot L$$

$$\tan\frac{\alpha}{2} = \frac{C}{2} \qquad C = 2 \cdot \tan\frac{\alpha}{2}$$

$$\tan\frac{\alpha}{2} = \frac{D-d}{2 \cdot L}$$

$$D = 2 \cdot L \cdot \tan\frac{\alpha}{2} + d \qquad d = D - 2 \cdot L \cdot \tan\frac{\alpha}{2} \qquad L = \frac{D-d}{2 \cdot \tan\frac{\alpha}{2}}$$

Formelzeichen / Einheiten

C	Kegelverjüngung	
D	großer Kegeldurchmesser	mm
d	kleiner Kegeldurchmesser	mm
L	Kegellänge	mm
L_W	Werkstücklänge	mm
α	Kegelwinkel	in ° (Grad)
$\frac{\alpha}{2}$	Einstellwinkel (Kegelerzeugungswinkel)	in ° (Grad)
$\frac{1}{x}$	Kegelverhältnis (Kegelverjüngung)	

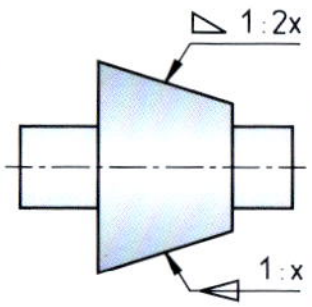

1 : 2x (Neigung)

$$\frac{C}{2} = \frac{D-d}{2 \cdot L}$$

1 : x (Verjüngung)

$$C = \frac{D-d}{L}$$

Beispiel

$D = 200\,\text{mm}$

$d = 125\,\text{mm}$

$L = 120\,\text{mm}$

$C = ?$

$$C = \frac{D-d}{L}$$

$$C = \frac{200\,\text{mm} - 125\,\text{mm}}{120\,\text{mm}} = \frac{75\,\cancel{\text{mm}}}{120\,\cancel{\text{mm}}} = \underline{\underline{\frac{1}{1{,}6} \Rightarrow 1:1{,}6}}$$

3

Kegeldrehen durch Verstellen des Reitstocks

Formelzeichen / Einheiten

Zeichen	Bedeutung	Einheit
V_R	Reitstockverstellung	mm
$\frac{C}{2}$	Kegelneigung	
L_W	Werkstücklänge	mm
C	Kegelverjüngung	
D	großer Kegeldurchmesser	mm
d	kleiner Kegeldurchmesser	mm
L	Kegellänge	mm
$\frac{\alpha}{2}$	Einstellwinkel (Kegelerzeugungswinkel)	in ° (Grad)

Formel / Formelumstellung

$$V_R = \frac{C}{2} \cdot L_W$$

$$\frac{C}{2} = \frac{V_R}{L_W} \qquad C = \frac{2 \cdot V_R}{L_W} \qquad L_W = \frac{2 \cdot V_R}{C}$$

$$V_R = \frac{D-d}{2 \cdot L} \cdot L_W$$

$$D = \frac{2 \cdot V_R \cdot L}{L_W} + d \qquad d = D - \frac{2 \cdot V_R \cdot L}{L_W}$$

$$L_W = \frac{2 \cdot V_R \cdot L}{D-d} \qquad L = \frac{(D-d) \cdot L_W}{2 \cdot V_R}$$

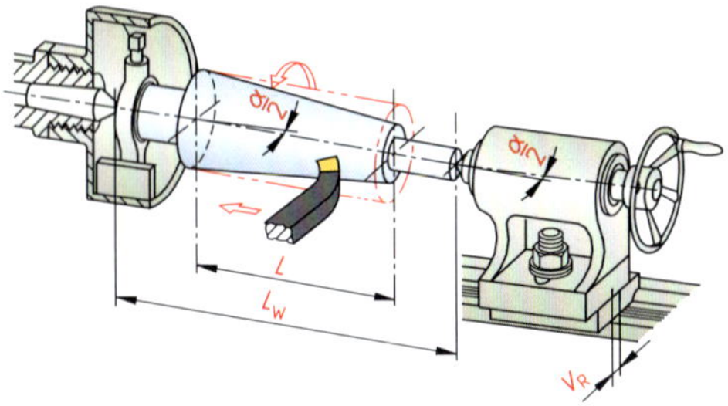

Abbildung

Kegeldrehen durch Verstellen des Reitstocks (üblich für lange Werkstücke)

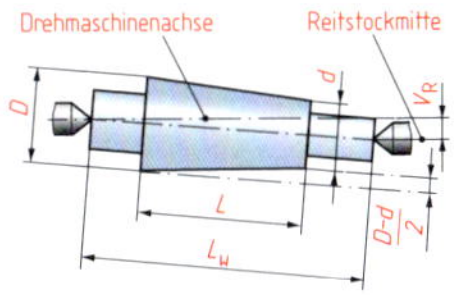

Beispiel

$C = 1:12 = 0{,}08333$

$L_W = 180\,\text{mm}$

$V_R = ?$

$$V_R = \frac{C}{2} \cdot L_W$$

$$V_R = \frac{0{,}08333}{2} \cdot 180\,\text{mm} = \underline{\underline{7{,}5\,\text{mm}}}$$

Hauptnutzungszeit beim Längs-Runddrehen 1

Abbildung

Hauptnutzungszeit beim Längs-Runddrehen (ohne Zapfen) mit fester Umdrehungsfrequenzeinstellung

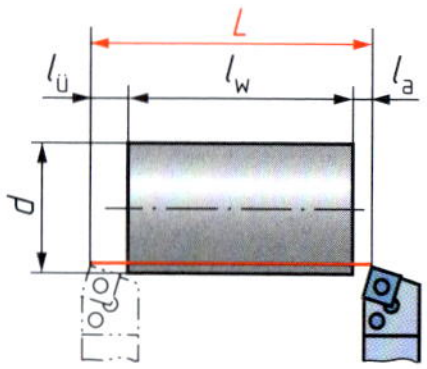

Formel / Formelumstellung

$$t_h = \frac{L \cdot i}{f \cdot n}$$

$$L = \frac{t_h \cdot f \cdot n}{i}$$

$$i = \frac{t_h \cdot f \cdot n}{L}$$

$$f = \frac{L \cdot i}{t_h \cdot n}$$

$$n = \frac{L \cdot i}{t_h \cdot f}$$

$$n = \frac{v_c}{\pi \cdot d}$$

$$v_c = n \cdot \pi \cdot d$$

$$d = \frac{v_c}{n \cdot \pi}$$

$$L = l_w + l_a + l_ü \;^{1)}$$

[1] Ohne weitere Angabe ist $l_a = l_ü = 2\,\text{mm}$ anzunehmen.

Formelzeichen / Einheiten

L	Bearbeitungsweg	mm
l_w	Werkstücklänge	mm
l_a	Anlaufweg	mm
$l_ü$	Überlaufweg	mm
t_h	Hauptnutzungszeit	min
i	Anzahl der Schnitte	
f	Vorschub je Umdrehung	mm
n	Umdrehungsfrequenz	$\frac{1}{\text{min}}$
v_c	Schnittgeschwindigkeit	$\frac{\text{m}}{\text{min}}$
d	größter Durchmesser	mm

Beispiel

$L = 60\,\text{mm}$

$i = 2$

$f = 0{,}4\,\text{mm}$

$n = 1400\,\frac{1}{\text{min}}$

$t_h = ?$

$$t_h = \frac{L \cdot i}{f \cdot n}$$

$$t_h = \frac{60\,\cancel{\text{mm}} \cdot 2}{0{,}4\,\cancel{\text{mm}} \cdot 1400\,\frac{1}{\text{min}}} = \underline{\underline{0{,}21\,\text{min}}}$$

Hauptnutzungszeit beim Längs-Runddrehen 2

Formelzeichen / Einheiten			Formel / Formelumstellung	Abbildung
L	Bearbeitungsweg	mm	$t_h = \frac{L \cdot i}{f \cdot n}$	**Hauptnutzungszeit beim Längs-Runddrehen (mit Zapfen) mit fester Umdrehungsfrequenzeinstellung**
l_w	Drehlänge	mm	$L = \frac{t_h \cdot f \cdot n}{i}$	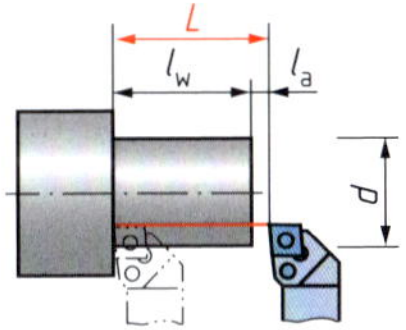
l_a	Anlaufweg	mm	$i = \frac{t_h \cdot f \cdot n}{L}$	
$l_ü$	Überlaufweg	mm	$f = \frac{L \cdot i}{t_h \cdot n}$	
t_h	Hauptnutzungszeit	min	$n = \frac{L \cdot i}{t_h \cdot f}$	
i	Anzahl der Schnitte		$n = \frac{v_c}{\pi \cdot d}$	
f	Vorschub je Umdrehung	mm	$v_c = n \cdot \pi \cdot d$	
n	Umdrehungsfrequenz	$\frac{1}{min}$	$d = \frac{v_c}{n \cdot \pi}$	
v_c	Schnittgeschwindigkeit	$\frac{m}{min}$	$L = l_w + l_a$ [1)]	
d	größter Durchmesser	mm		

[1)] Ohne weitere Angabe ist $l_a = l_ü = 2\,mm$ anzunehmen.

Beispiel

$L = 50\,mm$

$i = 2$

$f = 0{,}5\,mm$

$n = 1600\,\frac{1}{min}$

$t_h = ?$

$$t_h = \frac{L \cdot i}{f \cdot n}$$

$$t_h = \frac{50\,mm \cdot 2}{0{,}5\,mm \cdot 1600\,\frac{1}{min}} = 0{,}125\,\frac{\cancel{mm} \cdot min}{\cancel{mm}} = \underline{\underline{0{,}125\,min}}$$

Hauptnutzungszeit beim Quer-Plandrehen, Vollzylinder ohne Zapfen

Abbildung	Formel / Formelumstellung	Formelzeichen / Einheiten
Hauptnutzungszeit beim Quer-Plandrehen eines Vollzylinders (ohne Zapfen) mit fester Umdrehungsfrequenzeinstellung 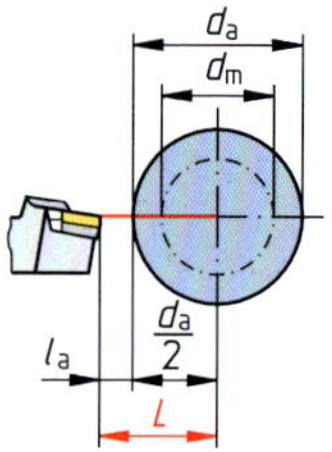	$t_h = \frac{L \cdot i}{f \cdot n}$ $L = \frac{t_h \cdot f \cdot n}{i}$ $i = \frac{t_h \cdot f \cdot n}{L}$ $f = \frac{L \cdot i}{t_h \cdot n}$ $n = \frac{L \cdot i}{t_h \cdot f}$ $L = \frac{d_a}{2} + l_a$ [1)] $n = \frac{v_c}{\pi \cdot d_m}$ $v_c = n \cdot \pi \cdot d_m$ $d_m = \frac{v_c}{n \cdot \pi}$ $d_m = \frac{d_a}{2}$ [1)] Ohne weitere Angabe ist $l_a = 2\,\text{mm}$ anzunehmen.	L Bearbeitungsweg mm d_a Außendurchmesser mm l_a Anlaufweg mm t_h Hauptnutzungszeit min i Anzahl der Schnitte f Vorschub je Umdrehung mm n Umdrehungsfrequenz $\frac{1}{\text{min}}$ v_c Schnittgeschwindigkeit $\frac{\text{m}}{\text{min}}$ d_m mittlerer Durchmesser mm

Beispiel

$L = 300\,\text{mm}$

$i = 2$

$f = 0{,}5\,\text{mm}$

$n = 650\,\frac{1}{\text{min}}$

$t_h = ?$

$$t_h = \frac{L \cdot i}{f \cdot n}$$

$$t_h = \frac{300\,\text{mm} \cdot 2}{0{,}5\,\text{mm} \cdot 650\,\text{min}^{-1}} = 1{,}85\,\frac{\cancel{\text{mm}} \cdot \text{min}}{\cancel{\text{mm}}} = \underline{\underline{1{,}85\,\text{min}}}$$

3

handwerk-technik.de

Hauptnutzungszeit beim Quer-Plandrehen, Vollzylinder mit Zapfen

Formelzeichen / Einheiten			Formel / Formelumstellung		Abbildung
L	Bearbeitungsweg	mm	$L = \frac{d_a - d_i}{2} + l_a$ [1]	$n = \frac{v_c}{\pi \cdot d_m}$	**Hauptnutzungszeit beim Quer-Plandrehen eines Vollzylinders (mit Zapfen) mit fester Umdrehungsfrequenzeinstellung**
d_a	Außendurchmesser	mm	$L = l_a + l$	$v_c = n \cdot \pi \cdot d_m$	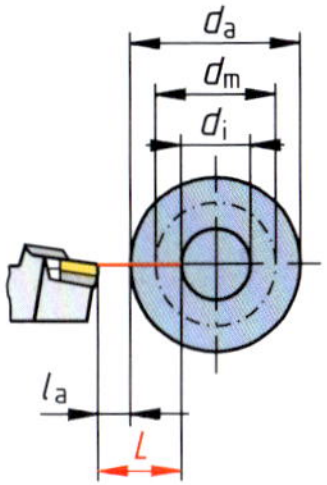
d_i	Innendurchmesser	mm	$l = \frac{d_a - d_i}{2}$	$d_m = \frac{v_c}{n \cdot \pi}$	
l_a	Anlaufweg	mm	$t_h = \frac{L \cdot i}{f \cdot n}$	$d_m = \frac{d_a + d_i}{2}$	
t_h	Hauptnutzungszeit	min	$L = \frac{t_h \cdot f \cdot n}{i}$		
i	Anzahl der Schnitte		$i = \frac{t_h \cdot f \cdot n}{L}$		
f	Vorschub je Umdrehung	mm	$f = \frac{L \cdot i}{t_h \cdot n}$		
n	Umdrehungsfrequenz	$\frac{1}{\text{min}}$	$n = \frac{L \cdot i}{t_h \cdot f}$		
v_c	Schnittgeschwindigkeit	$\frac{\text{m}}{\text{min}}$			
d_m	mittlerer Durchmesser	mm			

[1] Ohne weitere Angabe ist $l_a = 2\,\text{mm}$ anzunehmen.

Beispiel

$L = 17\,\text{mm}$

$i = 2$

$f = 0{,}2\,\text{mm}$

$n = 2500\,\frac{1}{\text{min}}$

$t_h = ?$

$$t_h = \frac{L \cdot i}{f \cdot n}$$

$$t_h = \frac{17\,\text{mm} \cdot 2}{0{,}2\,\text{mm} \cdot 2500\,\frac{1}{\text{min}}} = 0{,}068\,\frac{\cancel{\text{mm}} \cdot \text{min}}{\cancel{\text{mm}}} = \underline{\underline{0{,}068\,\text{min}}}$$

Hauptnutzungszeit beim Quer-Plandrehen, Hohlzylinder

Abbildung	Formel / Formelumstellung	Formelzeichen / Einheiten
Hauptnutzungszeit beim Quer-Plandrehen eines Hohlzylinders mit fester Umdrehungsfrequenzeinstellung 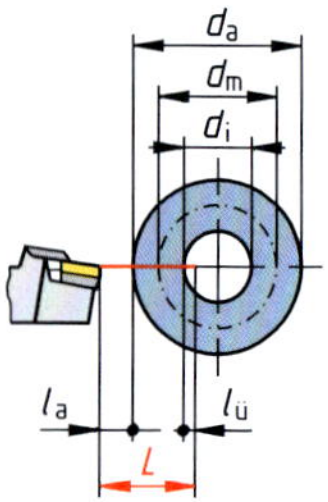	$L = \frac{d_a - d_i}{2} + l_a + l_ü$ [1)] $t_h = \frac{L \cdot i}{f \cdot n}$ $L = \frac{t_h \cdot f \cdot n}{i}$ $i = \frac{t_h \cdot f \cdot n}{L}$ $f = \frac{L \cdot i}{t_h \cdot n}$ $n = \frac{L \cdot i}{t_h \cdot f}$ $n = \frac{v_c}{\pi \cdot d_m}$ $v_c = n \cdot \pi \cdot d_m$ $d_m = \frac{v_c}{n \cdot \pi}$ $d_m = \frac{d_a + d_i}{2}$ 1) Beim Quer-Plandrehen von innen nach außen vertauschen sich l_a und $l_ü$. Ohne weitere Angabe ist $l_a = l_ü = 2\,\text{mm}$ anzunehmen.	L Bearbeitungsweg mm d_a Außendurchmesser mm d_i Innendurchmesser mm l_a Anlaufweg mm $l_ü$ Überlaufweg mm t_h Hauptnutzungszeit min i Anzahl der Schnitte f Vorschub je Umdrehung mm n Umdrehungsfrequenz $\frac{1}{\text{min}}$ v_c Schnittgeschwindigkeit $\frac{\text{m}}{\text{min}}$ d_m mittlerer Durchmesser mm

Beispiel

$L = 19\,\text{mm}$

$i = 2$

$f = 0{,}2\,\text{mm}$

$n = 2500\,\frac{1}{\text{min}}$

$t_h = ?$

$$t_h = \frac{L \cdot i}{f \cdot n}$$

$$t_h = \frac{19\,\text{mm} \cdot 2}{0{,}2\,\text{mm} \cdot 2500\,\frac{1}{\text{min}}} = 0{,}076\,\frac{\cancel{\text{mm}} \cdot \text{min}}{\cancel{\text{mm}}} = \underline{\underline{0{,}076\,\text{min}}}$$

3

Hauptnutzungszeit beim Bohren

Formelzeichen / Einheiten		
L	Bearbeitungsweg	mm
l_w	Bohrungstiefe	mm
l_s	Spitzenlänge	mm
l_a	Anlaufweg	mm
$l_ü$	Überlaufweg	mm
t_h	Hauptnutzungszeit	min
i	Anzahl der Bohrungen	
f	Vorschub je Umdrehung	mm
n	Umdrehungsfrequenz	$\frac{1}{min}$
v_c	Schnittgeschwindigkeit	$\frac{m}{min}$
σ	Spitzenwinkel des Bohrers	in ° (Grad)
d	Bohrerdurchmesser, Bohrungsdurchmesser	mm

Formel / Formelumstellung

$$L = l_w + l_s + l_a + l_ü$$ [1]

$$t_h = \frac{L \cdot i}{f \cdot n}$$

$$L = \frac{t_h \cdot f \cdot n}{i}$$

$$i = \frac{t_h \cdot f \cdot n}{L}$$

$$f = \frac{L \cdot i}{t_h \cdot n}$$

$$n = \frac{L \cdot i}{t_h \cdot f}$$

$$n = \frac{v_c}{\pi \cdot d}$$

$$v_c = n \cdot \pi \cdot d$$

$$d = \frac{v_c}{n \cdot \pi}$$

Spitzenlänge l_s	
σ	l_s
80°	$0{,}6 \cdot d$
118°	$0{,}3 \cdot d$
130°	$0{,}23 \cdot d$
140°	$0{,}18 \cdot d$

[1] Für Grundloch- und Sacklochbohrungen: $l_ü = 0\,mm$
Ohne weitere Angabe ist $l_a = l_ü = 2\,mm$ anzunehmen.

Abbildung

Hauptnutzungszeit beim Bohren mit fester Umdrehungsfrequenzeinstellung

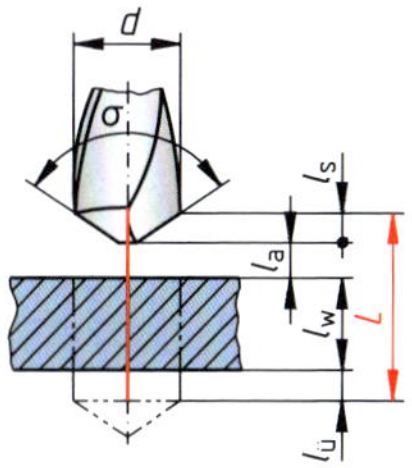

Beispiel

HSS-Spiralbohrer

$d = 10\,mm$ $\quad \sigma = 118°$

$l_w = 20\,mm$ $\quad i = 1$

$f = 0{,}11\,mm$ $\quad n = 900\,\frac{1}{min}$

$L = ?$ $\quad t_h = ?$

$$L = l_w + l_s + l_a + l_ü \qquad L = 20\,mm + (0{,}3 \cdot 10\,mm) + 2\,mm + 2\,mm = \underline{\underline{27\,mm}}$$

$$t_h = \frac{L \cdot i}{f \cdot n} \qquad t_h = \frac{27\,mm \cdot 1}{0{,}11\,mm \cdot 900\,\frac{1}{min}} = 0{,}27\,\frac{\cancel{mm} \cdot min}{\cancel{mm}} = \underline{\underline{0{,}27\,min}}$$

3

Hauptnutzungszeit beim Reiben

Abbildung

Hauptnutzungszeit beim Reiben mit fester Umdrehungsfrequenzeinstellung

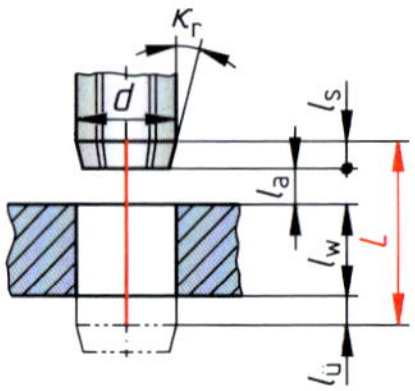

Formel / Formelumstellung

$$L = l_w + l_s + l_a + l_ü$$ [1]

$$t_h = \frac{L \cdot i}{f \cdot n}$$

$$L = \frac{t_h \cdot f \cdot n}{i}$$

$$i = \frac{t_h \cdot f \cdot n}{L}$$

$$f = \frac{L \cdot i}{t_h \cdot n}$$

$$n = \frac{L \cdot i}{t_h \cdot f}$$

$$n = \frac{v_c}{\pi \cdot d}$$

$$v_c = n \cdot \pi \cdot d$$

$$d = \frac{v_c}{n \cdot \pi}$$

[1] Für Grundloch- und Sacklochbohrungen: $l_ü = 0\,\text{mm}$
Ohne weitere Angabe ist $l_a = l_ü = 2\,\text{mm}$ anzunehmen.

Formelzeichen / Einheiten

L	Bearbeitungsweg	mm
l_w	Bohrungstiefe, Reibweg	mm
l_s	Anschnittlänge	mm
l_a	Anlaufweg	mm
$l_ü$	Überlaufweg	mm
t_h	Hauptnutzungszeit	min
i	Anzahl der Bohrungen	
f	Vorschub je Umdrehung	mm
n	Umdrehungsfrequenz	$\frac{1}{\text{min}}$
v_c	Schnittgeschwindigkeit	$\frac{\text{m}}{\text{min}}$
κ_r	Anschnittwinkel der Reibahle	in ° (Grad)
d	Reibahlendurchmesser, Bohrungsdurchmesser	mm

Beispiel

$d = 15\,\text{mm}$ $\quad l_w = 22\,\text{mm}$

$i = 1$ $\quad f = 0{,}17\,\text{mm}$

$n = 150\,\frac{1}{\text{min}}$ $\quad l_s = 2\,\text{mm}$

$L = ?$

$t_h = ?$

$$L = l_w + l_s + l_a + l_ü \qquad L = 22\,\text{mm} + 2\,\text{mm} + 2\,\text{mm} + 2\,\text{mm} = \underline{\underline{28\,\text{mm}}}$$

$$t_h = \frac{L \cdot i}{f \cdot n} \qquad t_h = \frac{28\,\text{mm} \cdot 1}{0{,}17\,\text{mm} \cdot 150\,\frac{1}{\text{min}}} = 1{,}1\,\frac{\cancel{\text{mm}} \cdot \text{min}}{\cancel{\text{mm}}} = \underline{\underline{1{,}1\,\text{min}}}$$

Hauptnutzungszeit beim Senken

Formelzeichen / Einheiten			Formel / Formelumstellung	Abbildung
L	Vorschubweg	mm	$L = l_w + l_a$ [1]	**Hauptnutzungszeit beim Senken**
l_w	Senktiefe	mm	$t_h = \frac{L \cdot i}{f \cdot n}$	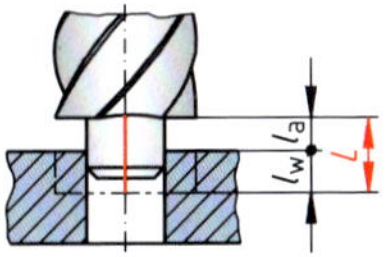
l_a	Anlaufweg	mm	$L = \frac{t_h \cdot f \cdot n}{i}$	
t_h	Hauptnutzungszeit	min	$i = \frac{t_h \cdot f \cdot n}{L}$	
i	Anzahl der Senkungen		$f = \frac{L \cdot i}{t_h \cdot n}$	
f	Vorschub je Umdrehung	mm	$n = \frac{L \cdot i}{t_h \cdot f}$	
n	Umdrehungsfrequenz (Drehzahl)	$\frac{1}{\text{min}}$	$n = \frac{v_c}{\pi \cdot d}$	
v_c	Schnittgeschwindigkeit	$\frac{\text{m}}{\text{min}}$	$v_c = n \cdot \pi \cdot d$	
d	Durchmesser Zapfensenker	mm	$d = \frac{v_c}{n \cdot \pi}$	

[1] Ohne weitere Angabe ist $l_a = 2$ mm anzunehmen.

Beispiel

$l_w = 10{,}6\,\text{mm}$

$i = 1$

$f = 0{,}14\,\text{mm}$

$n = 700\,\frac{1}{\text{min}}$

$L = ?$

$t_h = ?$

$L = l_w + l_a \qquad L = 10{,}6\,\text{mm} + 2\,\text{mm} = \underline{\underline{12{,}6\,\text{mm}}}$

$t_h = \frac{L \cdot i}{f \cdot n} \qquad t_h = \frac{12{,}6\,\text{mm} \cdot 1}{0{,}14\,\text{mm} \cdot 700\,\frac{1}{\text{min}}} = 0{,}13\,\frac{\cancel{\text{mm}} \cdot \text{min}}{\cancel{\text{mm}}} = \underline{\underline{0{,}13\,\text{min}}}$

Hauptnutzungszeit beim Gewindeschneiden, -bohren

Abbildung	Formel / Formelumstellung	Formelzeichen / Einheiten

Hauptnutzungszeit beim Gewindeschneiden, -bohren

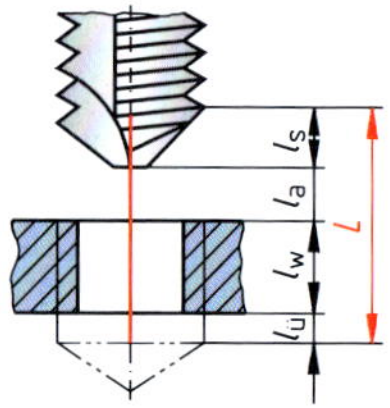

Formel / Formelumstellung

$$L = l_w + l_s + l_a + l_ü$$ 1)

$$t_h = \frac{L \cdot i}{f \cdot n}$$

$$L = \frac{t_h \cdot f \cdot n}{i}$$

$$i = \frac{t_h \cdot f \cdot n}{L}$$

$$f = \frac{L \cdot i}{t_h \cdot n}$$

$$n = \frac{L \cdot i}{t_h \cdot f}$$

$$n = \frac{v_c}{\pi \cdot d}$$

$$v_c = n \cdot \pi \cdot d$$

$$d = \frac{v_c}{n \cdot \pi}$$

$$l_s = g \cdot P$$

1) Für Grundloch- und Sacklochbohrungen: $l_ü = 0\,\text{mm}$
Ohne weitere Angabe ist $l_a = l_ü = 2\,\text{mm}$ anzunehmen.

Formelzeichen / Einheiten

Zeichen	Bedeutung	Einheit
L	Bearbeitungsweg	mm
l_w	Bohrungstiefe Gewinde	mm
l_s	Anschnittlänge	mm
l_a	Anlauf	mm
$l_ü$	Überlauf	mm
t_h	Hauptnutzungszeit	min
i	Anzahl der Gewindebohrungen	
f	Vorschub je Umdrehung	mm
n	Umdrehungsfrequenz	$\frac{1}{\text{min}}$
v_c	Schnittgeschwindigkeit	$\frac{\text{m}}{\text{min}}$
d	Gewindenenndurchmesser	mm
g	Gangzahl	
P	Steigung	mm

$f = P$

Beispiel

$l_w = 20\,\text{mm}$ $l_s = 1{,}5\,\text{mm}$
$i = 1$ $f = 1{,}5\,\text{mm}$
$n = 550\,\frac{1}{\text{min}}$
$L = ?$
$t_h = ?$

$$L = l_w + l_s + l_a + l_ü \qquad L = 20\,\text{mm} + 1{,}5\,\text{mm} + 2\,\text{mm} + 2\,\text{mm} = \underline{\underline{25{,}5\,\text{mm}}}$$

$$t_h = \frac{L \cdot i}{f \cdot n} \qquad t_h = \frac{25{,}5\,\text{mm} \cdot 1}{1{,}5\,\text{mm} \cdot 550\,\frac{1}{\text{min}}} = 0{,}03\,\frac{\cancel{\text{mm}} \cdot \text{min}}{\cancel{\text{mm}}} = \underline{\underline{0{,}03\,\text{min}}}$$

3

Hauptnutzungszeit beim Hobeln und Stoßen

Formelzeichen / Einheiten

L	Bearbeitungsweg (Hublänge)	mm
l_w	Werkstücklänge	mm
l_a	Anlaufweg	mm
$l_ü$	Überlaufweg	mm
B	Hobel-, Stoßbreite	mm
b_w	Werkstückbreite	mm
b_a	Anlaufbreite	mm
$b_ü$	Überlaufbreite	mm
t_h	Hauptnutzungszeit	min
i	Anzahl der Schnitte	
f	Vorschub je Doppelhub	mm
v_A	Vorlaufgeschwindigkeit	$\frac{m}{min}$
v_R	Rücklaufgeschwindigkeit	$\frac{m}{min}$
v_m	mittlere Geschwindigkeit	$\frac{m}{min}$
n_D	Zahl der Doppelhübe	$\frac{1}{min}$
t_A	Vorlaufzeit	min
t_R	Rücklaufzeit	min
t	Zeit je Doppelhub	min

Formel / Formelumstellung

$$L = l_w + l_a + l_ü$$

$$B = b_w + b_a + b_ü \text{ }^{1)}$$

$$t_h = \frac{B \cdot i}{f} \cdot \left(\frac{L}{v_A} + \frac{L}{v_R}\right)$$

$$t_h = \frac{B \cdot i}{f} \cdot \frac{2 \cdot L}{v_m}$$

$$t_h = \frac{B \cdot i}{f \cdot n_D}$$

$$v_m = 2 \cdot \frac{v_A \cdot v_R}{v_A + v_R}$$

$$v_m = \frac{2 \cdot L}{(t_A + t_R)}$$

$$v_m = 2 \cdot L \cdot n_D$$

$$t = t_A + t_R$$

$$n_D = \frac{1}{t_A + t_R} = \frac{1}{t}$$

$$v_A = \frac{L}{t_A}$$

$$v_R = \frac{L}{t_R}$$

1) $b_ü = 0$ bei Werkstücken mit Ansatz

Abbildung

Hauptnutzungszeit beim Hobeln und Stoßen

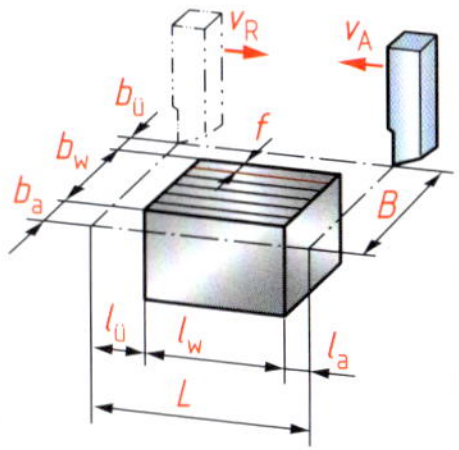

Beispiel

kein Ansatz

$B = 100\,mm$ $i = 1$

$f = 0{,}7\,mm$ $L = 120\,mm$

$v_A = 10\,\frac{m}{min}$ $v_R = 15\,\frac{m}{min}$

$t_h = ?$

$$t_h = \frac{B \cdot i}{f} \cdot \left(\frac{L}{v_A} + \frac{L}{v_R}\right) = \frac{100\,\cancel{mm} \cdot 1}{0{,}7\,\cancel{mm}} \cdot \left(\frac{120\,mm}{15\,\frac{m}{min}} + \frac{120\,mm}{10\,\frac{m}{min}}\right)$$

$$= 8\,\frac{\cancel{mm}}{\cancel{mm}} \cdot \left(\frac{\cancel{mm} \cdot min}{\cancel{mm}} + \frac{\cancel{mm} \cdot min}{\cancel{mm}}\right) = \underline{\underline{2{,}9\,min}}$$

Hauptnutzungszeit beim Sägen

Abbildung	Formel / Formelumstellung	Formelzeichen / Einheiten
Hauptnutzungszeit beim Sägen 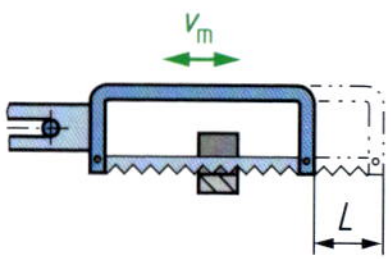	$v_m = 2 \cdot L \cdot n_D$ $L = \frac{v_m}{2 \cdot n_D}$ $n_D = \frac{v_m}{2 \cdot L}$ $t_h = \frac{L \cdot i}{f \cdot n_D}$ $L = \frac{t_h \cdot f \cdot n_D}{i}$ $i = \frac{t_h \cdot f \cdot n_D}{L}$ $f = \frac{i \cdot L}{t_h \cdot n_D}$ $n_D = \frac{i \cdot L}{t_h \cdot f}$	v_m mittlere Schnittgeschwindigkeit $\frac{m}{min}$ L Hublänge mm n_D Doppelhubzahl (Kurbeldrehzahl) $\frac{1}{min}$ t_h Hauptnutzungszeit min i Anzahl der Schnitte f Vorschub je Umdrehung mm

Beispiel

$L = 20\,mm$

$n_D = 60\,\frac{1}{min}$

$v_m = ?$

$v_m = 2 \cdot L \cdot n_D$

$v_m = 2 \cdot 20\,mm \cdot 60\,\frac{1}{min} = 2400\,\frac{\cancel{mm}}{min} \cdot \frac{1\,m}{1000\,\cancel{mm}} = \underline{\underline{2{,}4\,\frac{m}{min}}}$

3

Hauptnutzungszeit beim Bandsägen

Formelzeichen / Einheiten

Zeichen	Bedeutung	Einheit
t_h	Hauptnutzungszeit	min
L	Sägeschnittlänge	mm
v_f	Vorschubgeschwindigkeit	$\frac{mm}{min}$
p	Teilung des Sägeblattes	mm
d	Durchmesser der Antriebsscheiben	mm
n	Umdrehungsfrequenz (Drehzahl) der Antriebsscheibe	$\frac{1}{min}$
f_z	Vorschub je Sägezahn	mm

Formel / Formelumstellung

$$t_h = \frac{L}{v_f}$$

$$L = t_h \cdot v_f$$

$$v_f = \frac{L}{t_h}$$

$$t_h = \frac{L \cdot p}{d \cdot \pi \cdot n \cdot f_z}$$

$$L = \frac{t_h \cdot d \cdot \pi \cdot n \cdot f_z}{p}$$

$$p = \frac{t_h \cdot d \cdot \pi \cdot n \cdot f_z}{L}$$

$$d = \frac{L \cdot p}{t_h \cdot \pi \cdot n \cdot f_z}$$

$$n = \frac{L \cdot p}{t_h \cdot d \cdot \pi \cdot f_z}$$

$$v_f = \frac{d \cdot \pi \cdot n \cdot f_z}{p}$$

Abbildung

Hauptnutzungszeit beim Bandsägen

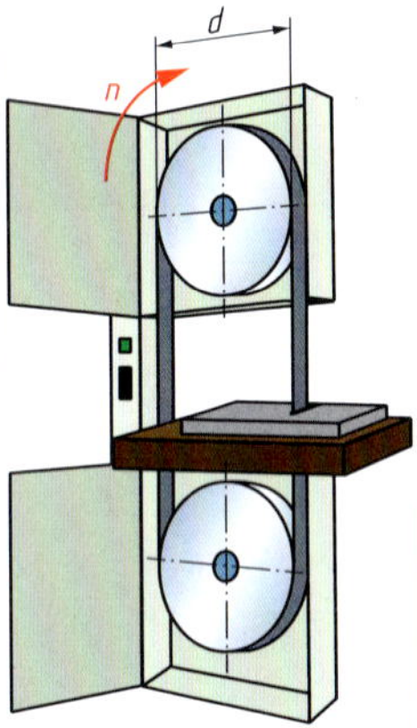

Beispiel

$L = 35\,mm$

$v_f = 25\,\frac{mm}{min}$

$t_h = ?$

$$t_h = \frac{L}{v_f}$$

$$t_h = \frac{35\,mm}{25\,\frac{mm}{min}} = 1{,}4\,\frac{\cancel{mm} \cdot min}{\cancel{mm}} = \underline{\underline{1{,}4\,min}}$$

3

Hauptnutzungszeit beim Umfangs-Planfräsen

Abbildung

Hauptnutzungszeit beim Umfangs-Planfräsen (Walzenfräser)

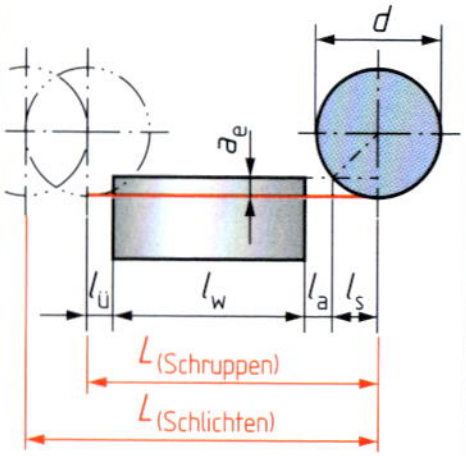

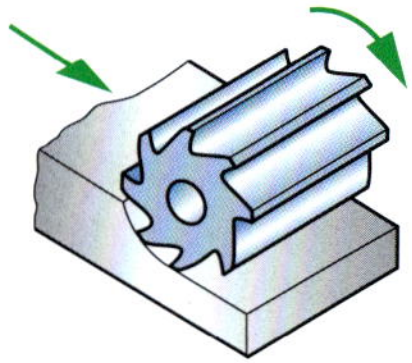

Formel / Formelumstellung

$L = l_w + l_a + l_ü + l_s$ [1] $l_s = \sqrt{a_e(d - a_e)}$

(L und l_s für **Schruppen** oder **Schlichten**)

$$t_h = \frac{L \cdot i}{v_f}$$

$$L = \frac{t_h \cdot v_f}{i} \qquad i = \frac{t_h \cdot v_f}{L} \qquad v_f = \frac{L \cdot i}{t_h}$$

$$v_f = f \cdot n \qquad f = f_z \cdot z$$

$$v_f = f_z \cdot z \cdot n$$

$$f_z = \frac{v_f}{z \cdot n} \qquad z = \frac{v_f}{f_z \cdot n} \qquad n = \frac{v_f}{f_z \cdot z}$$

$$t_h = \frac{L \cdot i}{f_z \cdot z \cdot n}$$

$$n = \frac{v_c}{\pi \cdot d} \qquad v_c = n \cdot \pi \cdot d \qquad d = \frac{v_c}{n \cdot \pi}$$

[1] Ohne weitere Angabe ist $l_a = l_ü = 1{,}5\,\text{mm}$ anzunehmen.

Formelzeichen / Einheiten

L	Vorschubweg	mm
l_w	Werkstücklänge	mm
l_a	Anlaufweg	mm
$l_ü$	Überlaufweg	mm
l_s	Anschnitt (Fräserzugabe)	mm
a_e	Schnittbreite	mm
d	Fräserdurchmesser	mm
t_h	Hauptnutzungszeit	min
i	Anzahl der Schnitte	
v_f	Vorschubgeschwindigkeit	$\frac{\text{mm}}{\text{min}}$
f	Werkzeugvorschub pro Umdrehung	mm
n	Umdrehungsfrequenz des Fräsers (Drehzahl)	$\frac{1}{\text{min}}$
f_z	Vorschub je Zahn	mm
z	Zähnezahl am Fräswerkzeug	
v_c	Schnittgeschwindigkeit	$\frac{\text{m}}{\text{min}}$

Beispiel

$L = 400\,\text{mm}$

$i = 1$

$f_z = 0{,}2\,\text{mm}$

$z = 6$

$n = 70\,\frac{1}{\text{min}}$

$t_h = ?$

$$t_h = \frac{L \cdot i}{f_z \cdot z \cdot n}$$

$$t_h = \frac{400\,\text{mm} \cdot 1}{0{,}2\,\text{mm} \cdot 6 \cdot 70\,\frac{1}{\text{min}}} = 4{,}76\,\frac{\cancel{\text{mm}} \cdot \text{min}}{\cancel{\text{mm}}} = \underline{\underline{4{,}76\,\text{min}}}$$

Hauptnutzungszeit beim Stirnumfangs-Planfräsen

Formelzeichen / Einheiten

L	Vorschubweg	mm
l_w	Werkstücklänge	mm
l_a	Anlaufweg	mm
$l_ü$	Überlaufweg	mm
l_s	Anschnitt (Fräserzugabe)	mm
a_e	Schnittbreite	mm
d	Fräserdurchmesser	mm
t_h	Hauptnutzungszeit	min
i	Anzahl der Schnitte	mm
v_f	Vorschubgeschwindigkeit	$\frac{mm}{min}$
f_z	Vorschub je Zahn	mm
z	Zähnezahl am Fräswerkzeug	
n	Umdrehungsfrequenz des Fräsers (Drehzahl)	$\frac{1}{min}$
f	Werkzeugvorschub pro Umdrehung	mm
v_c	Schnittgeschwindigkeit	$\frac{m}{min}$

Formel / Formelumstellung

$L = l_w + l_a + l_ü + l_s$ [1] (für Schruppen)

$L = l_w + l_a + l_ü + 2 \cdot l_s$ [1] (für Schlichten)

$l_s = \sqrt{a_e(d - a_e)}$

$t_h = \frac{L \cdot i}{v_f}$

$L = \frac{t_h \cdot v_f}{i}$ $\quad i = \frac{t_h \cdot v_f}{L}$ $\quad v_f = \frac{L \cdot i}{t_h}$

$v_f = f_z \cdot z \cdot n$ $\quad$ (mit $v_f = f \cdot n$ $\quad f = f_z \cdot z$)

$f_z = \frac{v_f}{z \cdot n}$ $\quad z = \frac{v_f}{f_z \cdot n}$ $\quad n = \frac{v_f}{f_z \cdot z}$

$t_h = \frac{L \cdot i}{f_z \cdot z \cdot n}$

$n = \frac{v_c}{\pi \cdot d}$ $\quad v_c = n \cdot \pi \cdot d$ $\quad d = \frac{v_c}{n \cdot \pi}$

[1] Ohne weitere Angabe ist $l_a = l_ü = 1{,}5$ mm anzunehmen.

Abbildung

Hauptnutzungszeit beim Stirnumfangs-Planfräsen (Scheiben-, Walzenstirnfräser)

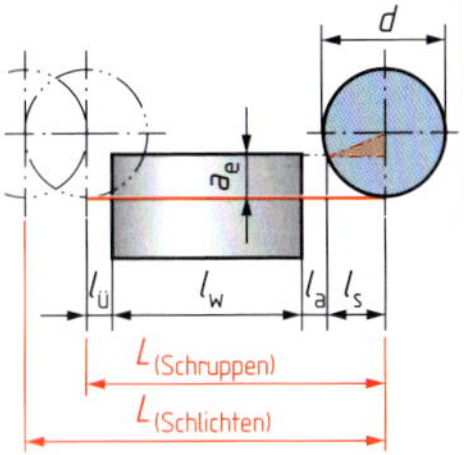

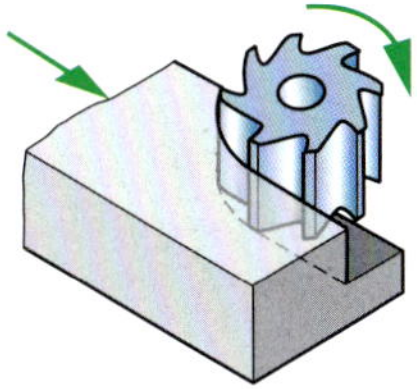

Beispiel

$L = 322\,mm$

$f_z = 0{,}1\,mm$

$n = 50\,\frac{1}{min}$

$i = 1$

$z = 8$

$t_h = ?$

$$t_h = \frac{L \cdot i}{f_z \cdot z \cdot n}$$

$$t_h = \frac{322\,mm \cdot 1}{0{,}1\,mm \cdot 8 \cdot 50\,\frac{1}{min}} = 8{,}05\,\frac{\cancel{mm} \cdot min}{\cancel{mm}} = \underline{\underline{8{,}05\,min}}$$

Hauptnutzungszeit beim Stirn-Planfräsen 1

Abbildung	Formel / Formelumstellung	Formelzeichen / Einheiten
Hauptnutzungszeit beim mittigen Stirn-Planfräsen (Walzenstirnfräser) 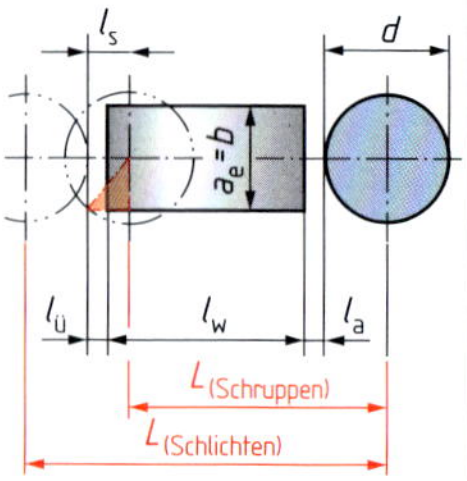	$L = l_w + l_a + l_ü + \frac{d}{2} - l_s$ [1] (für Schruppen) $l_s = \frac{1}{2} \cdot \sqrt{d^2 - a_e^2}$ $L = l_w + l_a + l_ü + d$ (für Schlichten) $t_h = \frac{L \cdot i}{v_f}$ $L = \frac{t_h \cdot v_f}{i}$ $i = \frac{t_h \cdot v_f}{L}$ $v_f = \frac{L \cdot i}{t_h}$ $v_f = f_z \cdot z \cdot n$ (mit $v_f = f \cdot n$ $f = f_z \cdot z$) $f_z = \frac{v_f}{z \cdot n}$ $z = \frac{v_f}{f_z \cdot n}$ $n = \frac{v_f}{f_z \cdot z}$ $t_h = \frac{L \cdot i}{f_z \cdot z \cdot n}$ $n = \frac{v_c}{\pi \cdot d}$ $v_c = n \cdot \pi \cdot d$ $d = \frac{v_c}{n \cdot \pi}$ [1] Ohne weitere Angabe ist $l_a = l_ü = 1{,}5$ mm anzunehmen.	L Vorschubweg mm l_w Werkstücklänge mm l_a Anlaufweg mm $l_ü$ Überlaufweg mm d Fräserdurchmesser mm l_s Anschnitt (Fräserzugabe) mm b Werkstückbreite mm a_e Schnitt-, Fräsbreite mm t_h Hauptnutzungszeit min i Anzahl der Schnitte v_f Vorschubgeschwindigkeit $\frac{mm}{min}$ f_z Vorschub je Zahn mm z Zähnezahl am Fräswerkzeug n Umdrehungsfrequenz des Fräsers (Drehzahl) $\frac{1}{min}$ f Werkzeugvorschub pro Umdrehung mm v_c Schnittgeschwindigkeit $\frac{m}{min}$ $a_e = b$

Beispiel

$L = 403$ mm
$f_z = 0{,}1$ mm
$n = 90 \frac{1}{min}$
$i = 1$
$z = 8$
$t_h = ?$

$$t_h = \frac{L \cdot i}{f_z \cdot z \cdot n}$$

$$t_h = \frac{403\,mm \cdot 1}{0{,}1\,mm \cdot 8 \cdot 90 \frac{1}{min}} = 5{,}6 \frac{\cancel{mm} \cdot min}{\cancel{mm}} = \underline{\underline{5{,}6\,min}}$$

3

Hauptnutzungszeit beim Stirn-Planfräsen 2

Formelzeichen / Einheiten

Formelzeichen	Bedeutung	Einheit
L	Vorschubweg	mm
l_w	Werkstücklänge	mm
l_a	Anlaufweg	mm
$l_ü$	Überlaufweg	mm
d	Fräserdurchmesser	mm
l_s	Anschnitt (Fräserzugabe)	mm
a_e	Arbeitseingriff	mm
t_h	Hauptnutzungszeit	min
i	Anzahl der Schnitte	
v_f	Vorschubgeschwindigkeit	$\frac{mm}{min}$
f_z	Vorschub je Zahn	mm
z	Zähnezahl am Fräswerkzeug	
n	Umdrehungsfrequenz des Fräsers (Drehzahl)	$\frac{1}{min}$
f	Werkzeugvorschub pro Umdrehung	mm
x	Mittenversatz	mm
v_c	Schnittgeschwindigkeit	$\frac{m}{min}$

Formel / Formelumstellung

$$L = l_w + l_a + l_ü + \frac{d}{2} - l_s \quad \text{[1]}$$ (für Schruppen)

$$l_s = \sqrt{\frac{d^2}{4} - \left(\frac{a_e}{2} + x\right)^2}$$

$$L = l_w + l_a + l_ü + d$$ (für Schlichten)

$$t_h = \frac{L \cdot i}{v_f}$$

$$L = \frac{t_h \cdot v_f}{i} \qquad i = \frac{t_h \cdot v_f}{L} \qquad v_f = \frac{L \cdot i}{t_h}$$

$$v_f = f_z \cdot z \cdot n$$ (mit $v_f = f \cdot n$ $f = f_z \cdot z$)

$$f_z = \frac{v_f}{z \cdot n} \qquad z = \frac{v_f}{f_z \cdot n} \qquad n = \frac{v_f}{f_z \cdot z}$$

$$t_h = \frac{L \cdot i}{f_z \cdot z \cdot n}$$

$$n = \frac{v_c}{\pi \cdot d} \qquad v_c = n \cdot \pi \cdot d \qquad d = \frac{v_c}{n \cdot \pi}$$

[1] Ohne weitere Angabe ist $l_a = l_ü = 1{,}5\,mm$ anzunehmen.

Abbildung

Hauptnutzungszeit beim außermittigen Stirn-Planfräsen (Walzenstirnfräser)

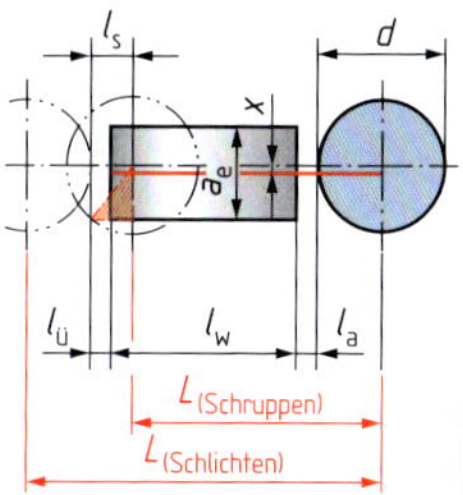

Beispiel

$L = 323\,mm$

$f_z = 0{,}1\,mm$

$n = \frac{1}{min}$

$i = 1$

$z = 8$

$t_h = ?$

$$t_h = \frac{L \cdot i}{f_z \cdot z \cdot n}$$

$$t_h = \frac{323\,mm \cdot 1}{0{,}1\,mm \cdot 8 \cdot 85\,\frac{1}{min}} = 4{,}75\,\frac{\cancel{mm} \cdot min}{\cancel{mm}} = \underline{\underline{4{,}75\,min}}$$

3

Hauptnutzungszeit beim Nutenfräsen

Abbildung

Hauptnutzungszeit beim Nutenfräsen (Nutenfräser)

einseitig offen:

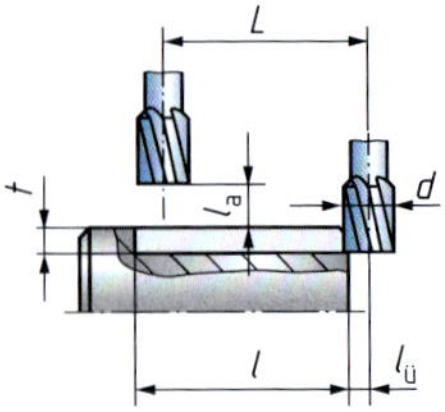

geschlossen:

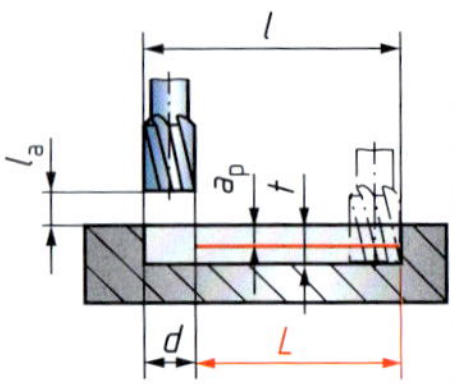

Formel / Formelumstellung

einseitig offen:

$$L = l - \frac{d}{2} + l_{ü}$$ [1]

geschlossen:

$$L = l - d$$

$$i = \frac{t + l_a}{a_p}$$ [1] (Anzahl der Schnitte)

$$t_h = \frac{L \cdot i}{v_f}$$

$$L = \frac{t_h \cdot v_f}{i} \qquad i = \frac{t_h \cdot v_f}{L} \qquad v_f = \frac{L \cdot i}{t_h}$$

$$v_f = f_z \cdot z \cdot n \qquad \left(\text{mit } v_f = f \cdot n \quad f = f_z \cdot z\right)$$

$$f_z = \frac{v_f}{z \cdot n} \qquad z = \frac{v_f}{f_z \cdot n} \qquad n = \frac{v_f}{f_z \cdot z}$$

$$t_h = \frac{L \cdot i}{f_z \cdot z \cdot n}$$

$$n = \frac{v_c}{\pi \cdot d} \qquad v_c = n \cdot \pi \cdot d \qquad d = \frac{v_c}{n \cdot \pi}$$

[1] Ohne weitere Angabe ist $l_a = l_{ü} = 1{,}5\,\text{mm}$ anzunehmen.

Formelzeichen / Einheiten

L	Vorschubweg	mm
l	Nutlänge	mm
d	Fräserdurchmesser	mm
$l_{ü}$	Überlaufweg	mm
t	Frästiefe (Nuttiefe)	mm
l_a	Anlaufweg	mm
a_p	Schnitttiefe (Spanungstiefe)	mm
t_h	Hauptnutzungszeit	min
i	Anzahl der Schnitte	
v_f	Vorschubgeschwindigkeit	$\frac{\text{mm}}{\text{min}}$
f_z	Vorschub je Zahn	mm
z	Zähnezahl am Fräswerkzeug	
n	Umdrehungsfrequenz des Fräsers (Drehzahl)	$\frac{1}{\text{min}}$
f	Werkzeugvorschub pro Umdrehung	mm
v_c	Schnittgeschwindigkeit	$\frac{\text{m}}{\text{min}}$

Beispiel

$L = 67{,}5\,\text{mm}$

$i = 3$

$v_f = 140\,\frac{\text{mm}}{\text{min}}$

$t_h = ?$

$$t_h = \frac{L \cdot i}{v_f}$$

$$t_h = \frac{67{,}5\,\text{mm} \cdot 3}{140\,\frac{\text{mm}}{\text{min}}} = 1{,}45\,\frac{\cancel{\text{mm}} \cdot \text{min}}{\cancel{\text{mm}}} = \underline{\underline{1{,}45\,\text{min}}}$$

3

Hauptnutzungszeit beim Schleifen 1

Formelzeichen / Einheiten			Formel / Formelumstellung			Abbildung
L	Vorschubweg	mm	$L = l_w + l_a + l_ü$ 1)			**Hauptnutzungszeit beim Flachschleifen, Umfangs-Planschleifen** (ohne Ansatz)
l_w	Werkstücklänge	mm	$t_h = \frac{i}{n} \cdot \left(\frac{B}{f} + 1\right)$			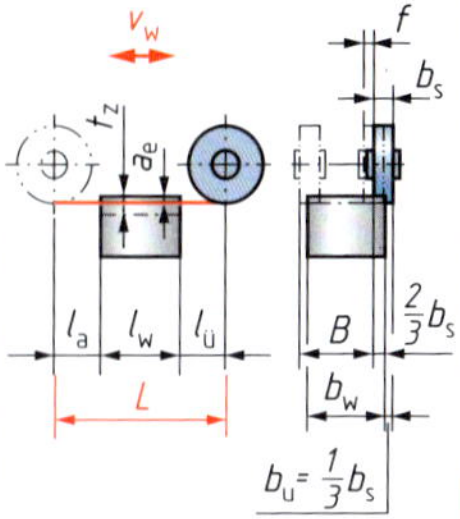
l_a	Anlaufweg	mm	$B = b_w - \frac{1}{3} \cdot b_s$			
$l_ü$	Überlaufweg	mm	$n = \frac{v_w}{L}$	$v_w = n \cdot L$	$L = \frac{v_w}{n}$	
t_h	Hauptnutzungszeit	min	$v_w = \frac{L}{t}$	$L = v_w \cdot t$	$t = \frac{L}{v_w}$	
i	Anzahl der Schliffe, Schnitte, Zustellungen		$i = \frac{t_z}{a_e} + 4$ 2)	(Anzahl der Schnitte = Anzahl der Zustellungen a_e bis zum Fertigmaß)		
n	Hubzahl je Minute	$\frac{1}{min}$	$n_s = \frac{v_c}{\pi \cdot d}$	$v_c = n_s \cdot \pi \cdot d$	$d = \frac{v_c}{n_s \cdot \pi}$	
B	Schleifbreite	mm				
f	Quervorschub je Hub	mm				
v_w	Vorschubgeschwindigkeit, Werkstückgeschwindigkeit	$\frac{mm}{min}$				
b_w	Werkstückbreite	mm				
b_s	Schleifscheibenbreite	mm				
t	Zeit pro Hub	min				
t_z	Schleifzugabe, -aufmaß	mm				
a_e	Schnitttiefe (Spanungstiefe)	mm				
n_s	Umdrehungsfrequenz der Schleifscheibe (Drehzahl)	$\frac{1}{min}$				
v_c	Schnittgeschwindigkeit	$\frac{m}{s}$				
d	Schleifscheibendurchmesser	mm				

1) Ohne weitere Angabe ist $l_a = l_ü = 10\,mm$ anzunehmen.

2) 4 Schnitte zum Ausfeuern

Beispiel

$i = 21$

$B = 70\,mm$

$n = 24\,\frac{1}{min}$

$f = 18\,mm$

$t_h = ?$

$$t_h = \frac{i}{n} \cdot \left(\frac{B}{f} + 1\right)$$

$$t_h = \frac{21}{24\,\frac{1}{min}} \cdot \left(\frac{70\,mm}{18\,mm} + 1\right) = 4{,}28\,min \cdot \frac{\cancel{mm}}{\cancel{mm}} = \underline{\underline{4{,}28\,min}}$$

3

Hauptnutzungszeit beim Schleifen 2

Abbildung

Hauptnutzungszeit beim Flachschleifen, Umfangs-Planschleifen

(mit Ansatz)

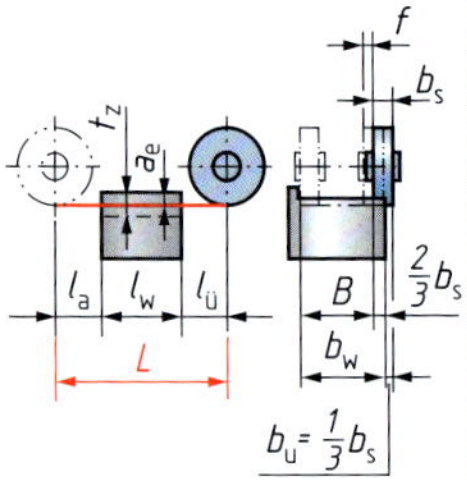

Formel / Formelumstellung

$L = l_w + l_a + l_ü$ [1]

$t_h = \frac{i}{n} \cdot \left(\frac{B}{f} + 1 \right)$

$B = b_w - \frac{2}{3} \cdot b_s$

$n = \frac{v_w}{L}$ $\quad v_w = n \cdot L$ $\quad L = \frac{v_w}{n}$

$v_w = \frac{L}{t}$ $\quad L = v_w \cdot t$ $\quad t = \frac{L}{v_w}$

$i = \frac{t_z}{a_e} + 4$ [2] (Anzahl der Schnitte = Anzahl der Zustellungen a_e bis zum Fertigmaß)

$n_s = \frac{v_c}{\pi \cdot d}$ $\quad v_c = n_s \cdot \pi \cdot d$ $\quad d = \frac{v_c}{n_s \cdot \pi}$

[1] Ohne weitere Angabe ist $l_a = l_ü = 10\,\text{mm}$ anzunehmen.

[2] 4 Schnitte zum Ausfeuern

Formelzeichen / Einheiten

L	Vorschubweg	mm
l_w	Werkstücklänge	mm
l_a	Anlaufweg	mm
$l_ü$	Überlaufweg	mm
t_h	Hauptnutzungszeit	min
i	Anzahl der Schliffe, Schnitte, Zustellungen	
n	Hubzahl je Minute	$\frac{1}{\text{min}}$
B	Schleifbreite	mm
f	Quervorschub je Hub	mm
v_w	Vorschubgeschwindigkeit, Werkstückgeschwindigkeit	$\frac{\text{mm}}{\text{min}}$
b_w	Werkstückbreite	mm
b_s	Schleifscheibenbreite	mm
t	Zeit pro Hub	min
t_z	Schleifzugabe, -aufmaß	mm
a_e	Schnitttiefe (Spanungstiefe)	mm
n_s	Umdrehungsfrequenz der Schleifscheibe (Drehzahl)	$\frac{1}{\text{min}}$
v_c	Schnittgeschwindigkeit	$\frac{\text{m}}{\text{s}}$
d	Schleifscheibendurchmesser	mm

Beispiel

$i = 25$

$B = 85\,\text{mm}$

$n = 24\,\frac{1}{\text{min}}$

$f = 15\,\text{mm}$

$t_h = ?$

$$t_h = \frac{i}{n} \cdot \left(\frac{B}{f} + 1 \right)$$

$$t_h = \frac{25}{24\,\frac{1}{\text{min}}} \cdot \left(\frac{85\,\text{mm}}{15\,\text{mm}} + 1 \right) = 6{,}94\,\text{min} \cdot \frac{\cancel{\text{mm}}}{\cancel{\text{mm}}} = \underline{\underline{6{,}94\,\text{min}}}$$

3

Hauptnutzungszeit beim Schleifen 3

Formelzeichen / Einheiten

L	Vorschubweg	mm
l_w	Werkstücklänge	mm
b_s	Schleifscheibenbreite	mm
t_h	Hauptnutzungszeit	min
i	Anzahl der Schliffe, Schnitte, Zustellungen	
f	Vorschub je Werkstückumdrehung	mm
n	Umdrehungsfrequenz des Werkstücks (Drehzahl)	$\frac{1}{\text{min}}$
v_f	Vorschubgeschwindigkeit	$\frac{\text{mm}}{\text{min}}$
D	Ausgangsdurchmesser des Werkstücks	mm
v_c	Schnittgeschwindigkeit der Schleifscheibe	$\frac{\text{m}}{\text{s}}$
n_s	Umdrehungsfrequenz der Schleifscheibe (Drehzahl)	$\frac{1}{\text{min}}$
d	Fertigdurchmesser des Werkstücks	mm
D_1	Schleifscheibendurchmesser	mm
a_e	Schnitttiefe (Spanungstiefe)	mm

Formel / Formelumstellung

$$L = l_w - \frac{1}{3} \cdot b_s$$

$$t_h = \frac{L \cdot i}{f \cdot n} \qquad L = \frac{t_h \cdot f \cdot n}{i} \qquad i = \frac{t_h \cdot f \cdot n}{L}$$

$$f = \frac{L \cdot i}{t_h \cdot n} \qquad n = \frac{L \cdot i}{t_h \cdot f}$$

$$v_f = D \cdot \pi \cdot n \qquad n = \frac{v_f}{D \cdot \pi} \qquad D = \frac{v_f}{\pi \cdot n}$$

$$v_c = n_s \cdot \pi \cdot D_1 \qquad n_s = \frac{v_c}{\pi \cdot D_1} \qquad D_1 = \frac{v_c}{n_s \cdot \pi}$$

Außenrundschleifen:

$$i = \frac{D - d}{2 \cdot a_e} + 4^{1)}$$

Innenrundschleifen:

$$i = \frac{d - D}{2 \cdot a_e} + 4^{1)}$$

[1] 4 Schnitte zum Ausfeuern

Abbildung

Hauptnutzungszeit beim Längs-Rundschleifen

(ohne Ansatz)

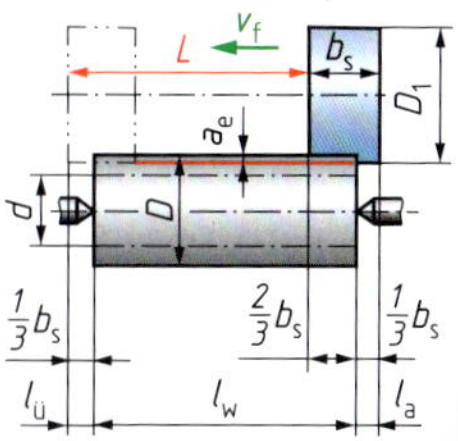

Beispiel

$L = 73{,}3\,\text{mm}$

$f = 2\,\text{mm}$

$i = 14$

$n = 75\,\frac{1}{\text{min}}$

$t_h = ?$

$$t_h = \frac{L \cdot i}{f \cdot n}$$

$$t_h = \frac{73{,}3\,\text{mm} \cdot 14}{2\,\text{mm} \cdot 75\,\frac{1}{\text{min}}} = 6{,}8\,\frac{\cancel{\text{mm}} \cdot \text{min}}{\cancel{\text{mm}}} = \underline{\underline{6{,}8\,\text{min}}}$$

3

Hauptnutzungszeit beim Schleifen 4

Abbildung

Hauptnutzungszeit beim Längs-Rundschleifen

(mit Ansatz)

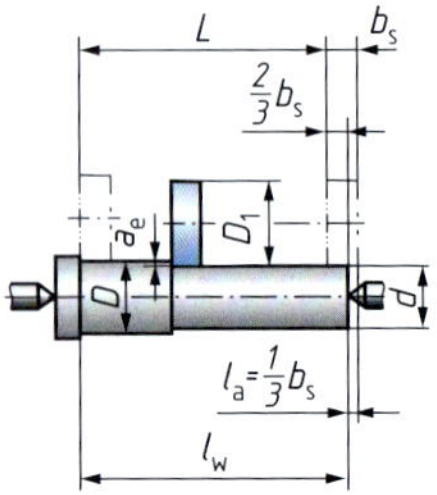

Formel / Formelumstellung

$$L = l_w - \frac{2}{3} \cdot b_s$$

$$t_h = \frac{L \cdot i}{f \cdot n} \qquad L = \frac{t_h \cdot f \cdot n}{i} \qquad i = \frac{t_h \cdot f \cdot n}{L}$$

$$f = \frac{L \cdot i}{t_h \cdot n} \qquad n = \frac{L \cdot i}{t_h \cdot f}$$

$$v_f = D \cdot \pi \cdot n \qquad n = \frac{v_f}{D \cdot \pi} \qquad D = \frac{v_f}{\pi \cdot n}$$

$$v_c = n_s \cdot \pi \cdot D_1 \qquad n_s = \frac{v_c}{\pi \cdot D_1} \qquad D_1 = \frac{v_c}{n_s \cdot \pi}$$

Außenrundschleifen:

$$i = \frac{D - d}{2 \cdot a_e} + 4^{1)}$$

Innenrundschleifen:

$$i = \frac{d - D}{2 \cdot a_e} + 4^{1)}$$

[1] 4 Schnitte zum Ausfeuern

Formelzeichen / Einheiten

L	Vorschubweg	mm
l_w	Schleifweg	mm
b_s	Schleifscheibenbreite	mm
t_h	Hauptnutzungszeit	min
i	Anzahl der Schliffe, Schnitte, Zustellungen	
f	Vorschub je Werkstückumdrehung	mm
n	Umdrehungsfrequenz des Werkstücks (Drehzahl)	$\frac{1}{min}$
v_f	Vorschubgeschwindigkeit	$\frac{mm}{min}$
D	Ausgangsdurchmesser des Werkstücks	mm
v_c	Schnittgeschwindigkeit der Schleifscheibe	$\frac{m}{s}$
n_s	Umdrehungsfrequenz der Schleifscheibe (Drehzahl)	$\frac{1}{min}$
d	Fertigdurchmesser des Werkstücks	mm
D_1	Schleifscheibendurchmesser	mm
a_e	Schnitttiefe (Spanungstiefe)	mm

Beispiel

$L = 60\,mm$

$f = 3\,mm$

$i = 14$

$n = 75\,\frac{1}{min}$

$t_h = ?$

$$t_h = \frac{L \cdot i}{f \cdot n}$$

$$t_h = \frac{60\,mm \cdot 14}{3\,mm \cdot 75\,\frac{1}{min}} = 3{,}7\,\frac{\cancel{mm} \cdot min}{\cancel{mm}} = \underline{\underline{3{,}7\,min}}$$

Direktes Teilen mit dem Teilkopf

Formelzeichen / Einheiten	Formel / Formelumstellung	Abbildung
n_l Zahl der Löcher oder Nuten, um die bei einem Teilschritt weitergedreht werden muss n_L Zahl der Löcher oder Nuten auf der Teilscheibe T Teilzahl, verlangte Zahl der Teile auf dem Kreisumfang α Winkelteilung des Werkstücks in ° (Grad) Beim direkten Teilen ist die Schnecke außer Eingriff und die Klemmung gelöst. Die Teilkopfspindel mit Teilscheibe und Werkstück wird von Hand nach Bedarf verdreht.	$n_l = \frac{n_L}{T}$ (n_l muss ohne Rest aufgehen) $n_L = n_l \cdot T$ $T = \frac{n_L}{n_l}$ $n_l = \frac{n_L \cdot \alpha}{360°}$ $n_L = \frac{360° \cdot n_l}{\alpha}$ $\alpha = \frac{360° \cdot n_l}{n_L}$	**Direktes Teilen mit dem Teilkopf** 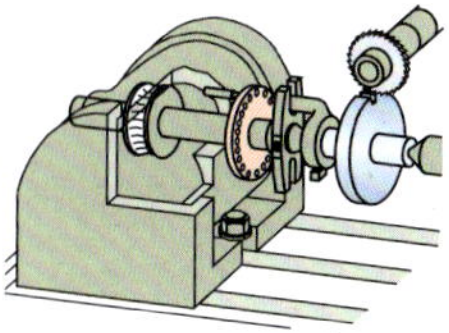 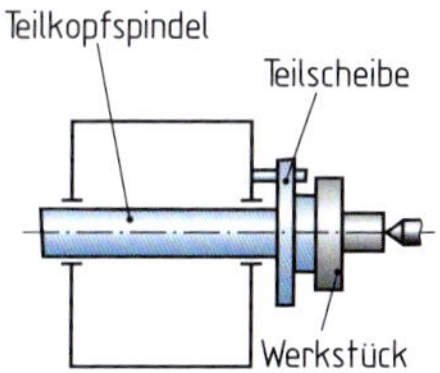

Beispiel

$n_L = 24$

$T = 6$

$n_l = ?$

$n_l = \frac{n_L}{T}$

$n_l = \frac{24}{6} = 4$

Indirektes Teilen mit dem Teilkopf

Abbildung

Indirektes Teilen mit dem Teilkopf

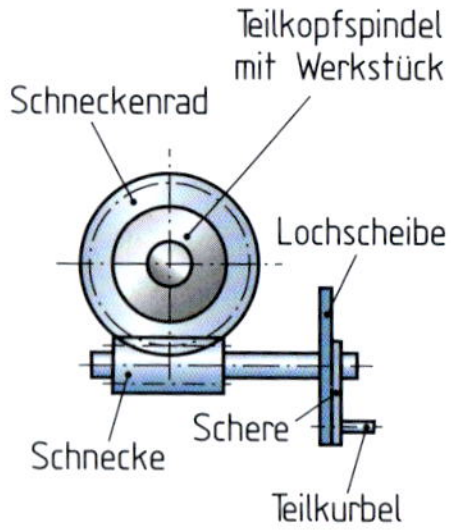

Formel / Formelumstellung

$$n_k = \frac{i}{T}$$

$$i = n_k \cdot T \qquad T = \frac{i}{n_k}$$

$$n_k = \frac{\alpha \cdot i}{360°}$$

$$i = \frac{n_k \cdot 360°}{\alpha} \qquad \alpha = \frac{n_k \cdot 360°}{i}$$

$$n_k = \frac{i \cdot l_B}{\pi \cdot d}$$

$$i = \frac{n_k \cdot d \cdot \pi}{l_B} \qquad l_B = \frac{n_k \cdot d \cdot \pi}{i} \qquad d = \frac{i \cdot l_B}{\pi \cdot n_k}$$

Lochkreise der Lochscheiben
15-16-17-18-19-20-21-23-27-29-31-33-37-39-41-43-47-49
oder
17-19-23-24-25-27-28-29-30-31-33-37-39-41-42-43-47-49-51-53-57-59-61-63

Formelzeichen / Einheiten

n_k	Zahl der Teilkurbelumdrehungen für einen Teilschritt	
i	Übersetzungsverhältnis des Teilkopfes (Kurbel-Werkstück, üblicher Wert 40 : 1)	
T	Teilzahl, verlangte Zahl der Teile auf dem Kreisumfang	
α	Winkelteilung des Werkstücks	in ° (Grad)
l_B	Bogenteilung Werkstück	mm
d	Teilkreisdurchmesser des Werkstücks	mm

Beim indirekten Teilen ist die Schnecke im Eingriff. Die Teilkopfspindel wird über die Teilkurbel mit Indexstift, der in die Lochscheibe eingreift, verdreht (Universalteilapparat).

Beispiel

$i = 40$

$T = 20$

$n_k = ?$

$$n_k = \frac{i}{T}$$

$$n_k = \frac{40}{20} = \underline{\underline{2}}$$

3

Differentialteilen mit dem Teilkopf

Formelzeichen / Einheiten

- n_k Zahl der Teilkurbelumdrehungen für einen Teilschritt
- i Übersetzungsverhältnis des Teilkopfes (Kurbel-Werkstück, üblicher Wert 40 : 1)
- T' Ersatzteilzahl (Hilfsteilzahl)
- z_t Zähnezahl der treibenden Räder (z_1, z_3)
- z_g Zähnezahl der getriebenen Räder (z_2, z_4)
- T Teilzahl, verlangte Zahl der Teile auf dem Kreisumfang

Zähnezahlen des Wechselrädersatzes
24-26-28-30-32-36-37-40-48-49-56-60-64-66-68-72-76-78-80-84-86-90-96-100-112

Formel / Formelumstellung

$$n_k = \frac{i}{T'}$$

$$i = n_k \cdot T'$$

$$T' = \frac{i}{n_k}$$

$$\frac{z_t}{z_g} = \frac{i}{T'}(T' - T)$$

$$T = T' - \left(\pm \frac{z_t}{z_g}^{1)} \cdot \frac{T'}{i} \right)$$

$$\frac{z_t}{z_g} = \frac{z_1}{z_2} \cdot \frac{z_3}{z_4}$$

[1] Ein positives Ergebnis von $\frac{z_t}{z_g}$ bedeutet, dass Teilkurbel und Lochscheibe den gleichen Drehsinn besitzen. Ist das Ergebnis negativ, so ist der Drehsinn entgegengesetzt. Ggf. ist ein Zwischenrad erforderlich. Eine einfache Übersetzung mit Zwischenrad erfordert ein weiteres Zwischenrad.

Abbildung

Differentialteilen mit dem Teilkopf

(Ausgleichsteilen)

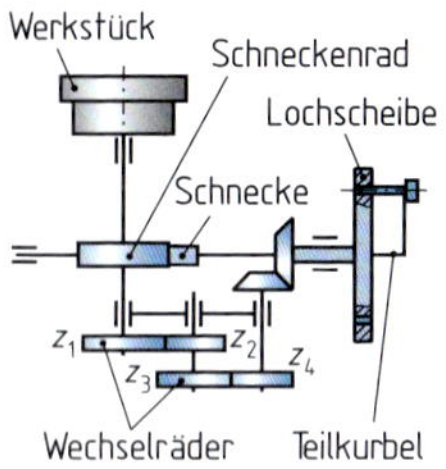

Beispiel

$i = 40$

$T' = 5$

$n_k = ?$

$$n_k = \frac{i}{T'}$$

$$n_k = \frac{40}{5} = \underline{\underline{8}}$$

Wendelnutenfräsen mit dem Teilkopf

Abbildung

Wendelnutenfräsen (Schraubfräsen) mit dem Teilkopf

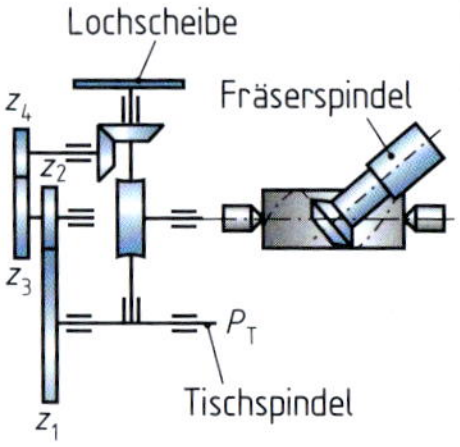

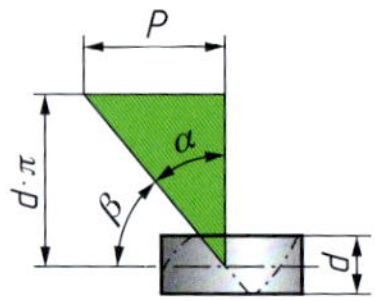

Formel / Formelumstellung

$$\tan\alpha = \frac{P}{d \cdot \pi}$$

$$P = d \cdot \pi \cdot \tan\alpha \qquad d = \frac{P}{\pi \cdot \tan\alpha}$$

$$\cot\beta = \frac{P}{d \cdot \pi} \qquad \beta = 90° - \alpha$$

$$P = d \cdot \pi \cdot \cot\beta$$

$$d = \frac{P}{\pi \cdot \cot\beta}$$

$$\frac{z_t}{z_g} = \frac{P_T \cdot i_1 \cdot i}{P}$$

$$P_T = \frac{z_t \cdot P}{z_g \cdot i_1 \cdot i} \qquad P = \frac{z_g \cdot P_T \cdot i_1 \cdot i}{z_t}$$

$$i_1 = \frac{z_t \cdot P}{z_g \cdot P_T \cdot i} \qquad i = \frac{z_t \cdot P}{z_g \cdot P_T \cdot i_1}$$

Formelzeichen / Einheiten

α	Steigungswinkel der Wendelnut	in ° (Grad)
P	Steigung der Wendel	mm
d	Werkstückdurchmesser	mm
β	Einstellung (Winkel) des Frästisches	in ° (Grad)
z_t	Zähnezahl der treibenden Räder (z_1, z_3)	
z_g	Zähnezahl der getriebenen Räder (z_2, z_4)	
P_T	Steigung der Tischspindel	mm
i_1	Übersetzungsverhältnis der Kegelräder	
i	Übersetzungsverhältnis des Schneckentriebes	

Beispiel

$d = 35\,\text{mm}$

$\alpha = 40°$

$P = ?$

$$P = d \cdot \pi \cdot \tan\alpha$$

$$P = 35\,\text{mm} \cdot \pi \cdot \tan 40° = \underline{\underline{92{,}3\,\text{mm}}}$$

3

Tiefziehen 1

Formelzeichen / Einheiten		
β	Ziehverhältnis	
β_1	Ziehverhältnis für 1. Zug	
D	Zuschnittdurchmesser der Ronde	mm
d_1	Stempeldurchmesser 1. Zug	mm
β_2	Ziehverhältnis für 2. Zug	
d_2	Stempeldurchmesser 2. Zug	mm
β_3	Ziehverhältnis für 3. Zug	
d_3	Stempeldurchmesser 3. Zug	mm
β_{ges}	Gesamtziehverhältnis	
F_N	Niederhalterkraft	(z. B.) N
F_Z	Tiefziehkraft	(z. B.) N
s	Blechdicke	mm
h	Napfhöhe	mm

Formel / Formelumstellung

Tiefziehverhältnis β

$$\beta = \frac{\text{Durchmesser vor dem Ziehen}}{\text{Durchmesser nach dem Ziehen}}$$

1. Zug

$$\beta_1 = \frac{D}{d_1} \qquad D = \beta_1 \cdot d_1 \qquad d_1 = \frac{D}{\beta_1}$$

2. Zug

$$\beta_2 = \frac{d_1}{d_2} \qquad d_1 = \beta_2 \cdot d_2 \qquad d_2 = \frac{d_1}{\beta_2}$$

3. Zug (usw.)

$$\beta_3 = \frac{d_2}{d_3} \qquad d_2 = \beta_3 \cdot d_3 \qquad d_3 = \frac{d_2}{\beta_3}$$

$$\beta_{ges} = \beta_1 \cdot \beta_2 \cdot \beta_3 \ldots$$

Abbildung

Ziehstufen und -verhältnisse

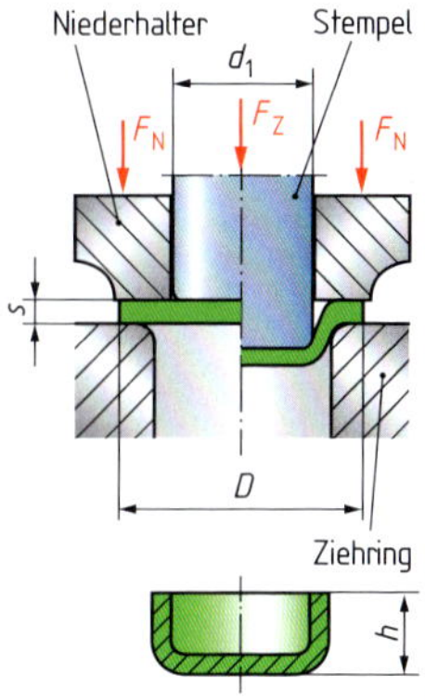

Beispiel

$D = 100\,\text{mm}$

$d_1 = 50\,\text{mm}$

$\beta_1 = ?$

$$\beta_1 = \frac{D}{d_1} = \frac{100\,\text{mm}}{50\,\text{mm}} = \underline{\underline{2}}$$

3

Tiefziehen 2

Abbildung	Formel / Formelumstellung	Formelzeichen / Einheiten

Kräfte beim Tiefziehen

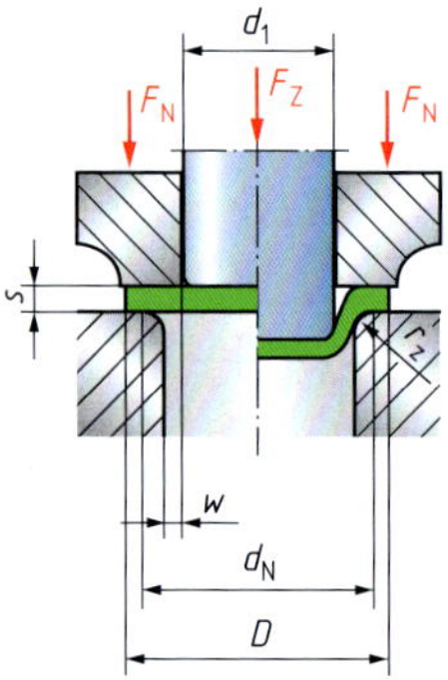

Tiefziehkraft (für Erstzug)

$$F_Z = \pi \cdot (d_1 + s) \cdot s \cdot R_m \cdot 1{,}2 \cdot \frac{\beta_1 - 1}{\beta_{1\,max} - 1}$$

Bodenreißkraft

$$F_B = \pi \cdot (d_1 + s) \cdot s \cdot R_m$$

Auflagedurchmesser Niederhalter

$$d_N = 2 \cdot (r_Z + w) + d_1$$

$$r_Z = \frac{d_N - d_1}{2} - w \qquad w = \frac{d_N - d_1}{2} - r_Z$$

Niederhalterkraft

$$F_N = \frac{1}{4} \cdot \pi \cdot (D^2 - d_N^2) \cdot p$$

$$D = \sqrt{\frac{4 \cdot F_N}{\pi \cdot p} + d_N^2} \qquad d_N = \sqrt{D^2 - \frac{4 \cdot F_N}{\pi \cdot p}} \qquad p = \frac{4}{\pi} \cdot \frac{F_N}{(D^2 - d_N^2)}$$

Presskraft

$$F = F_Z + F_N \qquad F_Z = F - F_N \qquad F_N = F - F_Z$$

F_Z	Tiefziehkraft	N
d_1	Stempeldurchmesser	mm
s	Blechdicke	mm
R_m	Zugfestigkeit	$\frac{N}{mm^2}$
β_1	Ziehverhältnis (Erstzug)	
$\beta_{1\,max}$	höchstmögliches Ziehverhältnis	
F_B	Bodenreißkraft	N
d_N	Auflagedurchmesser des Niederhalters	mm
r_Z	Ziehringradius	mm
w	Ziehspalt	mm
F_N	Niederhalterkraft	N
D	Zuschnittdurchmesser der Ronde	mm
p	Niederhalterdruck	$\frac{N}{mm^2}$

Niederhalterdruck p in $\frac{N}{mm^2}$	
Al-Legierungen	1,2 … 1,5
Cu-Legierungen	2,0 … 2,4
Stahl	2,5

Beispiel

$d_1 = 40\,mm$

$s = 1{,}2\,mm$

$R_m = 350\,\frac{N}{mm^2}$

$\beta_1 = 1{,}6 \qquad \beta_{1\,max} = 2{,}0$

$F_Z = ?$

$$F_Z = \pi \cdot (d_1 + s) \cdot s \cdot R_m \cdot 1{,}2 \cdot \frac{\beta_1 - 1}{\beta_{1\,max} - 1}$$

$$F_Z = \pi \cdot (40\,mm + 1{,}2\,mm) \cdot 1{,}2\,mm \cdot 350\,\frac{N}{mm^2} \cdot 1{,}2 \cdot \frac{1{,}6 - 1}{2{,}0 - 1} = 39141\,\frac{\cancel{mm^2} \cdot N}{\cancel{mm^2}} = \underline{\underline{39141\,N}}$$

Tiefziehen 3

Formelzeichen / Einheiten		
r_Z	Ziehringradius	mm
D	Zuschnittdurchmesser der Ronde	mm
d	Stempeldurchmesser	mm
s	Blechdicke	mm
w	Ziehspalt	mm
k	Werkstofffaktor	
d_R	Ziehringdurchmesser	mm
r_{St}	Stempelradius	mm
r_{R1}	Ziehringradius (Erstzug)	mm
d_{R1}	Ziehringdurchmesser (Erstzug)	mm
r_{R2}	Ziehringradius (Weiterzug)	mm
d_{R2}	Ziehringdurchmesser (Weiterzug)	mm
F_N	Niederhalterkraft	(z. B.) N
F_Z	Tiefziehkraft	(z. B.) N

Werkstofffaktor k	
Stahl	0,07
Aluminiumlegierung	0,02
Sonstige NE-Metalle	0,04

Formel / Formelumstellung

$$r_Z = 0{,}035 \cdot \left[50 + (D - d)\right] \cdot \sqrt{s}$$

$$D = \frac{r_Z}{0{,}035 \cdot \sqrt{s}} - 50 + d$$

$$d = D + 50 - \frac{r_Z}{0{,}035 \cdot \sqrt{s}}$$

$$s = \left\{\frac{r_Z}{0{,}035 \cdot \left[50 + (D - d)\right]}\right\}^2$$

$$w = s + k \cdot \sqrt{10 \cdot s} \quad \text{oder} \quad w = \frac{d_R - d}{2}$$

$$r_{St} = (3 \ldots 5) \cdot s$$

$$r_{R1} = 0{,}6 \cdot \sqrt{(D - d_{R1}) \cdot s}$$

$$r_{R2} = 0{,}8 \cdot \sqrt{(D - d_{R2}) \cdot s}$$

Abbildung

Maße am Tiefziehwerkzeug

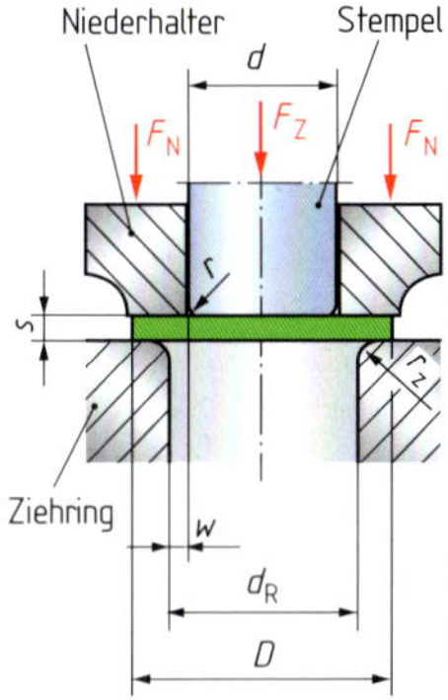

Beispiel

$D = 150\,\text{mm}$

$d = 75\,\text{mm}$

$s = 1{,}2\,\text{mm}$

$r_Z = ?$

$$r_Z = 0{,}035 \cdot \left[50 + (D - d)\right] \cdot \sqrt{s}$$

$$r_Z = 0{,}035 \cdot \left[50 + (150\,\text{mm} - 75\,\text{mm})\right] \cdot \sqrt{1{,}2\,\text{mm}} = \underline{\underline{4{,}79\,\text{mm}}}$$

3

Tiefziehen 4

Abbildung	Formel / Formelumstellung	Formelzeichen / Einheiten
Berechnung der Zuschnittdurchmesser 1 (Ronde) 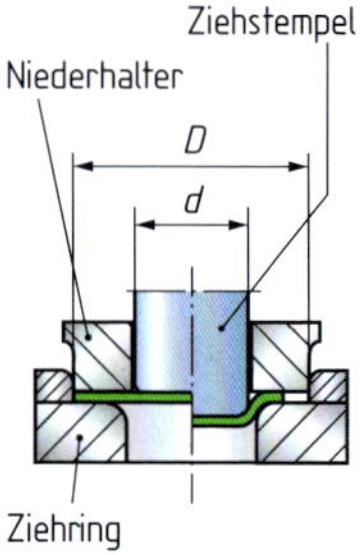	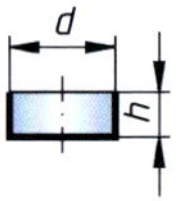 **ohne Rand** $D = \sqrt{d^2 + 4 \cdot d \cdot h}$ 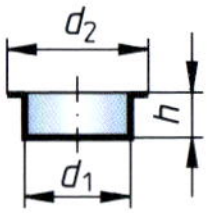 **mit Rand** $D = \sqrt{d_2^2 + 4 \cdot d_1 \cdot h}$ 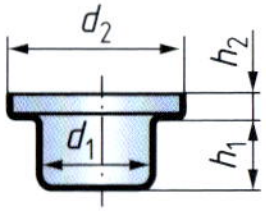 **ohne Rand** $D = \sqrt{d_2^2 + 4 \cdot (d_1 \cdot h_1 + d_2 \cdot h_2)}$ 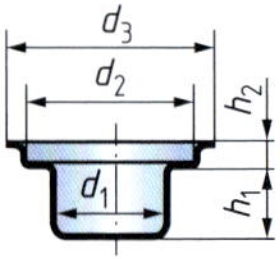 **mit Rand** $D = \sqrt{d_3^2 + 4 \cdot (d_1 \cdot h_1 + d_2 \cdot h_2)}$	D Rondendurchmesser mm $d, d_1, d_2, \ldots$ Ziehstempeldurchmesser bzw. Teildurchmesser (siehe Bild) mm $h, h_1, h_2, \ldots$ Napfhöhe bzw. Teilhöhe (siehe Bild) mm

Beispiel
(oberstes Bild)
$d = 50\,\text{mm}$
$h = 35\,\text{mm}$
$D = ?$

$$D = \sqrt{d^2 + 4 \cdot d \cdot h}$$

$$D = \sqrt{(50\,\text{mm})^2 + 4 \cdot 50\,\text{mm} \cdot 35\,\text{mm}} \approx \underline{\underline{97{,}5\,\text{mm}}}$$

3

Tiefziehen 5

Formelzeichen / Einheiten

D	Rondendurchmesser	mm
$d, d_1, d_2, \ldots$	Ziehstempeldurchmesser bzw. Teildurchmesser (siehe Bild)	mm
$h, h_1, h_2, \ldots$	Napfhöhe bzw. Teilhöhe (siehe Bild)	mm
l	Seitenlänge	mm

Formel / Formelumstellung

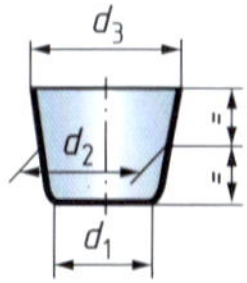

ohne Rand

$$D = \sqrt{d_1^2 + 4 \cdot d_2 \cdot l}$$

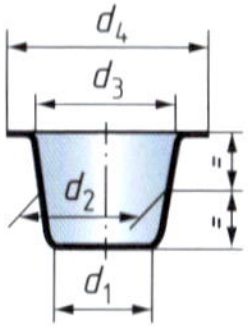

mit Rand

$$D = \sqrt{d_1^2 + 4 \cdot d_2 \cdot l + \left(d_4^2 - d_3^2\right)}$$

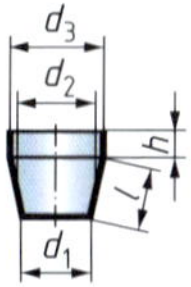

ohne Rand

$$D = \sqrt{d_1^2 + 4 \cdot d_2 \cdot l + 4 \cdot d_3 \cdot h}$$

bzw.

$$D = \sqrt{d_1^2 + 2 \cdot \left(d_1 + d_3\right) \cdot l + 4 \cdot d_3 \cdot h} \quad \text{mit} \quad d_2 = \frac{d_1 + d_3}{2}$$

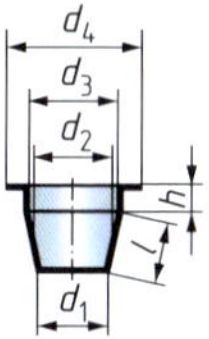

mit Rand

$$D = \sqrt{d_1^2 + 4 \cdot d_2 \cdot l + 4 \cdot d_3 \cdot h + \left(d_4^2 - d_3^2\right)}$$

bzw.

$$D = \sqrt{d_1^2 + 2 \cdot \left(d_1 + d_3\right) \cdot l + 4 \cdot d_3 \cdot h + \left(d_4^2 - d_3^2\right)} \quad \text{mit} \quad d_2 = \frac{d_1 + d_3}{2}$$

Abbildung

Berechnung der Zuschnittdurchmesser 2 (Ronde)

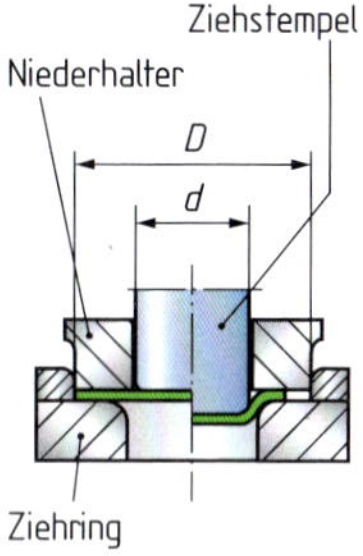

Beispiel

(oberstes Bild)

$d_1 = 30\,\text{mm}$

$d_2 = 60\,\text{mm}$

$l = 25\,\text{mm}$

$D = ?$

$$D = \sqrt{d_1^2 + 4 \cdot d_2 \cdot l}$$

$$D = \sqrt{(30\,\text{mm})^2 + 4 \cdot 60\,\text{mm} \cdot 25\,\text{mm}} \approx \underline{\underline{83{,}1\,\text{mm}}}$$

Tiefziehen 6

Abbildung	Formel / Formelumstellung	Formelzeichen / Einheiten

Berechnung der Zuschnittdurchmesser 3 (Ronde)

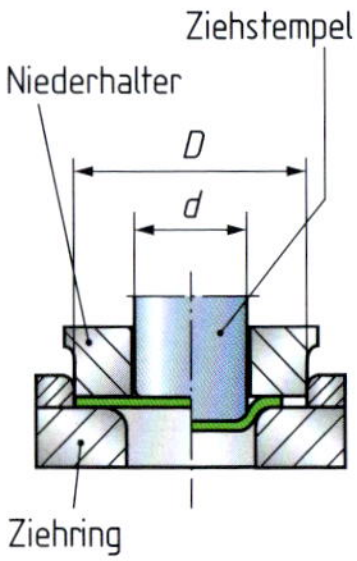

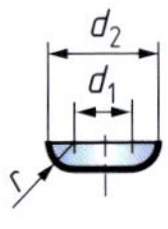

ohne Rand

$$D = \sqrt{d_1^2 + 2 \cdot \pi \cdot r \cdot d_1 + 8 \cdot r^2}$$

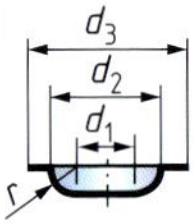

mit Rand

$$D = \sqrt{d_1^2 + 2 \cdot \pi \cdot r \cdot d_1 + 8 \cdot r^2 + \left(d_3^2 - d_2^2\right)}$$

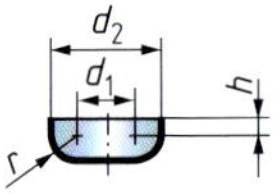

ohne Rand

$$D = \sqrt{d_1^2 + 2 \cdot \pi \cdot r \cdot d_1 + 8 \cdot r^2 + 4 \cdot d_2 \cdot h}$$

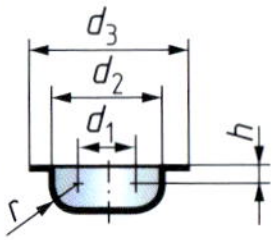

mit Rand

$$D = \sqrt{d_1^2 + 6{,}3 \cdot d_1 \cdot r + \left(d_3^2 - d_2^2\right) + 4 \cdot d_2 \cdot h}$$

Formelzeichen	Bedeutung	Einheit
D	Rondendurchmesser	mm
$d, d_1, d_2, \ldots$	Ziehstempeldurchmesser bzw. Teildurchmesser (siehe Bild)	mm
$h, h_1, h_2, \ldots$	Napfhöhe bzw. Teilhöhe (siehe Bild)	mm
r	Radius	mm

Beispiel
(oberstes Bild)
$d_1 = 20\,\text{mm}$
$r = 3\,\text{mm}$
$D = ?$

$$D = \sqrt{d_1^2 + 2 \cdot \pi \cdot r \cdot d_1 + 8 \cdot r^2}$$

$$D = \sqrt{(20\,\text{mm})^2 + 2 \cdot \pi \cdot 3\,\text{mm} \cdot 20\,\text{mm} + 8 \cdot (3\,\text{mm})^2} \approx \underline{\underline{29{,}1\,\text{mm}}}$$

3

Tiefziehen 7

Formelzeichen / Einheiten

D	Rondendurchmesser	mm
$d, d_1, d_2, \dots$	Ziehstempeldurchmesser bzw. Teildurchmesser (siehe Bild)	mm
$h, h_1, h_2, \dots$	Napfhöhe bzw. Teilhöhe (siehe Bild)	mm
r	Radius	mm

Formel / Formelumstellung

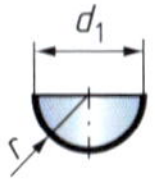

ohne Rand

$$D = \sqrt{2 \cdot d_1^2}$$

oder

$$D = 1{,}414 \cdot d_1$$

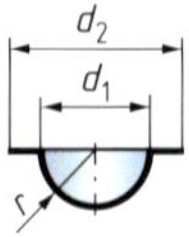

mit Rand

$$D = \sqrt{d_1^2 + d_2^2}$$

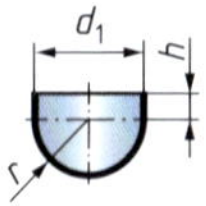

ohne Rand

$$D = \sqrt{2 \cdot d_1^2 + 4 \cdot d_1 \cdot h}$$

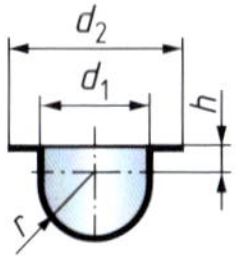

mit Rand

$$D = \sqrt{2 \cdot d_1^2 + 4 \cdot d_1 \cdot h + \left(d_2^2 - d_1^2\right)}$$

oder

$$D = \sqrt{d_1^2 + 4 \cdot d_1 \cdot h + d_2^2}$$

Abbildung

Berechnung der Zuschnittdurchmesser 4 (Ronde)

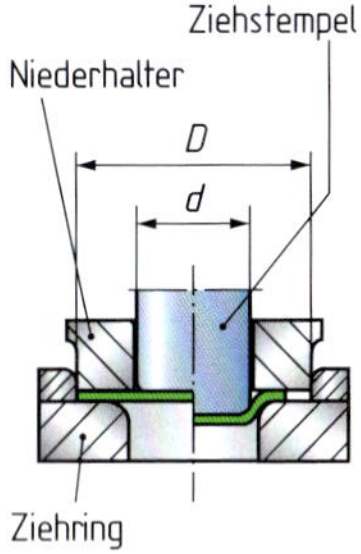

Beispiel
(oberstes Bild)

$d_1 = 60\,\text{mm}$

$D = ?$

$$D = \sqrt{2 \cdot d_1^2}$$

$$D = \sqrt{2 \cdot (60\,\text{mm})^2} \approx \underline{\underline{84{,}9\,\text{mm}}}$$

Tiefziehen 8

Abbildung	Formel / Formelumstellung	Formelzeichen / Einheiten

Berechnung der Zuschnittdurchmesser 5 (Ronde)

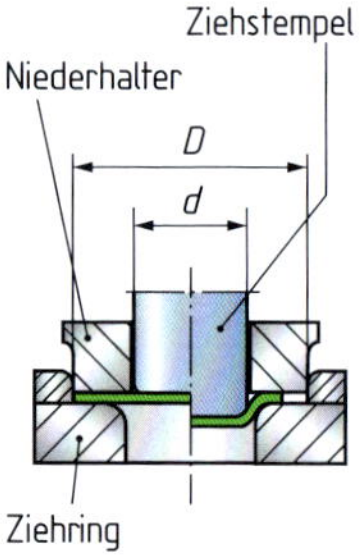

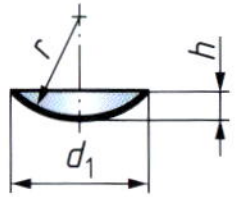

ohne Rand

$$D = \sqrt{d_1^2 + 4 \cdot h^2}$$

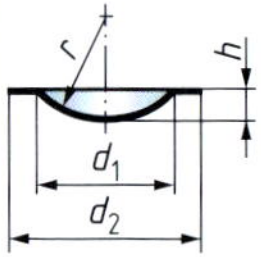

mit Rand

$$D = \sqrt{d_2^2 + 4 \cdot h^2}$$

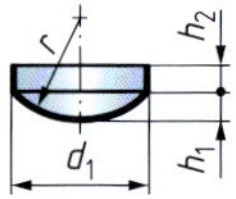

ohne Rand

$$D = \sqrt{d_1^2 + 4 \cdot h_1^2 + 4 \cdot d_1 \cdot h_2}$$

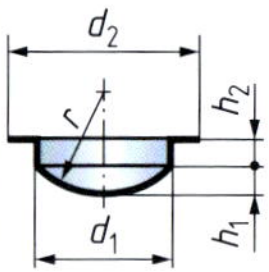

mit Rand

$$D = \sqrt{d_1^2 + 4 \cdot h_1^2 + 4 \cdot d_1 \cdot h_2 + \left(d_2^2 - d_1^2\right)}$$

oder

$$D = \sqrt{d_2^2 + 4 \cdot h_1^2 + 4 \cdot d_1 \cdot h_2}$$

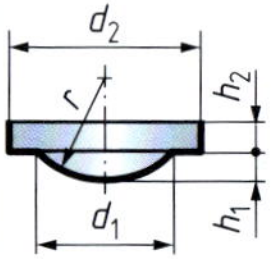

$$D = \sqrt{d_2^2 + 4 \cdot h_1^2 + 4 \cdot d_2 \cdot h_2}$$

D	Rondendurchmesser	mm
$d, d_1, d_2, \ldots$	Ziehstempeldurchmesser bzw. Teildurchmesser (siehe Bild)	mm
$h, h_1, h_2, \ldots$	Napfhöhe bzw. Teilhöhe (siehe Bild)	mm
r	Radius	mm

Beispiel

(oberstes Bild)

$d_1 = 70\,\text{mm}$

$h = 20\,\text{mm}$

$D = ?$

$$D = \sqrt{d_1^2 + 4 \cdot h^2}$$

$$D = \sqrt{(70\,\text{mm})^2 + 4 \cdot (20\,\text{mm})^2} \approx \underline{\underline{80{,}6\,\text{mm}}}$$

Erodieren, Funkenerosion

Formelzeichen / Einheiten			Formel / Formelumstellung			Abbildung
L	Schnittlänge, Vorschubweg	mm	$L = l_1 + l_2 + l_3 \dots$			**Hauptnutzungszeit beim Abtragen**
$l_1, l_2, l_3, \dots$	Einzelschnittlängen	mm	$t_h = \frac{L}{v_f}$	$L = t_h \cdot v_f$	$v_f = \frac{L}{t_h}$	**Funkenerosives Schneiden (Drahterodieren)**
t_h	Hauptnutzungszeit	min	$t_h = \frac{V}{V_W}$	$V = t_h \cdot V_W$	$V_W = \frac{V}{t_h}$	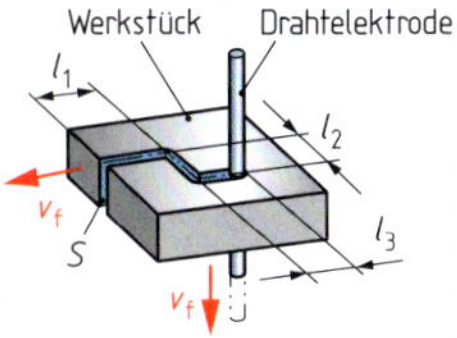
v_f	Vorschubgeschwindigkeit	$\frac{mm}{min}$	$V_W = v_f \cdot S$	$S = \frac{V_W}{v_f}$	$v_f = \frac{V_W}{S}$	
V	abzutragendes Volumen	mm^3	$t_h = \frac{V}{v_f \cdot S}$	$V = t_h \cdot v_f \cdot S$	$v_f = \frac{V}{t_h \cdot S}$	**Funkenerosives Senken (Senkerodieren)**
V_W	Abtragrate (spezifisches Abtragvolumen)	$\frac{mm^3}{min}$	$V = S \cdot L$	$S = \frac{V}{L}$	$L = \frac{V}{S}$	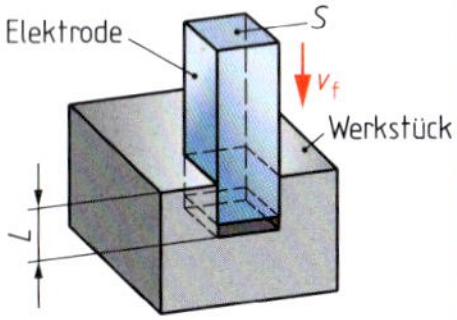
S	Querschnitt des abzutragenden Volumens	mm^2				

Beispiel

$L = 250\,mm$

$v_f = 1{,}6\,mm/min$

$t_h = ?$

$$t_h = \frac{L}{v_f}$$

$$t_h = \frac{250\,mm}{1{,}6\,\frac{mm}{min}} = 156{,}25\,\frac{\cancel{mm} \cdot min}{\cancel{mm}} = \underline{\underline{156{,}25\,min}}$$

3

Trennen durch Scherschneiden

Abbildung	Formel / Formelumstellung	Formelzeichen / Einheiten
Streifenausnutzung 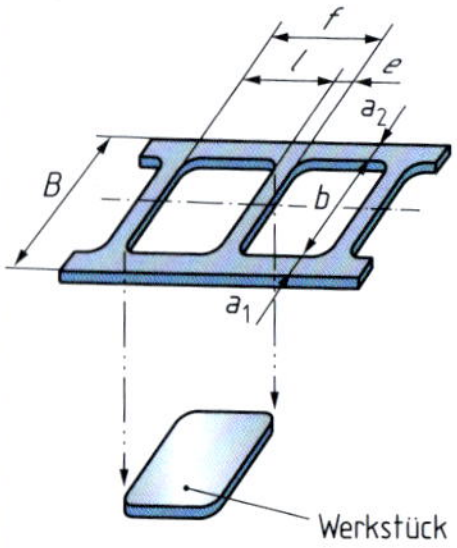	$B = a_1 + b + a_2$ $a_1 = B - b - a_2$ $b = B - a_1 - a_2$ $a_2 = B - a_1 - b$ $f = l + e$ $l = f - e$ $e = f - l$ $\eta = \frac{R \cdot A}{f \cdot B}$ $R = \frac{\eta \cdot f \cdot B}{A}$ $A = \frac{\eta \cdot f \cdot B}{R}$ $V = \frac{R \cdot A}{\eta \cdot B}$ $B = \frac{R \cdot A}{f \cdot \eta}$	B Streifenbreite mm a_1, a_2 Randbreite(n) mm b Werkstückbreite mm f Streifenvorschub mm l Werkstücklänge mm e Stegbreite mm η Ausnutzungsgrad R Anzahl der Reihen A Fläche eines Werkstücks (einschließlich Lochungen) mm^2

Beispiel

$a_1 = a_2 = 3\,mm$

$b = 15\,mm$

$B = ?$

$B = a_1 + b + a_2$

$B = 3\,mm + 15\,mm + 3\,mm = \underline{\underline{21\,mm}}$

3

Programmieren von CNC Maschinen

Koordinaten, Bewegungsrichtungen (DIN 66217 . 1975-12)

Das Koordinatensystem mit den X-, Y- und Z-Achsen wird auf die Hauptführungsbahnen der Maschine ausgerichtet und entspricht somit den Bewegungsrichtungen der Schlittenführung.

Z-Achse: Sie verläuft parallel zur Arbeitsspindel und somit senkrecht zur Werkstückaufspannfläche.
Die positive Z-Achse verläuft vom Werkstück zum Werkzeug.

X-Achse: Sie liegt parallel zur Werkstückaufspannfläche.

Y-Achse: Die Lage ergibt sich aus der Lage der X- und Z-Achse (Rechte-Hand-Regel).

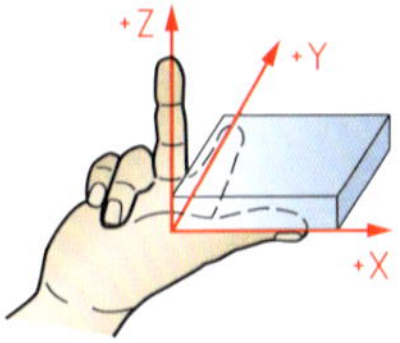

Rechte-Hand-Regel

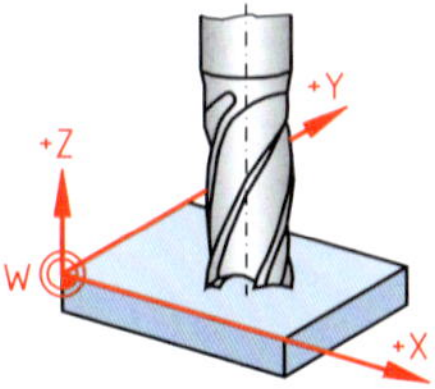

Werkstückkoordinatensystem

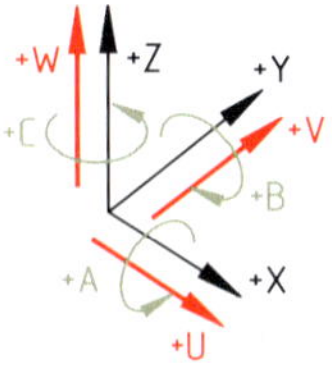

zusätzliche Koordinatenachsen

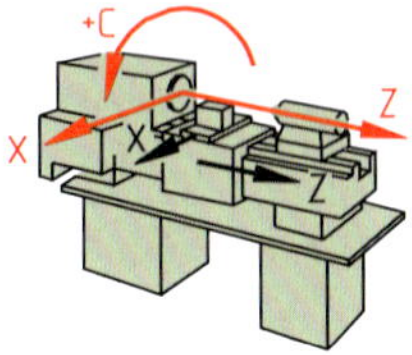

konventionelle Drehmaschine

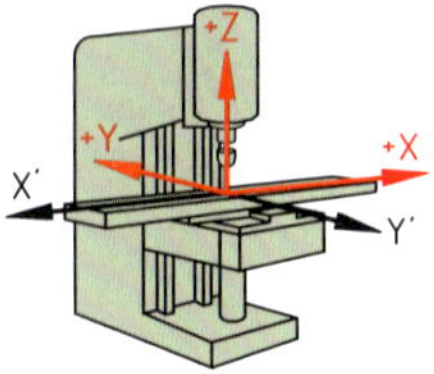

Senkrecht-Konsolfräsmaschine

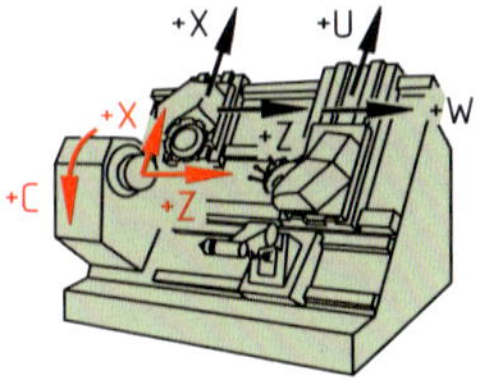

4-Achsen-Drehmaschine

Programmieren von CNC Maschinen

Bezugspunkte (DIN 66217 . 1975-12)

Drehmaschine:

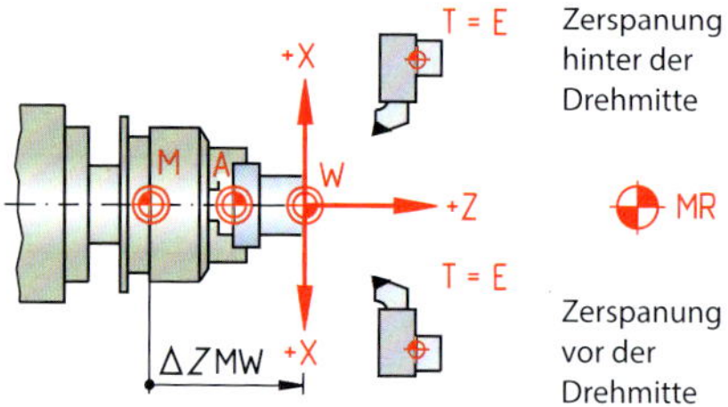

Fräsmaschine:

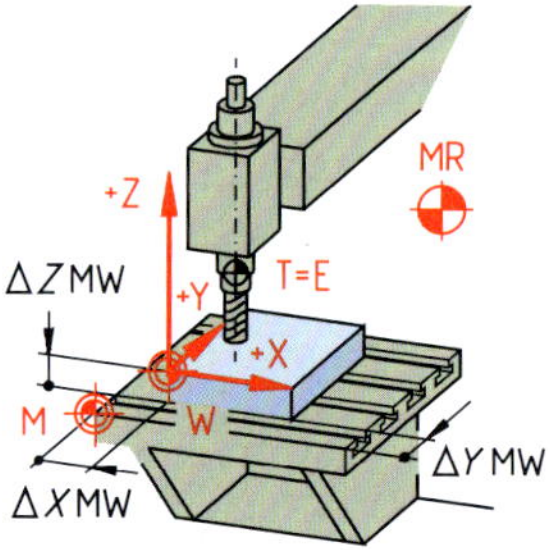

M		Maschinennullpunkt
MR		Maschinenreferenzpunkt
W		Werkstücknullpunkt
A		Anschlagpunkt im Futter
PO		Programmstartpunkt
WP		Werkzeugwechselpunkt
T		Werkzeugträgerbezugspunkt
E		Werkzeugeinstellpunkt

ΔX MW ist der Abstand zwischen Maschinennullpunkt *M* und dem Werkstücknullpunkt *W* in Richtung der *X*-Achse.

ΔY MW ist der Abstand zwischen Maschinennullpunkt *M* und dem Werkstücknullpunkt *W* in Richtung der *Y*-Achse.

ΔZ MW ist der Abstand zwischen Maschinennullpunkt *M* und dem Werkstücknullpunkt *W* in Richtung der *Z*-Achse.

Programmieren von CNC Maschinen

Grafische Symbole an CNC-Maschinen 1 (DIN 66217 . 1975-12)

	Datenträgervorlauf ohne Einlesen und ohne Maschinenfunktionen		Datenträgerrücklauf ohne Einlesen und ohne Maschinenfunktionen		fehlerhafter Datenträger
	Programmanfang		Programmende		fehlerhafte Programmdaten
	Programm kontinuierlich einlesen ohne Maschinenfunktionen		Programm satzweise einlesen ohne Maschinenfunktion (Handbetätigung nach jedem Satz)	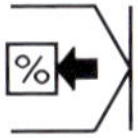	Programmende mit Datenträgerrücklauf zum Programmanfang ohne Maschinenfunktionen
	Handeingabe		Programm satzweise einlesen mit Maschinenfunktionen (Handbetätigung nach jedem Satz)		Programm kontinuierlich einlesen mit Maschinenfunktionen
	programmierter Halt, entspricht Zusatzfunktion M00		programmierter wahlweiser Halt, entspricht Zusatzfunktion M01		Satzunterdrückung wahlweise
	Suchlauf nach bestimmten Daten vorwärts ohne Maschinenfunktionen	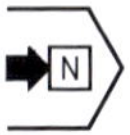	Satznummernsuche vorwärts ohne Maschinenfunktionen		Hauptsatzsuche vorwärts ohne Maschinenfunktionen
	Suchlauf nach bestimmten Daten rückwärts ohne Maschinenfunktionen		Satznummernsuche rückwärts ohne Maschinenfunktionen		Hauptsatzsuche rückwärts ohne Maschinenfunktionen
	Suchlauf rückwärts zum Programmanfang ohne Maschinenfunktionen		Programm von externer Einrichtung		Datenträgereingabe von Zusatzeinrichtung
	Programmspeicher		Unterprogrammspeicher	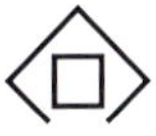	Zwischenspeicher
	Unterprogramm		Programm ändern		Datenausgabe aus einem Speicher

Programmieren von CNC Maschinen

Grafische Symbole an CNC-Maschinen 2

	Dateneingabe in einen Speicher		Rücksetzen		Speicherinhalt rücksetzen
	Daten im Speicher ändern		Löschen		Speicherinhalt löschen
	Vorwarnung Speicherüberlauf		Speicherüberlauf		Speicherfehler
	Werkzeuglängenkorrektur (drehendes Werkzeug)		Werkzeugradiuskorrektur (drehendes Werkzeug)	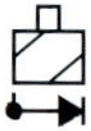	Werkzeugdurchmesserkorrektur (drehendes Werkzeug)
	Werkzeugkorrektur (nicht drehendesWerkzeug) Achsbezeichnungen können hinzugefügt werden		Werkzeugschneiden-radiuskorrektur		Kontur wieder anfahren
	Maschinennullpunkt Ursprung des Maschinen-koordinatensystems		Referenzpunkt; definierte Postition zum Abgleich eines inkrementalen Wegmesssystems		Werkstücknullpunkt
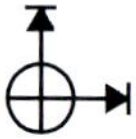	Nullpunktverschiebung Achsbezeichnungen können hinzugefügt werden	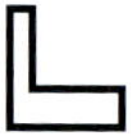	Achssteuerung normal (Maschine folgt Programm)		Spiegelbildliche Achssteuerung (Maschine spiegelt Programm)
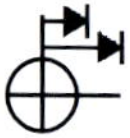	absolute Maßangaben Bezugsmaße	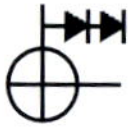	inkrementale Maßangaben Relativmaße		programmierter Positionssollwert
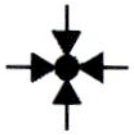	Positionsistwert		in Position	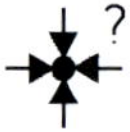	Positionsfehler (Regelkreisfehler)
	Positioniergenauigkeit fein	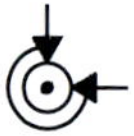	Positioniergenauigkeit mittel	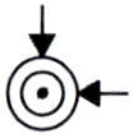	Positioniergenauigkeit grob

3

Drehen: Programmieren von CNC Maschinen

PAL-Befehlscodierung bei CNC-Drehmaschinen (mit angetriebenen Werkzeugen)

G-Funktion – Wegbedingungen[1] (Auswahl)

Interpolationsarten	
G0	Verfahren im Eilgang
G1	Linearinterpolation im Arbeitsgang[1]
G2	Kreisinterpolation im Uhrzeigersinn
G3	Kreisinterpolation gegen den Uhrzeigersinn
G4	Verweildauer
G9	Genauhalt
G14	Werkzeugwechselpunkt anfahren
Programmtechniken	
G22	Unterprogrammaufruf
G23	Programmwiederholung
Bearbeitungsebenen und Umspannen	
G17	Stirnseiten- Bearbeitungsebene (XY-Ebene)
G18	Drehebene (Haupt-, Gegenspindelbearbeitung)[1]
G19	Mantelflächen- / Sehnenflächen-Bearbeitungsebenen
G30	Umspannen / Gegenspindelübernahme

[1] Einschaltzustand beim Start eines CNC-Programms: G18, G90, G53, G71, G95, G97, G1, G40, M5, M9, M60

Drehen: Programmieren von CNC Maschinen

PAL-Befehlscodierung bei CNC-Drehmaschinen (mit angetriebenen Werkzeugen)

G-Funktion – Wegbedingungen[1)] (Auswahl)

Werkzeugkorrekturen	
G40	Abwahl der Schneidenradiuskorrektur[1)] **(SRK)**
G41	SRK links von der programmierten Kontur
G42	SRK rechts von der programmierten Kontur
Nullpunkte	
G50	Aufheben der inkrementellen Nullpunktverschiebung und Drehungen
G53	Alle Nullpunktverschiebungen und Drehungen aufheben[1)]
G54 … G57	Einstellbare absolute Nullpunkte
G59	Inkrementelle Nullpunktverschiebung kartesisch und Drehung
Maßangaben	
G70	Umschalten auf Maßeinheit Zoll (Inch)
G71	Umschalten auf Maßeinheit Millimeter (mm)
G90	Absolute Maßangabe
G91	Kettenmaßangabe

[1)] Einschaltzustand beim Start eines CNC-Programms: G18, G90, G53, G71, G95, G97, G1, G40, M5, M9, M60

3

Drehen: Programmieren von CNC Maschinen

PAL-Befehlscodierung bei CNC-Drehmaschinen (mit angetriebenen Werkzeugen)

G-Funktion – Wegbedingungen[1] (Auswahl)

Zyklen	
G80	Abwahl einer Bearbeitungszyklus-Konturbeschreibung
G31	Gewindezyklus
G81	Längsschruppzyklus
G82	Planschruppzyklus
G84	Bohrzyklus
G85	Freistichzyklus
G86	radialer Einstechzyklus
G88	axialer Einstechzyklus
Schnittgrößen	
G92	Drehzahlbegrenzung
G94	Vorschubgeschwindigkeit in mm/min
G95	Vorschub[1] in mm
G96	konst. Schnittgeschwindigkeit in m/min
G97	Konstante Drehzahl[1] in 1/min

[1] Einschaltzustand beim Start eines CNC-Programms: G18, G90, G53, G71, G95, G97, G1, G40, M5, M9, M60

3

Drehen: Programmieren von CNC Maschinen

PAL-Befehlscodierung bei CNC-Drehmaschinen (mit angetriebenen Werkzeugen)

G-Funktion – Wegbedingungen[1)] (Auswahl)

G-Funktionen für angetriebene Werkzeuge in der X-Y-Ebene oder Z-X-Ebene[1)]

G1	Linearinterpolation im Arbeitsgang
G2	Kreisinterpolation im Uhrzeigersinn
G3	Kreisinterpolation im Gegenuhrzeigersinn
G10	Verfahren im Eilgang mit Polarkoordinaten
G11	Linearinterpolation mit Polarkoordinaten
G12	Kreisinterpolation im Uhrzeigersinn mit Polarkoordinaten mit angetriebenem Werkzeug
G13	Kreisinterpolation im Gegenuhrzeigersinn mit Polarkoordinaten
G45	lineares tangentiales Anfahren an einer Kontur
G46	lineares tangentiales Abfahren an einer Kontur
G47	tangentiales Anfahren im Viertelkreis
G48	tangentiales Abfahren im Viertelkreis

[1)] Bei der CNC-Drehmaschine mit angetriebenem Werkzeug sind die Befehle der CNC-Fräsmaschine identisch.

Drehen: Programmieren von CNC Maschinen

PAL-Befehlscodierung bei CNC-Drehmaschinen (mit angetriebenen Werkzeugen)

G-Funktion – Wegbedingungen[1] (Auswahl)

G-Funktionen für angetriebene Werkzeuge in der X-Y-Ebene oder Z-X-Ebene[1]	
G73	Kreistaschen- und Zapfenfräszyklus
G74	Nutenfräszyklus
G75	Kreisbogennut- Fräszyklus
G76	Mehrfachzyklusaufruf auf einer Lochreihe
G77	Mehrfachzyklusaufruf auf einem Lochkreis
G79	Zyklusaufruf auf einem Punkt
G81	Bohrzyklus
G82	Tiefbohrzyklus mit Spanbruch
G84	Gewindebohrzyklus
G85	Reibzyklus

[1] Bei der CNC-Drehmaschine mit angetriebenem Werkzeug sind die Befehle der CNC-Fräsmaschine identisch.

Drehen: Programmieren von CNC Maschinen	
PAL-Befehlscodierung bei CNC-Drehmaschinen (mit angetriebenen Werkzeugen)	
M-Funktionen – Zusatzfunktionen	
M0	Programmierter Halt
M3	Spindel dreht im Uhrzeigersinn (CW[1)])
M4	Spindel dreht im Gegenuhrzeigersinn (CCW[1)])
M5	Spindel ausschalten
M8	Kühlschmiermittel ein
M9	Kühlschmiermittel aus
M10	Reitstock-Pinole lösen
M11	Reitstock-Pinole setzen
M17	Unterprogramm-Ende
M30	Programmende mit Rücksetzen auf Programmanfang
M60	konstanter Vorschub

[1)] CW: clock wise; CCW: counter clock wise

Drehen: Programmieren von CNC Maschinen

PAL-Befehlscodierung bei CNC-Drehmaschinen (mit angetriebenen Werkzeugen)

T-Adresse – Werkzeugnummer im Magazin (Auswahl)	
T	Werkzeugspeicherplatz im Werkzeugrevolver
TC	Korrektur-Speichernummer
TR	inkrementelle Veränderung des Werkzeugradiuswertes
TL	inkrementelle Veränderung der Werkzeuglänge
TX	inkrementelle Veränderung des X-Korrekturwertes im angewählten Korrekturwertspeicher
TZ	inkrementelle Veränderung des Z-Korrekturwertes im angewählten Korrekturwertspeicher für konturparallele Aufmaße

Fräsen: Programmieren von CNC Maschinen

PAL-Befehlscodierung bei CNC-Fräsmaschinen (mit Mehrseitenbearbeitung)

G-Funktionen – Wegbedingungen[1)] (Auswahl)

Interpolationsarten	
G0	Verfahrweg im Eilgang[2)]
G1	Linearinterpolation im Arbeitsgang[1) 2)]
G2	Kreisinterpolation im Uhrzeigersinn[2)]
G3	Kreisinterpolation im Gegenuhrzeigersinn[2)]
G4	Verweildauer
G9	Genauhalt
G10	Verfahren im Eilgang mit Polarkoordinaten[2)]
G11	Linearinterpolation mit Polarkoordinaten[2)]
G12	Kreisinterpolation im Uhrzeigersinn mit Polarkoordinaten mit angetriebenem Werkzeug[2)]
G13	Kreisinterpolation im Gegenuhrzeigersinn mit Polarkoordinaten[2)]
G45	lineares tangentiales Anfahren an einer Kontur[2)]
G46	lineares tangentiales Abfahren an einer Kontur[2)]
G47	tangentiales Anfahren an einer Kontur[2)]
G48	tangentiales Abfahren an einer Kontur[2)]

[1)] Einschaltzustand beim Start eines CNC-Programms: G17, G90, G53, G40, G94, G97, G1, M5, M9, M60

[2)] Dieser Befehl kann auch für CNC-Drehmaschinen mit angetriebenem Werkzeug bei der Bearbeitung in der G17- und G19-Ebene verwendet werden. In der G19-Ebene werden die Achsen von XY- zur ZX-Ebene angepasst.

3

Fräsen: Programmieren von CNC Maschinen

PAL-Befehlscodierung bei CNC-Fräsmaschinen (mit Mehrseitenbearbeitung)

G-Funktion – Wegbedingungen[1] (Auswahl)

Bearbeitungsebenen	
G16	inkrementelle Drehung der aktuellen Bearbeitungsebene
G17	Ebenenanwahl mit maschinenfesten Raumwinkeln[1]
Programmtechniken	
G22	Programmwiederholung[3]
G23	Unterprogrammaufruf[3]
Werkzeugkorrekturen	
G40	Abwahl der Schneidenradiuskorrektur **(SRK)**[1] [2]
G41	SRK links von der programmierten Kontur[2]
G42	SRK rechts von der programmierten Kontur[2]
Nullpunkte	
G50	aufheben der inkrementellen Nullpunktverschiebung und Drehungen (G59)
G53	alle Nullpunktverschiebungen und Drehungen aufheben[1]
G54 … G57	einstellbare absolute Nullpunkte
G59	inkrementelle Nullpunktverschiebung kartesisch und Drehung

[1] Einschaltzustand beim Start eines CNC-Programms: G17, G90, G53, G40, G94, G97, G1, M5, M9, M60

[2] Dieser Befehl kann auch für CNC-Drehmaschinen mit angetriebenem Werkzeug bei der Bearbeitung in der G17- und G19-Ebene verwendet werden. In der G19-Ebene werden die Achsen von XY- zur ZX-Ebene angepasst.

[3] Die Adressen der Programmwiederholung (G22) und des Unterprogrammaufrufs (G23) werden wie beim CNC-Drehen angegeben.

3

Fräsen: Programmieren von CNC Maschinen

PAL-Befehlscodierung bei CNC-Fräsmaschinen (mit Mehrseitenbearbeitung)

G-Funktionen – Wegbedingungen[1)] (Auswahl)

Zyklen	
G34	Eröffnung des Konturtaschenzyklus
G35	Schrupptechnologie des Konturtaschenzyklus
G37	Schlichttechnologie des Konturtaschenzyklus
G38	Konturbeschreibung des Konturtaschenzyklus
G80	Abschluss einer G38-Taschen-/Insel-Konturbeschreibung
G39	Konturtaschenzyklusaufruf
G72	Rechtecktaschenfräszyklus[2)]
G73	Kreistaschen- und Zapfenfräszyklus[2)]
G74	Nutenfräszyklus[2)]
G75	Kreisbogennut-Fräszyklus[2)]
G76	Mehrfachzyklusaufruf auf einer Lochreihe[2)]
G77	Mehrfachzyklusaufruf auf einem Lochkreis[2)]
G78	Zyklusaufruf auf einem Punkt (Polarkoordinaten)
G79	Zyklusaufruf auf einem Punkt (kartesische Koordinaten)[2)]
G81	Bohrzyklus[2)]
G82	Tiefbohrzyklus mit Spanbruch[2)]
G84	Gewindebohrzyklus[2)]
G85	Reibzyklus[2)]
G88	Innengewindefräszyklus

1) Einschaltzustand beim Start eines CNC-Programms: G17, G90, G53, G40, G94, G97, G1, M5, M9, M60

2) Dieser Befehl kann auch für CNC-Drehmaschinen mit angetriebenem Werkzeug bei der Bearbeitung in der G17- und G19-Ebene verwendet werden. In der G19-Ebene werden die Achsen von XY- zur ZX-Ebene angepasst.

3

Fräsen: Programmieren von CNC Maschinen

PAL-Befehlscodierung bei CNC-Fräsmaschinen (mit Mehrseitenbearbeitung)

G-Funktionen – Wegbedingungen[1)] (Auswahl)

Maßangaben	
G70	Umschalten auf die Maßeinheit Zoll (Inch)
G71	Umschalten auf die Maßeinheit Millimeter (mm)
G90	absolute Maßangabe[1)]
G91	Kettenmaßangabe
Schnittgrößen	
G94	Vorschubgeschwindigkeit[1)] in mm/min (Adresse: F)
G95	Vorschub in mm (Adresse: S)
G97	konstante Drehzahl[1)] in 1/min (Adresse: S)

[1)] Einschaltzustand beim Start eines CNC-Programms: G17, G90, G53, G40, G94, G97, G1, M5, M9, M60

Fräsen: Programmieren von CNC Maschinen

PAL-Befehlscodierung bei CNC-Fräsmaschinen (mit Mehrseitenbearbeitung)

M-Funktionen[1] – Zusatzfunktionen (Auswahl)	
M0	Programmierter Halt
M3	Spindel dreht im Uhrzeigersinn (CW[2])
M4	Spindel dreht im Gegenuhrzeigersinn (CCW[2])
M5	Spindel ausschalten[1]
M6	Werkzeugwechsel
M8	Kühlschmiermittel ein
M9	Kühlschmiermittel aus[1]
M13	wie M3 und Kühlschmiermittel ein
M14	wie M4 und Kühlschmiermittel ein
M15	Spindel aus, Kühlmittel aus
M17	Unterprogramm-Ende
M30	Programmende mit Rücksetzen auf Programmanfang
M60	konstanter Vorschub[1]
T-Adresse[3] – Werkzeugnummer im Magazin (Auswahl)	
TR	inkrementelle Veränderung des Werkzeugradiuswertes
TL	inkrementelle Veränderung der Werkzeuglänge
T	Werkzeugspeicherplatz im Werkzeugrevolver
TC	Korrektur-Speichernummer

[1] Einschaltzustand beim Start eines CNC- Programms: G17, G90, G53, G40, G94, G97, G1, M5, M9, M60

[2] CW: clock wise; CCW: counter clock wise

[3] Mit dem Werkzeugaufruf wird gleichzeitig der Werkzeugwechselpunkt (WWP) im Eilgang angefahren.

3

Qualitätsplanung

„8M"-Störgrößen, Ishikawa-Diagramm

„8M"-Störgrößen (Einflussgrößen auf die Qualität)

Die Ursachen für Störungen in einem Fertigungsprozess, die wiederum Auswirkung auf die Qualität eines Produktes haben, wurden unter der Abkürzung **„8M"** zusammengeführt. Sie steht für:

Mensch, Methode, Maschine, Material, Mitwelt (Milieu), Management, Money und Messbarkeit

Beispiel

Die „8M"-Störgrößen werden zusammen mit einer Auswahl möglicher Ursachen zwecks besserer Übersichtlichkeit in einem **Ishikawa-Diagramm** (auch Ursache-Wirkungs-Diagramm oder Fischgräten-Diagramm genannt) dargestellt.

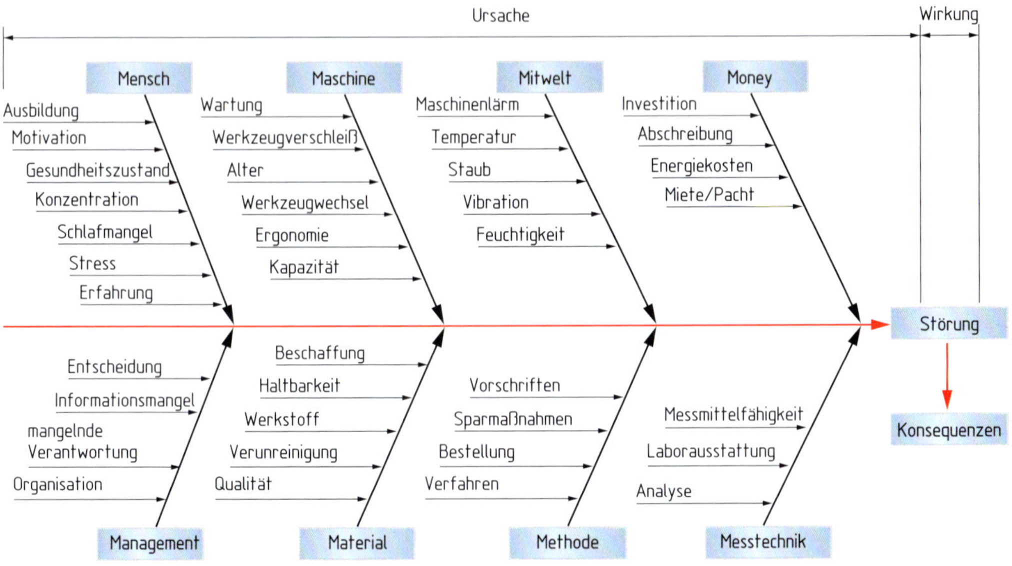

3

Qualitätsplanung

Zehnerregel

Zehnerregel (Fehlerbehebungskosten)

Während eines Fertigungsprozesses ist die Vermeidung bzw. die frühzeitige Erkennung von Fehlern sehr wichtig.
Je später ein Fehler entdeckt wird und korrigiert werden muss, desto größer sind die Folgen für das Unternehmen.
Hohe Kosten und Imageverlust können etwa die Folgen bei Rückrufaktionen von Automobilherstellern sein.

Die Zehnerregel besagt, dass entstehende Fehlerbehebungskosten im Laufe eines Fertigungsprozesses von der Entwicklungsphase zur Produktionsphase und von der Produktionsphase zur Einsatzphase jeweils um den Faktor 10 ansteigen.

Beispiel

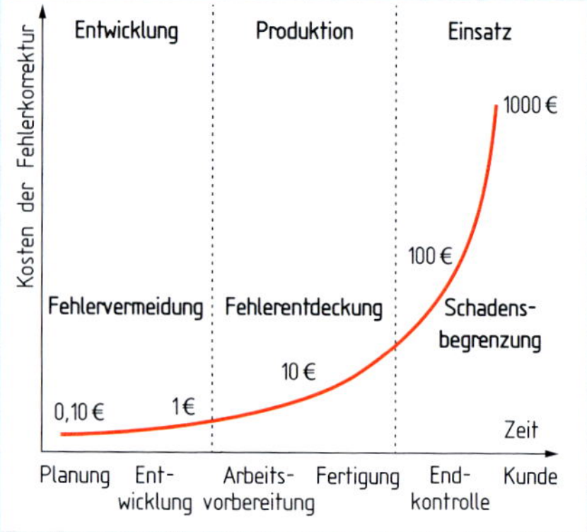

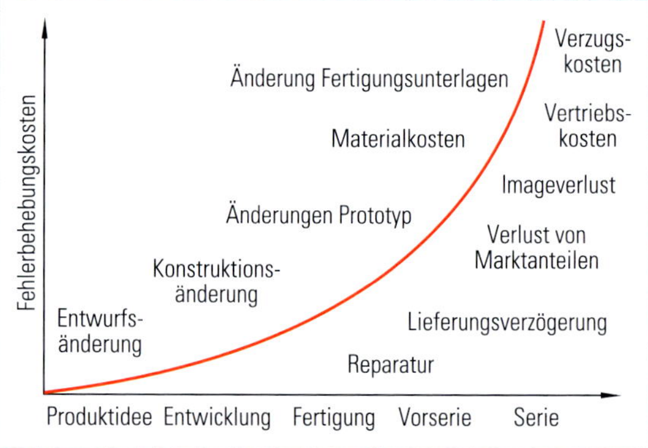

3

Qualitätsplanung

Wahrscheinlichkeit, Arten der Qualitätsprüfung

Formelzeichen / Einheiten	Formel / Formelumstellung	
P Wahrscheinlichkeit (engl. Probability) % g Anzahl fehlerbehafteter Werkstücke m Gesamtanzahl der Werkstücke	**Wahrscheinlichkeit** $P = \frac{g}{m} \cdot 100\%$ $g = \frac{P \cdot m}{100\%}$ $m = \frac{g \cdot 100\%}{P}$	**Wahrscheinlichkeit (Fehlerwahrscheinlichkeit)** **Fehlerwahrscheinlichkeit:** Wahrscheinlichkeit eines fehlerbehafteten Werkstücks innerhalb einer gegebenen Anzahl von Werkstücken

Beispiel

$g = 150$

$m = 6000$

$P = ?$

$$P = \frac{g}{m} \cdot 100\%$$

$$P = \frac{150}{6000} \cdot 100\% = \underline{\underline{2{,}5\%}}$$

Arten der Qualitätsprüfung

Begriffe und Erläuterungen	
Prüfplan und Prüfanweisung	Festlegen und erläutern der Prüfungsart und des Prüfumfangs – Was? Womit? Wie? Wie oft? Wann? Wer? Wo?
Vollständige Prüfung	Prüfung, ob alle festgelegten Qualitätsansprüche und Mindestanforderungen erfüllt wurden.
100%-Prüfung	Prüfung aller produzierten Einheiten einer Charge.
Stichprobe	Prüfung einer oder mehrerer Einheiten aus einer Teil- bzw. Grundgesamtheit, z. B. Entnahme von 20 Stichproben bei einem Lieferumfang N = 150 Teile.
Statistische Prüfung (Stichprobenprüfung)	Unterstützt durch statistische Methoden können aufgrund von Stichprobenentnahmen Aussagen über die Qualität des Prüfloses getätigt werden.
Prüflos (Stichprobenprüfung)	Gesamtheit aller produzierten Werkstücke, z. B. die Produktion von 6000 gleichen Wälzlagern

Grundlagen der statistischen Auswertung

Urliste

- Eine **Urliste** beinhaltet alle Messwerte ($x_1, x_2, x_3, \ldots, x_n$) aus einer Stichprobe oder einem Prüflos in der Reihenfolge in der sie aufgenommen werden.
- Aus der Urliste lassen sich der größte Messwert x_{max} und der kleinste Messwert x_{min} ablesen.
- Die Messwerte dienen als Grundlage zur Berechnung des arithmetischen Mittelwertes $\bar{x}$, dem Gesamtmittelwert $\bar{\bar{x}}$, der Spannweite R, der mittleren Spannweite $\bar{R}$, der Anzahl der Klassen k und der Klassenweite w.

Beispiel

Stichprobenumfang: $n = 40$ Wellen

Anzahl der Stichproben: $m = 8$

Prüfmerkmal: Wellendurchmesser $d = 40^{+18}_{+2}$ mm

3

Urliste:

Stichprobe	Nr.	Gemessener Wellendurchmesser *d* in mm				
Welle 1 bis 5	1	40,008	40,011	40,014	40,009	40,013
Welle 6 bis 10	2	40,007	40,006	40,017	40,002	40,010
Welle 11 bis 15	3	40,006	40,013	40,012	40,016	40,016
Welle 16 bis 20	4	40,017	40,017	40,011	40,010	40,012
Welle 21 bis 25	5	40,013	40,011	40,015	40,009	40,011
Welle 26 bis 30	6	40,016	40,012	40,008	40,013	40,014
Welle 31 bis 35	7	40,013	40,018	40,015	40,013	40,011
Welle 36 bis 40	8	40,009	40,010	40,008	40,007	40,013

Kleinster Messwert $x_{min} = 40{,}002$ mm

Größter Messwert $x_{max} = 40{,}018$ mm

Grundlagen der statistischen Auswertung

Auswertung einer und mehrerer Stichproben (DIN 53804: 2002-04)

Formelzeichen / Einheiten		Formel / Formelumstellung
$\bar{x}$	arithmetischer Mittelwert	
x_i	Wert des messbaren Merkmals z. B. Einzelwert	
n	Stichprobenumfang (Anzahl der Einzelwerte)	
x_{max}	größter Messwert der Stichprobe	
x_{min}	kleinster Messwert der Stichprobe	
R	Spannweite	
$\bar{\bar{x}}$	Gesamtmittelwert aus mehreren bzw. allen Stichprobenmittelwerten	
$\bar{x}_1, \bar{x}_2, \bar{x}_3, \ldots$	arithmetischer Mittelwert der Stichprobe	
m	Anzahl der Stichproben	
$\bar{R}$	mittlere Spannweite aus mehreren bzw. allen Stichproben	
$R_1, R_2, R_3, \ldots$	Spannweite der Stichprobe	

Auswertung einer Stichprobe

arithmetischer Mittelwert

$$\bar{x} = \frac{x_1 + x_2 + x_3 + \ldots + x_n}{n}$$

Spannweite

$$R = x_{max} - x_{min}$$

Auswertung mehrerer Stichproben

Gesamtmittelwert

$$\bar{\bar{x}} = \frac{\bar{x}_1 + \bar{x}_2 + \bar{x}_3 + \ldots + \bar{x}_m}{m}$$

Mittlere Spannweite

$$\bar{R} = \frac{R_1 + R_2 + R_3 + \ldots + R_m}{m}$$

Beispiel

Stichprobe	Nr.	Gemessener Wellendurchmesser *d* in mm				
Welle 1 bis 5	1	40,008	40,011	40,014	40,009	40,013

$\bar{x}_1$	R_1
40,011	0,006

$$\bar{x}_1 = \frac{x_1 + x_2 + x_3 + x_4 + x_5}{n}$$

$$\bar{x}_1 = \frac{40{,}008\,\text{mm} + 40{,}011\,\text{mm} + 40{,}014\,\text{mm} + 40{,}009\,\text{mm} + 40{,}013\,\text{mm}}{5} = \underline{\underline{40{,}011\,\text{mm}}}$$

$$R_1 = x_{max} - x_{min}$$

$$R_1 = 40{,}014\,\text{mm} - 40{,}008\,\text{mm} = \underline{\underline{0{,}006\,\text{mm}}}$$

Grundlagen der statistischen Auswertung

Klassierung von Beobachtungswerten (DIN 53804: 2002-04)

Abbildung

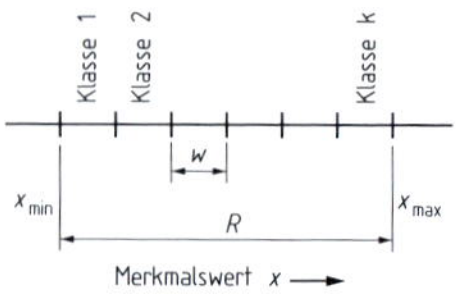

Übersteigt die Anzahl der Messwerte einer Stichprobe die Zahl 30, dann werden diese üblicherweise in Klassen (Bereiche) mit einer berechneten Klassenweite eingeteilt.

Formel / Formelumstellung

Anzahl der Klassen

$k = \sqrt{n}$ für $30 < n \leq 400$

$k = 20$ für $n > 400$

Klassenweite

$$w = \frac{R}{k} = \frac{x_{max} - x_{min}}{k}$$

$$R = x_{max} - x_{min}$$

Formelzeichen / Einheiten

k	Anzahl der Klassen (Bereiche)
n	Stichprobenumfang (Anzahl der Einzelwerte)
w	Klassenweite
R	Spannweite
x_{max}	größter Messwert der Stichprobe
x_{min}	kleinster Messwert der Stichprobe

Beispiel

(Auswertung der Stichprobenwerte aus dem Beispiel „Urliste")

$n = 40$ Wellen

$x_{max} = 40{,}018\,\text{mm}$

$x_{min} = 40{,}002\,\text{mm}$

$k = ?$

$w = ?$

$$k = \sqrt{n}$$

$$k = \sqrt{40} = 6{,}32 \rightarrow \underline{\underline{6}}$$

$$w = \frac{R}{k} = \frac{x_{max} - x_{min}}{k}$$

$$w = \frac{40{,}018\,\text{mm} - 40{,}002\,\text{mm}}{6} \approx \underline{\underline{0{,}003\,\text{mm}}}$$

Grundlagen der statistischen Auswertung

Häufigkeitsverteilung, Strichliste, Histogramm (DIN 53804: 2002-04)

Formelzeichen / Einheiten	Formel / Formelumstellung	
j Klassennummerindex h_j relative Häufigkeit n_j absolute Häufigkeit (Messwertanzahl in der Klasse j) n Stichprobenumfang (Anzahl der Einzelwerte)	**Relative Häufigkeit** $h_j = \frac{n_j}{n} \cdot 100\%$	**Häufigkeitstabelle, Strichliste und Histogramm** Jeder Messwert wird einer Klasse in der **Häufigkeitstabelle** zugeordnet. Liegt dieser auf der Grenze zwischen zwei Klassen wird er der höheren zugewiesen. Die **Strichliste** stellt eine überschaubare und verständliche Darstellung von Messwerten dar. Sie lässt sich sinnvoll mit einer Häufigkeitstabelle kombinieren. Das **Histogramm** stellt die Häufigkeitsverteilung der in Klassen eingeteilten Messdaten als Balkendiagramm dar.

Beispiel

(Auswertung der Stichprobenwerte aus dem Beispiel „Urliste")

Häufigkeitstabelle mit Strichliste:

Klassen		**Strichliste**	**absolute Häufigkeit** n_j	**relative Häufigkeit** h_j **in %**
Nr.	**Messwerte**			
1	40,002 mm … < 40,005 mm	I	1	2,5
2	40,005 mm … < 40,008 mm	IIII	4	10
3	40,008 mm … < 40,011 mm	~~IIII~~ IIII	9	22,5
4	40,011 mm … < 40,014 mm	~~IIII~~ ~~IIII~~ ~~IIII~~	15	37,5
5	40,014 mm … < 40,017 mm	~~IIII~~ II	7	17,5
6	40,017 mm … < 40,020 mm	IIII	4	10
		Σ =	**40**	**100**

Histogramm:

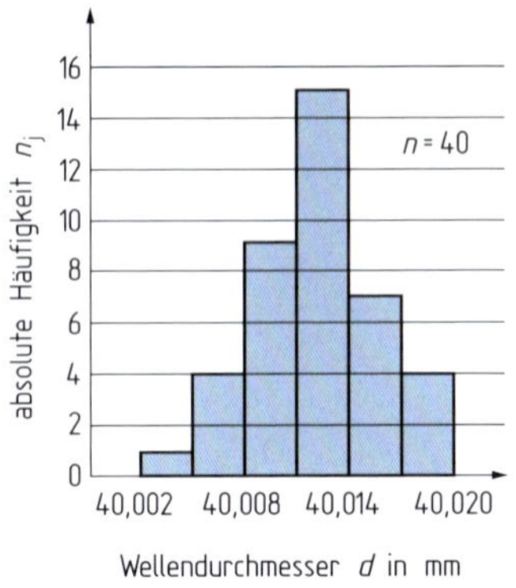

3

Grundlagen der statistischen Auswertung

Normalverteilung, Gaußsche Glockenkurve

Formel / Formelumstellung

Normalverteilung, Gaußsche Glockenkurve

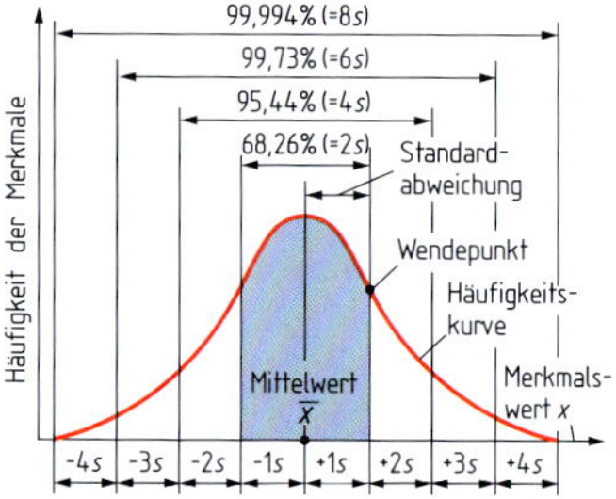

Standardabweichung

$$s = \sqrt{\frac{\Sigma(x_i - \bar{x})^2}{n-1}} = \sqrt{\frac{(x_1 - \bar{x})^2 + (x_2 - \bar{x})^2 + \ldots + (x_n - \bar{x})^2}{n-1}}$$

Mittelwert der Standardabweichungen

$$\bar{s} = \frac{s_1 + s_2 + \ldots + s_m}{m}$$

- Die **Gaußsche Glockenkurve** ist eine Hüllkurve der Häufigkeitsverteilung bei typischer **Normalverteilung der Merkmalswerte**.
- Der **arithmetische Mittelwert** $\bar{x}$ befindet sich in der Mitte der Kurve, an der Stelle ihres **Hochpunktes**.
- Der Abstand zwischen Hochpunkt und Wendepunkt stimmt mit der **Standardabweichung** s überein. Sie ist ein Maß für die Streuung der Merkmalswerte, sprich der Kurvenbreite.
- Bei Betrachtung der **Grundgesamtheit**, anstelle einer Stichprobe, lautet die Bezeichnung für den arithmetischen Mittelwert μ und für die Standardabweichung σ.

Formelzeichen / Einheiten

s Standardabweichung

x_i Wert des messbaren Merkmals z. B. Einzelwert

$\bar{x}$ arithmetischer Mittelwert

n Stichprobenumfang (Anzahl der Einzelwerte)

$\bar{s}$ Mittelwert der Standard-abweichung

m Anzahl der Stichproben

Beispiel (Auswertung der Messwerte aus Stichprobe Nr. 1 des Beispiels „Urliste")

Stichprobe	Nr.	Gemessener Wellendurchmesser *d* in mm				
Welle 1 bis 5	1	40,008	40,011	40,014	40,009	40,013

$$s = \sqrt{\frac{(x_1 - \bar{x})^2 + (x_2 - \bar{x})^2 + (x_3 - \bar{x})^2 + (x_4 - \bar{x})^2 + (x_5 - \bar{x})^2}{n-1}}$$

$$s = \sqrt{\frac{(40{,}008\,\text{mm} - 40{,}011\,\text{mm})^2 + (40{,}011\,\text{mm} - 40{,}011\,\text{mm})^2 + (40{,}014\,\text{mm} - 40{,}011\,\text{mm})^2 + (40{,}009\,\text{mm} - 40{,}011\,\text{mm})^2 + (40{,}013\,\text{mm} - 40{,}011\,\text{mm})^2}{5-1}} \approx \underline{\underline{0{,}003\,\text{mm}}}$$

Grundlagen der statistischen Auswertung

Wahrscheinlichkeitsnetz

Formelzeichen / Einheiten	Formel / Formelumstellung
j Klassennummerindex h_j relative Häufigkeit n_j absolute Häufigkeit (Messwertanzahl in der Klasse j) n Stichprobenumfang (Anzahl der Einzelwerte) F_j Summe der relativen Häufigkeit	– Das **Wahrscheinlichkeitsnetz** ist ein Hilfsmittel zum Testen einer Stichprobe auf Normalverteilung. – Die **Summe der relativen Häufigkeit F_j in %** wird auf der logarithmisch aufgeteilten senkrechten Achse (Ordinate) über den Merkmalswerten auf der waagerechten Achse (Abszisse) aufgebracht. – Es liegt eine **Normalverteilung** der Einzelmesswerte vor, wenn sich annähernd eine **Gerade** ergibt. – Die **Standardabweichung s** kann einfach über die Abszisse bestimmt und der **arithmetische Mittelwert $\bar{x}$** bei $F_j = 50\,\%$ abgelesen werden. **Relative Häufigkeit** $h_j = \frac{n_j}{n} \cdot 100\,\%$ **Summe der relativen Häufigkeiten** $F_j = h_1 + h_2 + \ldots + h_j$

Beispiel

(Auswertung der Stichprobenwerte aus dem Beispiel „Urliste")

Häufigkeitstabelle mit Strichliste:

Klassen		Strichliste	absolute Häufigkeit	relative Häufigkeit	F_j in %
Nr.	Messwerte		n_j	h_j in %	
1	40,002 mm … < 40,005 mm	I	1	2,5	2,5
2	40,005 mm … < 40,008 mm	IIII	4	10	12,5
3	40,008 mm … < 40,011 mm	~~IIII~~ IIII	9	22,5	35
4	40,011 mm … < 40,014 mm	~~IIII~~ ~~IIII~~ ~~IIII~~	15	37,5	72,5
5	40,014 mm … < 40,017 mm	~~IIII~~ II	7	17,5	90
6	40,017 mm … < 40,020 mm	IIII	4	10	100
		Σ =	40	100	

Histogramm:

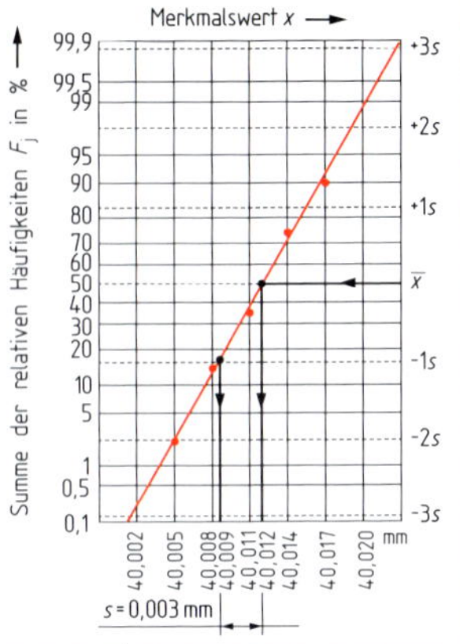

3

Statistische Fertigungsüberwachung

Maschinenfähigkeit, Prozessfähigkeit

Abbildung	Formel / Formelumstellung	Formelzeichen / Einheiten

Mit der Untersuchung der **Maschinenfähigkeit** kann bestimmt werden, ob die Maschine bei normalem Betrieb generell mit der geforderten Qualität fertigen kann. Hierfür werden in kurzer Zeit mindestens 50 in Folge gefertigte Teile gemessen und beurteilt.

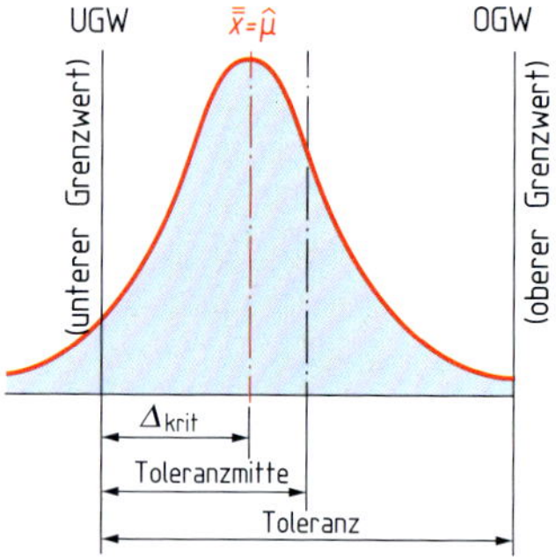

Mit der Untersuchung der **Prozessfähigkeit** kann bestimmt werden, ob der Fertigungsprozess generell die vereinbarten Forderungen erfüllen kann. Hierfür werden mindestens 125 Teile gemessen und beurteilt.

Maschinenfähigkeitsindex

$$c_m = \frac{T}{6 \cdot s} = \frac{OGW - UGW}{6 \cdot s}$$

$$c_m \geq 1{,}67 \quad ^{1)} \qquad c_{mk} = \frac{\Delta_{krit}}{3 \cdot s} \geq 1{,}33 \quad ^{1)}$$

Prozessfähigkeitsindex

$$c_p = \frac{T}{6 \cdot \hat{\sigma}} = \frac{OGW - UGW}{6 \cdot \hat{\sigma}}$$

$$c_p \geq 1{,}33 \quad ^{1)} \qquad c_{pk} = \frac{\Delta_{krit}}{3 \cdot \hat{\sigma}} \geq 1{,}33 \quad ^{1)}$$

$$\Delta_{krit} = OGW - \bar{\bar{x}} \quad \text{bzw.} \quad \Delta_{krit} = \bar{\bar{x}} - UGW$$

(Es ist stets der kleinere Wert Δ_{krit} zu wählen.)

[1)] Der Wert wird vom Kunden bzw. Qualitätsmanagement vorgegeben

c_m	Maschinenfähigkeit
T	Toleranz
$\hat{\sigma}$	Schätzwert für die Standardabweichung (s. Tabelle unten links)
OGW	Oberer Grenzwert
UGW	Unterer Grenzwert
c_{mk}	kritische Maschinenfähigkeit
Δ_{krit}	kleinster Abstand zwischen Gesamtmittelwert $\bar{\bar{x}}$ und den Toleranzgrenzen *OGW* bzw. *UGW*
c_p	Prozessfähigkeit
c_{pk}	kritische Prozessfähigkeit
$\hat{\mu}$	Schätzwert für den Prozessmittelwert
n	Stichprobenumfang (Anzahl der Einzelwerte)
s	Standardabweichung
$\bar{s}$	Mittelwert der Standardabweichung
$\bar{R}$	mittlere Spannweite

n	2	3	4	5	6	7	8	9	10
$\hat{\sigma} =$	$1{,}25 \cdot \bar{s}$	$1{,}13 \cdot \bar{s}$	$1{,}09 \cdot \bar{s}$	$1{,}06 \cdot \bar{s}$	$1{,}05 \cdot \bar{s}$	$1{,}04 \cdot \bar{s}$	$1{,}04 \cdot \bar{s}$	$1{,}03 \cdot \bar{s}$	$1{,}03 \cdot \bar{s}$
	$0{,}89 \cdot \bar{R}$	$0{,}59 \cdot \bar{R}$	$0{,}49 \cdot \bar{R}$	$0{,}43 \cdot \bar{R}$	$0{,}39 \cdot \bar{R}$	$0{,}37 \cdot \bar{R}$	$0{,}35 \cdot \bar{R}$	$0{,}34 \cdot \bar{R}$	$0{,}32 \cdot \bar{R}$

Bewertung	$c_p < 1{,}33$ bzw. $c_m < 1{,}67$	$c_p \geq 1{,}33$ bzw. $c_m \geq 1{,}67$
c_{mk} bzw. $c_{pk} < 1{,}33$	Streuung verkleinern, ggf. zentrieren	zentrieren
c_{mk} bzw. $c_{pk} \geq 1{,}33$	Streuung verkleinern	**Maschine bzw. Prozess fähig**

Statistische Prozessregelung (SPC)

Prozesseinflüsse

Die **Statistische Prozessregelung** dient in erster Linie dazu, der Entstehung von Fehlern vorzubeugen. Durch die Analyse der Produktqualität können Fehlerursachen bestimmt und Gegenmaßnahmen zu ihrer Bekämpfung eingeleitet werden. Die Fehler können durch zufällige oder systematische **Prozesseinflüsse** auftreten.

Beispiel

Prozesseinflüsse	Systematischer Einfluss	Zufälliger Einfluss
Prüfwerte (beispielhafter Verlauf)	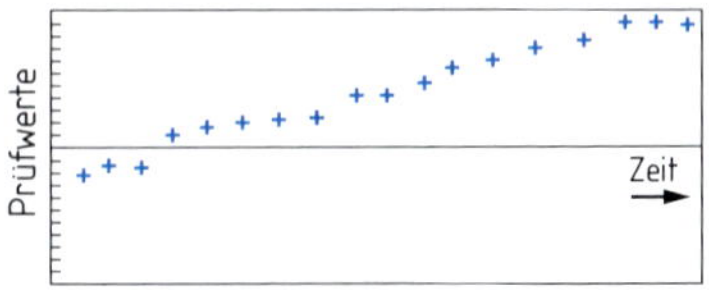	
mögliche Ursache	– Werkzeugverschleiß – Kalibrierungsfehler (Messzeug) – ungenaue Skalen	– Abweichung aufgrund unterschiedlicher Werkstücktemperaturen während des Prüfens – Messkraftschwankungen
Wirkung	– bei erneuter Messung tritt eine unsymmetrische Häufung der gemessenen Werte auf	– die gemessenen Werte häufen sich symmetrisch um einen bestimmten Wert
mögliche Maßnahmen	– Eichung bzw. Justierung der Messgeräte – Wahl alternativer Messmethoden	– erneute Messung bei konstanter Prüftemperatur – gleiche Prüfkraft aufbringen

Statistische Prozessregelung (SPC)

Qualitätsregelkarte 1

Die Voraussetzung für eine statistische Prozessregelung ist ein fähiger Prozess mit Normalverteilung. Die **Qualitätsregelkarte (QRK)** ist ein Hilfsmittel zur ständigen Beobachtung und Regelung von Fertigungsprozessen. Mit ihr können Abweichungen anhand von häufigen Stichprobenentnahmen gleichen Umfangs erkannt und Korrekturen vorgenommen werden, um der Fertigung von Ausschuss frühzeitig entgegen zu wirken.

Arten von QRK (einspurig):

1. **Urwertkarte** → Von jeder Stichprobe werden alle Messwerte eingetragen.
2. **Mittelwertkarte** ($\bar{x}$-Karte) → Von jeder Stichprobe wird der Mittelwert eingetragen.
3. **Spannweitenkarte** (R-Karte) → Von jeder Stichprobe wird die Spannweite eingetragen.
4. **Medianwertkarte** ($\tilde{x}$-Karte) → Von jeder Stichprobe wird der Medianwert eingetragen.
5. **Standardabweichungskarte** (s-Karte) → Von jeder Stichprobe wird die Standardabweichung eingetragen.

Kombinierte QRKs (zweispurig):

1. **$\bar{x}/R$-Karte** → hohe Aussagekraft
2. **$\bar{x}/s$-Karte** → höchste Aussagekraft

3

Kennwerte einer QRK:

OGW	oberer Grenzwert	**M**	Mittelwert
OEG	obere Eingriffsgrenze	**UGW**	unterer Grenzwert
OWG	obere Warngrenze	**UEG**	untere Eingriffsgrenze
		UWG	untere Warngrenze

Zu berechnende Kennwerte für eine QRK:

$\bar{x}$	Mittelwert	$\tilde{x}$	Medianwert
R	Spannweite	s	Standardabweichung

Beispiel

(Auswertung der ersten drei Stichproben aus dem Beispiel „Urliste")

Urwertkarte

- Die Urwertkarte ist eine QRK, die keine weiteren Berechnungen benötigt.
- Die Messwerte werden direkt in die Urwertkarte eingetragen.
- Aufgrund der Eintragung aller Messwerte wirkt sie teilweise ein wenig unübersichtlich.
- Die Urwertkarte besitzt nur eine geringe Aussagekraft.

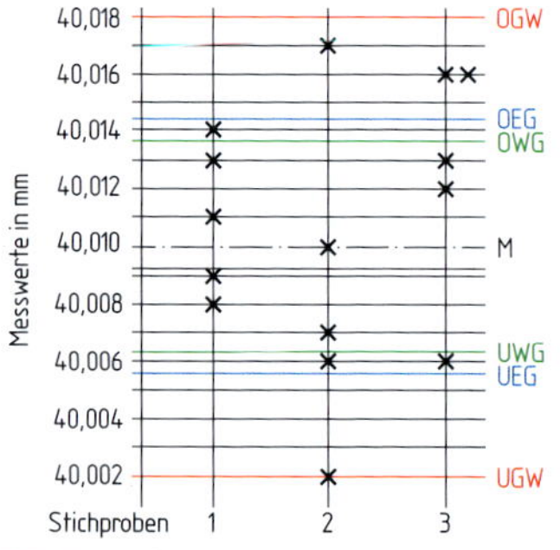

Statistische Prozessregelung (SPC)

Qualitätsregelkarte 2

Maßnahmen:

- Bei Über- bzw. Unterschreitung einer **Warngrenze (OWG/UWG)** wird die Entnahme der Stichproben erhöht.
- Sollte eine **Eingriffsgrenze (OEG/UEG)** erreicht werden, ist ein Eingreifen in den Fertigungsprozess zwingend erforderlich.

Beispiel

(Auswertung der ersten drei Stichproben aus dem Beispiel „Urliste")

Mittelwertkarte

- Zur Verwendung der Mittelwertkarte (**$\bar{x}$-Karte**) ist die Berechnung des **arithmetischen Mittelwertes $\bar{x}$** jeder Stichprobe erforderlich.
- Die **arithmetischen Mittelwerte** werden anschließend in die Spur der Mittelwertkarte eingetragen und miteinander verbunden.
- Stichprobe 1 liegt knapp unterhalb der oberen Warngrenze (OWG) ist also noch im angestrebten Bereich.
- Stichprobe 2 hat die untere Warngrenze (UWG) unterschritten, liegt aber noch oberhalb der unteren Eingriffsgrenze (UEG). Als Folge wird die Entnahme der Stichproben erhöht.
- Stichprobe 3 hat die obere Eingriffsgrenze (OEG) überschritten. Ein Eingreifen in den Fertigungsprozess ist somit erforderlich.

Prüfmerkmal: Durchmesser	Kontrollmaß: 40k6		
Stichprobenumfang: $n = 3$	Kontrollintervall: 60 min		
Messwerte in mm: x_1 in mm	40,008	40,007	40,006
x_2 in mm	40,011	40,006	40,013
x_3 in mm	40,014	40,017	40,012
x_4 in mm	40,009	40,002	40,016
x_5 in mm	40,013	40,010	40,016
$\bar{x}$ in mm	40,0110	40,0084	40,0126
s in mm	2,550	5,595	4,099

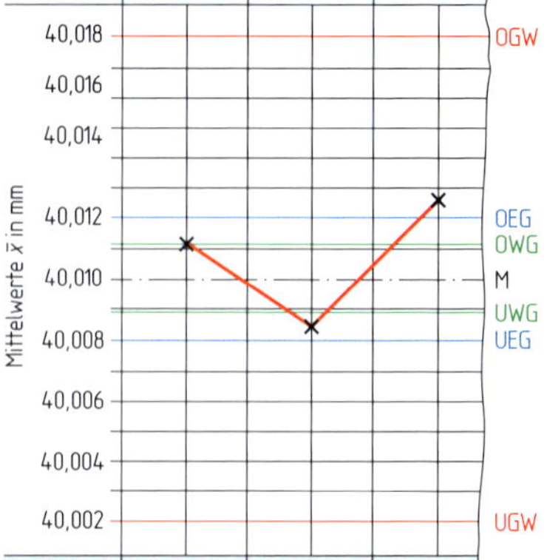

Proben-Nr.	1	2	3
Uhrzeit	6:00	7:00	8:00

Statistische Prozessregelung (SPC)

Qualitätsregelkarte 3

In der Tabelle sind mögliche **Prozessverläufe**, die während eines Fertigungsprozesses auftreten können, dargestellt und erläutert.

Prozessverlauf	Erläuterung
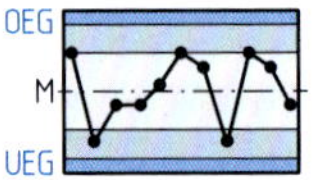	**Natürlicher Verlauf** • 2/3 der Messwerte befinden sich im Bereich $\pm s$ (Standardabweichung). • Alle Messwerte befinden sich zwischen der oberen und unteren Eingriffsgrenze. → Ein Eingriff in den Prozess ist nicht erforderlich
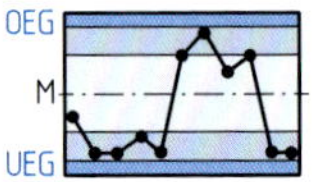	**Werte kurz vor der Eingriffsgrenze** • Ein oder mehrere Messwerte liegen im Bereich zwischen Warngrenze und Eingriffsgrenze. → Der Prozess wird verstärkt beobachtet. Zusätzliche Stichproben werden sofort entnommen. Der Prozess ist zu korrigieren, falls sich kein natürlicher Verlauf einstellt.
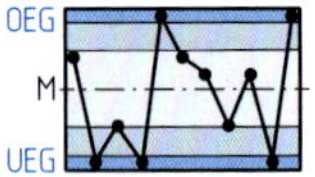	**Eingriffsgrenzen über- bzw. unterschritten** • Einer oder mehrere Messwerte liegen außerhalb einer Eingriffsgrenze (oder beider). → Die Maschine kann z. B. defekt sein oder muss nachjustiert werden. Ein Eingriff in den Prozess ist erforderlich. Alle nach der letzten Stichprobe gefertigten Teile müssen einer 100%-Prüfung unterzogen werden.
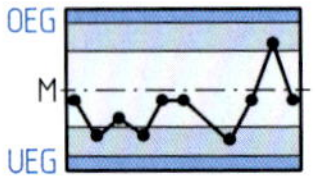	**Run** • Mindestens 7 Messwerte in Reihe liegen auf der selben Seite der Mittellinie. → Die Ursache kann z. B. Werkzeugwechsel sein. Der Prozess wird verstärkt beobachtet. Zusätzliche Stichproben werden sofort entnommen. Der Prozess ist zu ggf. zu korrigieren.
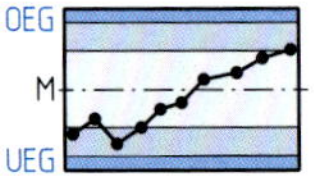	**Trend fallend / Trend steigend** • Mindestens 7 Messwerte in Reihe weisen zusammen einen fallenden / steigenden Verlauf auf. → Die Ursache kann z. B. Werkzeugverschleiß sein. Der Prozess ist zu unterbrechen um die Ursache abzustellen, da ggf. ein Überschreiten der unteren / oberen Eingriffsgrenze droht.
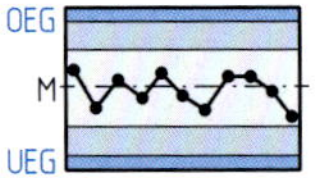	**Middle Third** • Mindestens 7 Messwerte in Reihe befinden sich im Bereich $\pm s$ (Standardabweichung). → Die Ursache kann z. B. eine optimierte Fertigung sein. Eine Analyse ist erforderlich.
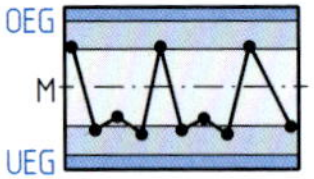	**Perioden** • Die Messwerte ändern in regemäßigen Abständen die Seite der Mittellinie. → Die Ursache kann z. B. in der Beschaffenheit der Messinstrumente liegen. Eine Analyse ist erforderlich.

Graphische Fehleranalyse

Fehlersammelkarte, Pareto-Analyse (ABC-Analyse)

Fehlersammelkarte

In einer Fehlersammelkarte werden in **Stichproben** auftretende **Fehlerarten** und die **Häufigkeit** ihres Auftretens tabellarisch protokolliert. Die aufgetretenen Fehlerarten werden untereinander aufgelistet. Die jeweilige Fehlerhäufigkeit wird daneben notiert.

Beispiel

- Schweißteil (Verfahren: Lichtbogenhandschweißen)
- Anzahl der Stichproben $m = 5$
- Es wurde zusätzlich die absolute und relative Häufigkeit der Fehlerarten berechnet.

Teil:	**Prüfturnus:**					**Stichprobenumfang:**	
Fehler						Häufigkeit	
						absolut	relativ
Einbrandkerbe	4		3		3		10	25 %
Spritzer		4		1	3		8	20 %
Bindefehler					2		2	5 %
Zündstellen				4			4	10 %
Endkraterriss		3	2	5	4		14	35 %
Poren		2					2	5 %
Stichprobe	1	2	3	4	5		40	100 %

Pareto-Analyse (ABC-Analyse)

Grundlage der Pareto-Analyse ist die Erkenntnis, dass lediglich 20 % der möglichen Fehlerursachen für 80 % der auftretenden Fehler verantwortlich sind. Durch systematische Bekämpfung dieser Fehlerursachen lassen sich somit große Verbesserungen erzielen.
Ein Pareto-Diagramm hilft bei der Entscheidung, welche Ursachen in welcher Reihenfolge angegangen werden sollten.
Als Grundlage für das Pareto-Diagramm wird häufig eine Fehlersammelkarte verwendet.

Beispiel

- Schweißteil (Verfahren: Lichtbogenhandschweißen)
- Es werden die am häufigsten auftretenden Fehler addiert, bis die Summenhäufigkeit 80 % erreicht wird, also Endkraterriss (35 %), Einbrandkerbe (25 %) und Spritzer (20 %).
- Die Fehlerursachen für Endkraterriss, Einbrandkerbe und Spritzer sollten als erstes minimiert bzw. behoben werden.

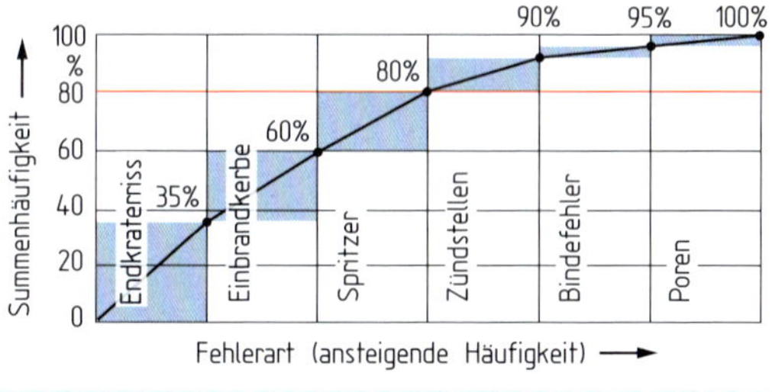

3

Einfacher Riementrieb

Abbildung

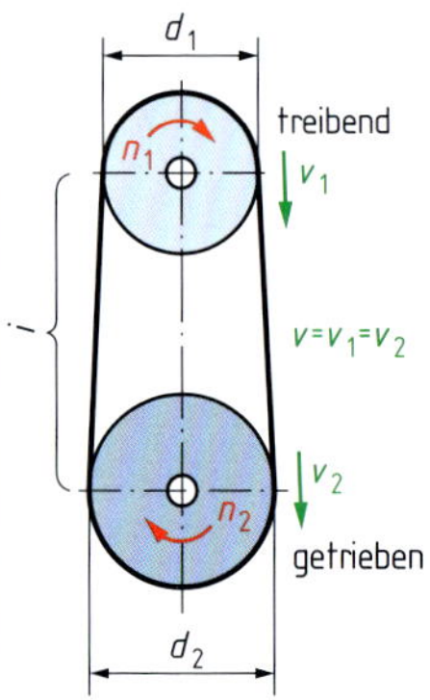

Formel / Formelumstellung

$$d_1 \cdot n_1 = d_2 \cdot n_2$$

$$d_1 = \frac{d_2 \cdot n_2}{n_1} \qquad n_1 = \frac{d_2 \cdot n_2}{d_1}$$

$$d_2 = \frac{d_1 \cdot n_1}{n_2} \qquad n_2 = \frac{d_1 \cdot n_1}{d_2}$$

$$i = \frac{n_1}{n_2}$$

$$n_1 = i \cdot n_2 \qquad n_2 = \frac{n_1}{i}$$

$$v = d \cdot \pi \cdot n$$

$$d = \frac{v}{\pi \cdot n} \qquad n = \frac{v}{d \cdot \pi}$$

$$i = \frac{d_2}{d_1}$$

$$d_2 = d_1 \cdot i \qquad d_1 = \frac{d_2}{i}$$

Formelzeichen / Einheiten

Treibende Scheibe:

d_1 Wirkdurchmesser (z. B.) mm, m

n_1 Drehzahl (z. B.) $\frac{1}{\text{min}}$

Getriebene Scheibe:

d_2 Wirkdurchmesser (z. B.) mm, m

n_2 Drehzahl (z. B.) $\frac{1}{\text{min}}$

v Umfangsgeschwindigkeit (z. B.) $\frac{\text{mm}}{\text{min}}$

i Übersetzungsverhältnis

- $i > 1$: Übersetzung ins Langsame
- $i < 1$: Übersetzung ins Schnelle
- $i = 1$: direkte Übersetzung

Beispiel

$d_1 = 150\,\text{mm}$

$n_1 = 600\,\frac{1}{\text{min}}$

$d_2 = 240\,\text{mm}$

$n_2 = ?$

$$n_2 = \frac{d_1 \cdot n_1}{d_2}$$

$$n_2 = \frac{150\text{ mm} \cdot 600\,\frac{1}{\text{min}}}{240\text{ mm}} = 375\,\frac{\cancel{\text{mm}} \cdot \frac{1}{\text{min}}}{\cancel{\text{mm}}} = 375\,\frac{1}{\text{min}}$$

Mehrfacher Riementrieb 1

Formelzeichen / Einheiten

Treibende Scheiben:

d_1, d_3	Wirkdurchmesser	(z. B.) mm, m
n_1, n_3	Umdrehungsfrequenz (Drehzahl)	(z. B.) $\frac{1}{\text{min}}$
n_A	Anfangsumdrehungsfrequenz	(z. B.) $\frac{1}{\text{min}}$

Getriebene Scheiben:

d_2, d_4	Wirkdurchmesser	(z. B.) mm, m
n_2, n_4	Umdrehungsfrequenz (Drehzahl)	(z. B.) $\frac{1}{\text{min}}$
n_E	Endumdrehungsfrequenz	(z. B.) $\frac{1}{\text{min}}$

i_1, i_2 Einzelübersetzungsverhältnisse

i Gesamtübersetzungsverhältnis

Formel / Formelumstellung

$$d_1 \cdot d_3 \cdot n_1 = d_2 \cdot d_4 \cdot n_4$$

$$n_1 = \frac{d_2 \cdot d_4 \cdot n_4}{d_1 \cdot d_3} \qquad n_4 = \frac{d_1 \cdot d_3 \cdot n_1}{d_2 \cdot d_4}$$

$$d_1 = \frac{d_2 \cdot d_4 \cdot n_4}{d_3 \cdot n_1} \qquad d_2 = \frac{d_1 \cdot d_3 \cdot n_1}{d_4 \cdot n_4}$$

$$d_3 = \frac{d_2 \cdot d_4 \cdot n_4}{d_1 \cdot n_1} \qquad d_4 = \frac{d_1 \cdot d_3 \cdot n_1}{d_2 \cdot n_4}$$

Abbildung

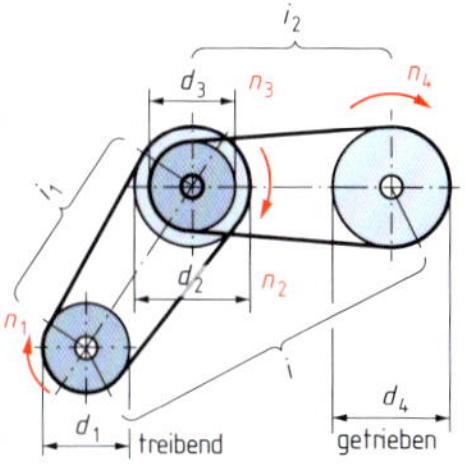

$n_1 = n_A$

$n_4 = n_E$

$n_2 = n_3$

Beispiel

$n_1 = 650 \frac{1}{\text{min}}$

$d_1 = 180\,\text{mm}$ $\qquad d_2 = 300\,\text{mm}$

$d_3 = 200\,\text{mm}$ $\qquad d_4 = 350\,\text{mm}$

$n_4 = ?$

$$n_4 = \frac{d_1 \cdot d_3 \cdot n_1}{d_2 \cdot d_4}$$

$$n_4 = \frac{180\,\text{mm} \cdot 200\,\text{mm} \cdot 650\,\frac{1}{\text{min}}}{300\,\text{mm} \cdot 350\,\text{mm}} = 222{,}9\,\frac{\cancel{\text{mm}} \cdot \cancel{\text{mm}} \cdot \frac{1}{\text{min}}}{\cancel{\text{mm}} \cdot \cancel{\text{mm}}} = \underline{\underline{222{,}9\,\frac{1}{\text{min}}}}$$

Mehrfacher Riementrieb 2

Abbildung	Formel / Formelumstellung	Formelzeichen / Einheiten
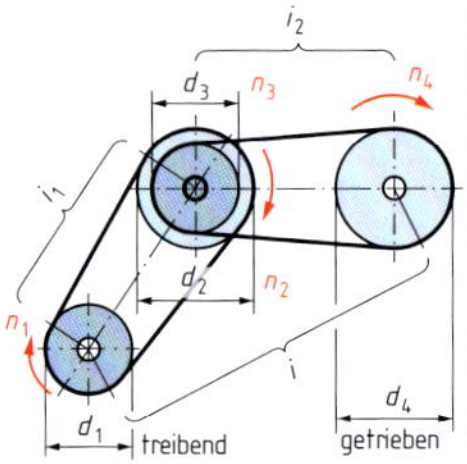 $n_1 = n_A$ $n_4 = n_E$ $n_2 = n_3$	$i_1 = \frac{d_2}{d_1}$ $\quad i_1 = \frac{n_1}{n_2}$ $i_2 = \frac{d_4}{d_3}$ $\quad i_2 = \frac{n_3}{n_4}$ $i = i_1 \cdot i_2$ $i = \frac{n_1}{n_2} \cdot \frac{n_3}{n_4}$ $\quad i = \frac{d_2}{d_1} \cdot \frac{d_4}{d_3}$ $i = \frac{n_A}{n_E} = \frac{n_1}{n_4}$ $n_A = i \cdot n_E$ $\quad n_E = \frac{n_A}{i}$	**Treibende Scheiben:** d_1, d_3 Wirkdurchmesser (z. B.) mm, m n_1, n_3 Drehzahl (z. B.) $\frac{1}{\text{min}}$ n_A Anfangsumdrehungsfrequenz (z. B.) $\frac{1}{\text{min}}$ **Getriebene Scheiben:** d_2, d_4 Wirkdurchmesser (z. B.) mm, m n_2, n_4 Drehzahl (z. B.) $\frac{1}{\text{min}}$ n_E Endumdrehungsfrequenz (z. B.) $\frac{1}{\text{min}}$ i_1, i_2 Einzelübersetzungsverhältnisse i Gesamtübersetzungsverhältnis

Beispiel

$d_1 = 180\,\text{mm}$
$d_2 = 300\,\text{mm}$
$d_3 = 200\,\text{mm}$
$d_4 = 350\,\text{mm}$
$i = ?$

$$i = \frac{d_2}{d_1} \cdot \frac{d_4}{d_3}$$

$$i = \frac{300\text{ mm}}{180\text{ mm}} \cdot \frac{350\text{ mm}}{200\text{ mm}} = 2{,}9\,\frac{\cancel{\text{mm}} \cdot \cancel{\text{mm}}}{\cancel{\text{mm}} \cdot \cancel{\text{mm}}} = \underline{\underline{2{,}9}}$$

4

Einfacher Zahntrieb

Formelzeichen / Einheiten

z_1	Zähnezahl treibendes Zahnrad	
z_2	Zähnezahl getriebenes Zahnrad	
n_1	Umdrehungsfrequenz (Drehzahl) treibendes Zahnrad	(z. B.) $\frac{1}{\text{min}}$
n_2	Umdrehungsfrequenz (Drehzahl) getriebenes Zahnrad	(z. B.) $\frac{1}{\text{min}}$
d_1	Teilkreisdurchmesser	mm
d_2	Teilkreisdurchmesser	mm
i	Übersetzungsverhältnis	

$i > 1$: Übersetzung ins Langsame

$i < 1$: Übersetzung ins Schnelle

$i = 1$: direkte Übersetzung

Formel / Formelumstellung

$$z_1 \cdot n_1 = z_2 \cdot n_2$$

$$n_1 = \frac{z_2 \cdot n_2}{z_1} \qquad z_1 = \frac{z_2 \cdot n_2}{n_1}$$

$$n_2 = \frac{z_1 \cdot n_1}{z_2} \qquad z_2 = \frac{z_1 \cdot n_1}{n_2}$$

$$i = \frac{z_2}{z_1}$$

$$z_2 = i \cdot z_1 \qquad z_1 = \frac{z_2}{i}$$

$$i = \frac{n_1}{n_2}$$

$$n_1 = i \cdot n_2 \qquad n_2 = \frac{n_1}{i}$$

$$i = \frac{d_2}{d_1}$$

$$d_2 = i \cdot d_1 \qquad d_1 = \frac{d_2}{i}$$

Abbildung

Einfacher Zahntrieb

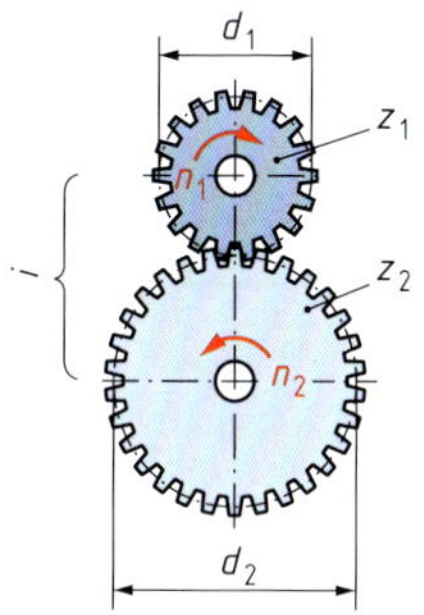

Beispiel

$z_1 = 36$

$z_2 = 90$

$n_1 = 120 \frac{1}{\text{min}}$

$n_2 = ?$

$$n_2 = \frac{z_1 \cdot n_1}{z_2}$$

$$n_2 = \frac{36 \cdot 120 \frac{1}{\text{min}}}{90} = \underline{\underline{48 \frac{1}{\text{min}}}}$$

Mehrfacher Zahntrieb 1

Abbildung	Formel / Formelumstellung	Formelzeichen / Einheiten

Abbildung

Mehrfacher Zahntrieb

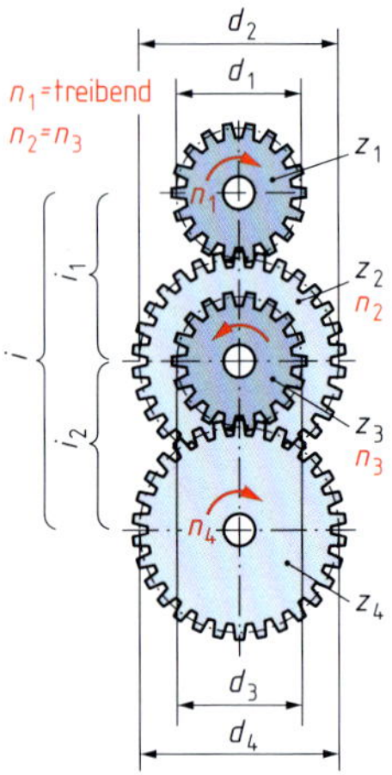

Formel / Formelumstellung

$$z_1 \cdot z_3 \cdot n_1 = z_2 \cdot z_4 \cdot n_4$$

$$n_1 = \frac{z_2 \cdot z_4 \cdot n_4}{z_1 \cdot z_3} \qquad n_4 = \frac{z_1 \cdot z_3 \cdot n_1}{z_2 \cdot z_4}$$

$$z_1 = \frac{z_2 \cdot z_4 \cdot n_4}{z_3 \cdot n_1} \qquad z_2 = \frac{z_1 \cdot z_3 \cdot n_1}{z_4 \cdot n_4}$$

$$z_3 = \frac{z_2 \cdot z_4 \cdot n_4}{z_1 \cdot n_1} \qquad z_4 = \frac{z_1 \cdot z_3 \cdot n_1}{z_2 \cdot n_4}$$

Formelzeichen / Einheiten

Treibende Zahnräder:

$z_1, z_3 \ldots$	Zähnezahl	
$n_1, n_3 \ldots$	Umdrehungsfrequenz (Drehzahl)	(z. B.) $\frac{1}{\text{min}}$
$d_1, d_3 \ldots$	Teilkreisdurchmesser	mm

Getriebene Zahnräder:

$z_2, z_4 \ldots$	Zähnezahl	
$n_2, n_4 \ldots$	Umdrehungsfrequenz (Drehzahl)	(z. B.) $\frac{1}{\text{min}}$
$d_2, d_4 \ldots$	Teilkreisdurchmesser	mm
$i_1, i_2 \ldots$	Einzelübersetzungsverhätnisse	
i	Gesamtübersetzungsverhältnis	
n_1	Anfangsdrehzahl	(z. B.) $\frac{1}{\text{min}}$
n_4	Enddrehzahl	(z. B.) $\frac{1}{\text{min}}$

Beispiel

$n_1 = 280 \frac{1}{\text{min}}$

$z_1 = 36$ $\quad z_2 = 60$

$z_3 = 36$ $\quad z_4 = 60$

$n_4 = ?$

$$n_4 = \frac{z_1 \cdot z_3 \cdot n_1}{z_2 \cdot z_4}$$

$$n_4 = \frac{36 \cdot 36 \cdot 280 \frac{1}{\text{min}}}{60 \cdot 60} = \underline{\underline{100{,}8 \frac{1}{\text{min}}}}$$

4

Mehrfacher Zahntrieb 2

Formelzeichen / Einheiten	Formel / Formelumstellung	Abbildung
Treibende Zahnräder: $z_1, z_3 \ldots$ Zähnezahl $n_1, n_3 \ldots$ Umdrehungsfrequenz (Drehzahl) (z. B.) $\frac{1}{\text{min}}$ $d_1, d_3 \ldots$ Teilkreisdurchmesser mm **Getriebene Zahnräder:** $z_2, z_4 \ldots$ Zähnezahl $n_2, n_4 \ldots$ Umdrehungsfrequenz (Drehzahl) (z. B.) $\frac{1}{\text{min}}$ $d_2, d_4 \ldots$ Teilkreisdurchmesser mm $i_1, i_2 \ldots$ Einzelübersetzungsverhätnisse i Gesamtübersetzungsverhältnis n_1 Anfangsdrehzahl (z. B.) $\frac{1}{\text{min}}$ n_4 Enddrehzahl (z. B.) $\frac{1}{\text{min}}$	$i_1 = \frac{z_2}{z_1}$ $i_1 = \frac{n_1}{n_2}$ $i_1 = \frac{d_2}{d_1}$ $i_2 = \frac{z_4}{z_3}$ $i_2 = \frac{n_3}{n_4}$ $i_2 = \frac{d_4}{d_3}$ $i = i_1 \cdot i_2$ $i = \frac{z_2}{z_1} \cdot \frac{z_4}{z_3}$ $i = \frac{n_1}{n_2} \cdot \frac{n_3}{n_4}$ $i = \frac{d_2}{d_1} \cdot \frac{d_4}{d_3}$ $i = \frac{n_1}{n_4}$ $n_1 = i \cdot n_4$ $n_4 = \frac{n_1}{i}$	**Mehrfacher Zahntrieb** 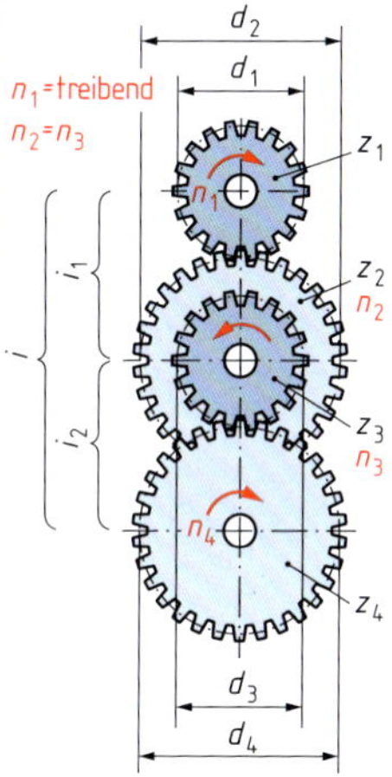

Beispiel

$z_1 = 24$ $z_2 = 60$

$z_3 = 36$ $z_4 = 56$

$i = ?$

$$i = \frac{z_2}{z_1} \cdot \frac{z_4}{z_3}$$

$$i = \frac{60 \cdot 56}{24 \cdot 36} = \underline{\underline{3{,}89}}$$

4

Schneckentrieb, Übersetzungen

Abbildung	Formel / Formelumstellung		Formelzeichen / Einheiten
Schneckentrieb 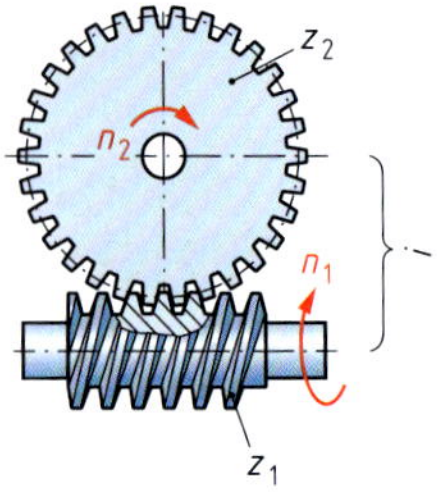	$z_1 \cdot n_1 = z_2 \cdot n_2$		z_1 Gangzahl der Schnecke (Zähnezahl)
	$n_1 = \frac{z_2 \cdot n_2}{z_1}$	$z_1 = \frac{z_2 \cdot n_2}{n_1}$	z_2 Zähnezahl Schneckenrad
	$n_2 = \frac{z_1 \cdot n_1}{z_2}$	$z_2 = \frac{z_1 \cdot n_1}{n_2}$	n_1 Umdrehungsfrequenz (Drehzahl) Schnecke (z. B.) $\frac{1}{\text{min}}$
	$i = \frac{z_2}{z_1}$		n_2 Umdrehungsfrequenz (Drehzahl) Schneckenrad (z. B.) $\frac{1}{\text{min}}$
	$z_2 = i \cdot z_1$	$z_1 = \frac{z_2}{i}$	i Übersetzungsverhältnis
	$i = \frac{n_1}{n_2}$		
	$n_1 = i \cdot n_2$	$n_2 = \frac{n_1}{i}$	

Beispiel

$z_1 = 2$

$z_2 = 60$

$n_1 = 240 \frac{1}{\text{min}}$

$n_2 = ?$

$$n_2 = \frac{z_1 \cdot n_1}{z_2}$$

$$n_2 = \frac{2 \cdot 240 \frac{1}{\text{min}}}{60} = \underline{\underline{8 \frac{1}{\text{min}}}}$$

Achsabstand, Zahnradberechnung

Formelzeichen / Einheiten

a	Achsabstand	mm
m	Modul	mm
z_1	Zähnezahl	
z_2	Zähnezahl	
d_1	Teilkreisdurchmesser	mm
d_2	Teilkreisdurchmesser	mm
p	Teilung	mm
c	Kopfspiel	mm

Formel / Formelumstellung

$$a = \frac{m}{2} \cdot (z_1 + z_2)$$

$$m = \frac{2 \cdot a}{z_1 + z_2}$$

$$z_1 = \frac{2 \cdot a}{m} - z_2$$

$$z_2 = \frac{2 \cdot a}{m} - z_1$$

$$a = \frac{d_1 + d_2}{2}$$

$$d_1 = 2 \cdot a - d_2$$

$$d_2 = 2 \cdot a - d_1$$

Abbildung

Achsabstand

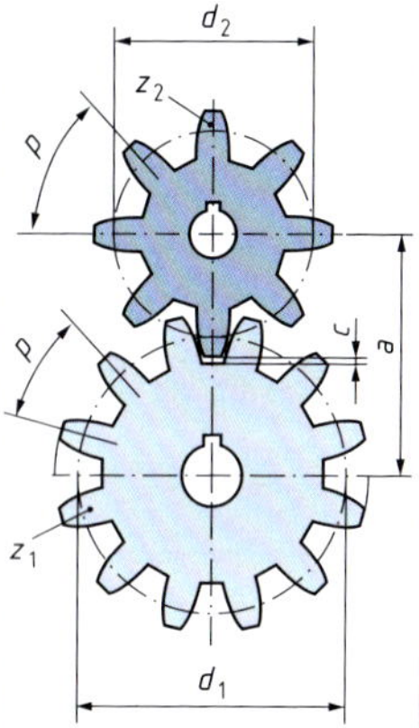

Beispiel

$z_1 = 32$

$z_2 = 64$

$m = 2\,\text{mm}$

$a = ?$

$$a = \frac{m}{2} \cdot (z_1 + z_2)$$

$$a = \frac{2\,\text{mm}}{2} \cdot (32 + 64) = \underline{\underline{96\,\text{mm}}}$$

Achsabstand bei Innenverzahnung

Abbildung	Formel / Formelumstellung	Formelzeichen / Einheiten
Achsabstand bei Innenverzahnung 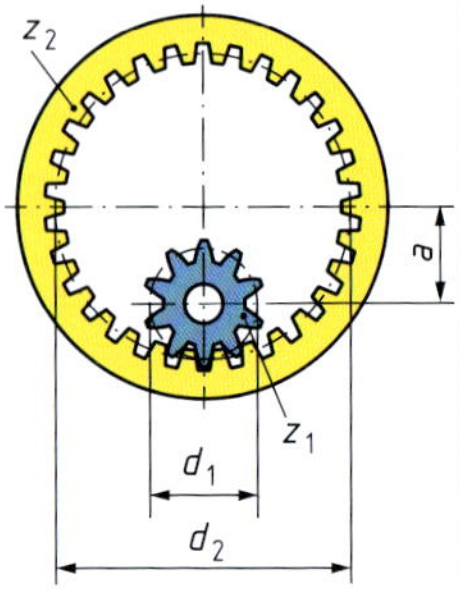 	$a = \frac{m}{2} \cdot (z_2 - z_1)$ $m = \frac{2 \cdot a}{z_2 - z_1}$ $z_1 = z_2 - \frac{2 \cdot a}{m}$ $z_2 = z_1 + \frac{2 \cdot a}{m}$ $a = \frac{d_2 - d_1}{2}$ $d_1 = d_2 - 2 \cdot a$ $d_2 = d_1 + 2 \cdot a$	a Achsabstand mm m Modul mm z_1 Zähnezahl des inneren Zahnrades z_2 Zähnezahl des äußeren Zahnrades d_1 Teilkreisdurchmesser des inneren Rades mm d_2 Teilkreisdurchmesser des äußeren Rades mm

Beispiel

$z_1 = 16$

$z_2 = 64$

$m = 2{,}5\,\text{mm}$

$a = ?$

$$a = \frac{m}{2} \cdot (z_2 - z_1)$$

$$a = \frac{2{,}5\,\text{mm}}{2} \cdot (64 - 16) = \underline{\underline{60\,\text{mm}}}$$

4

Zahnstangentrieb

Formelzeichen / Einheiten			Formel / Formelumstellung	Abbildung
s	Zahnstangenweg in Abhängigkeit vom Drehwinkel α des Zahnrades	(z. B.) mm	Zahnstangenweg in Abhängigkeit vom Drehwinkel α: $s = m \cdot z \cdot \pi \cdot \frac{\alpha}{360°}$	**Zahnstangentrieb** 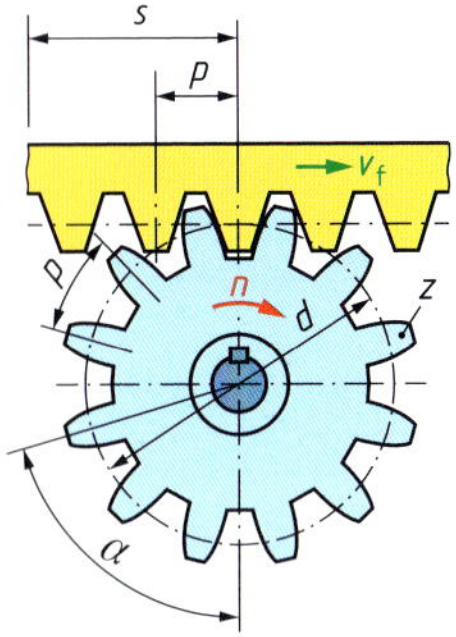
m	Modul	mm	$z = \frac{s \cdot 360°}{m \cdot \pi \cdot \alpha}$ $\alpha = \frac{s \cdot 360°}{m \cdot z \cdot \pi}$	
z	Zähnezahl des Zahnrades		$v_f = n \cdot z \cdot p$	
α	Drehwinkel des Zahnrades	in ° (Grad)	$n = \frac{v_f}{z \cdot p}$ $z = \frac{v_f}{n \cdot p}$ $p = \frac{v_f}{n \cdot z}$	
v_f	Vorschubgeschwindigkeit	(z. B.) $\frac{\text{mm}}{\text{min}}$	$v_f = d \cdot \pi \cdot n$	
n	Umdrehungsfrequenz (Drehzahl) des Zahnrades	(z. B.) $\frac{1}{\text{min}}$	$d = \frac{v_f}{\pi \cdot n}$ $n = \frac{v_f}{\pi \cdot d}$	
p	Teilung	mm	$p = \pi \cdot m$	
d	Teilkreisdurchmesser des Zahnrades	mm	$m = \frac{p}{\pi}$	

Beispiel

$m = 4\,\text{mm}$

$z = 60$

$\alpha = 120°$

$s = ?$

$$s = m \cdot z \cdot \pi \cdot \frac{\alpha}{360°}$$

$$s = 4\,\text{mm} \cdot 60 \cdot \pi \cdot \frac{120°}{360°} = \underline{\underline{251{,}3\,\text{mm}}}$$

4

Zahnradmaße 1

Abbildung	Formel / Formelumstellung	Formelzeichen / Einheiten
Zahnradmaße 1 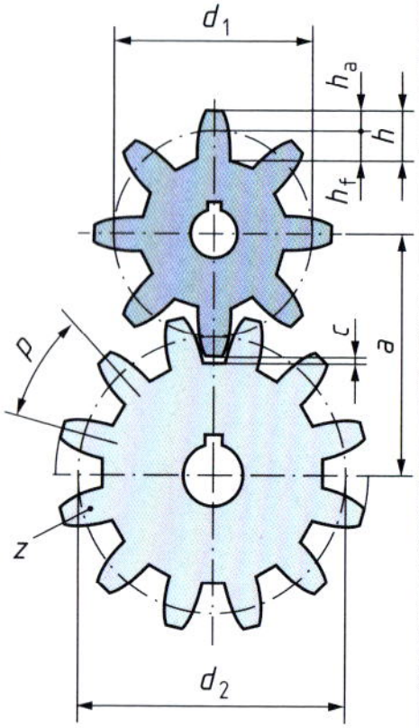	$d = m \cdot z$ $m = \frac{d}{z}$ $z = \frac{d}{m}$ $m = \frac{p}{\pi}$ $p = m \cdot \pi$ $h = h_a + h_f$ $h_a = m$ $h_f = h - h_a$ $h_a = h - h_f$ $h_f = m + c$ $h = 2 \cdot m + c$	d Teilkreisdurchmesser mm m Modul mm z Zähnezahl p Teilung mm h Zahnhöhe mm h_a Zahnkopfhöhe mm h_f Zahnfußhöhe mm c Kopfspiel mm a Achsabstand mm $c = 0{,}1 \cdot m$ bis $0{,}3 \cdot m$ häufig $c = 0{,}167 \cdot m$

Beispiel

$m = 2{,}5\,\text{mm}$

$z = 80$

$c = 0{,}167 \cdot m$

$d = ?$

$h = ?$

$d = m \cdot z$

$d = 2{,}5\,\text{mm} \cdot 80 = \underline{\underline{200\,\text{mm}}}$

$h = 2 \cdot m + c$

$h = 2 \cdot 2{,}5\,\text{mm} + (0{,}167 \cdot 2{,}5\,\text{mm}) = \underline{\underline{5{,}42\,\text{mm}}}$

4

Zahnradmaße 2

Formelzeichen / Einheiten		
d_a	Kopfkreisdurchmesser	mm
d	Teilkreisdurchmesser	mm
m	Modul	mm
z_1, z_2	Zähnezahl	
d_f	Fußkreisdurchmesser	mm
c	Kopfspiel	mm
a	Achsabstand	mm
p	Teilung	mm
h	Zahnhöhe	mm
h_a	Zahnkopfhöhe	mm
h_f	Zahnfußhöhe	mm

$c = 0{,}1 \cdot m$ bis $0{,}3 \cdot m$

häufig $c = 0{,}167 \cdot m$

Formel / Formelumstellung

$$d_a = d + 2 \cdot m$$

$$d_a = m \cdot (z + 2)$$

$$d_f = d - 2 \cdot (m + c)$$

$$a = \frac{z_1 + z_2}{2} \cdot m$$

$$a = \frac{d_1 + d_2}{2}$$

Abbildung

Zahnradmaße 2

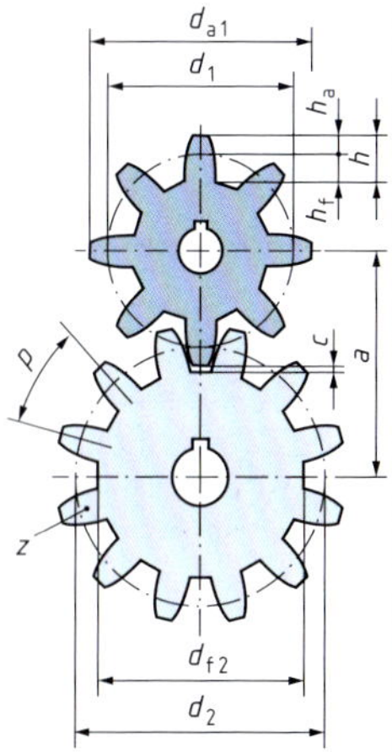

Beispiel

$m = 4\,\text{mm}$

$z = 80$

$d_a = ?$

$$d_a = m \cdot (z + 2)$$

$$d_a = 4\ \text{mm} \cdot (80 + 2) = \underline{\underline{328\ \text{mm}}}$$

4

Hydrostatischer Druck, Seitendruckkraft

Abbildung	Formel / Formelumstellung	Formelzeichen / Einheiten
Hydrostatischer Druck 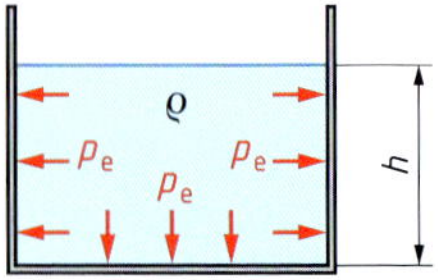	$p_e = \varrho \cdot g \cdot h$ $\varrho = \frac{p_e}{g \cdot h}$ $h = \frac{p_e}{\varrho \cdot g}$	p_e hydrostatischer Druck (z. B.) $\frac{N}{m^2}$, bar, Pa ϱ Dichte des Mediums (z. B.) $\frac{kg}{dm^3}$, $\frac{kg}{m^3}$ g Fall-/Erdbeschleunigung $\frac{m}{s^2}$ h Höhe der Flüssigkeitssäule (z. B.) mm, m $1\,bar = 10\,\frac{N}{cm^2} = 10^5\,Pa$ | $g = 9{,}81\,\frac{m}{s^2}$

Beispiel

$\varrho_{Wasser} = 1000\,\frac{kg}{m^3}$

$h = 2\,m$

$p_e = ?$

$$p_e = \varrho \cdot g \cdot h$$

$$p_e = 1000\,\frac{kg}{m^3} \cdot 9{,}81\,\frac{m}{s^2} \cdot 2\,m = 19620\,\frac{kg \cdot \cancel{m} \cdot \cancel{m}}{m^{\cancel{3}} \cdot s^2} = 19620\,\frac{kg}{m \cdot s^2} = 19620\,Pa = \underline{\underline{0{,}196\,bar}}$$

Abbildung	Formel / Formelumstellung	Formelzeichen / Einheiten
Seitendruckkraft 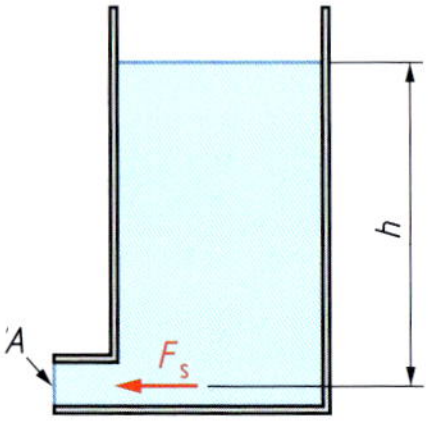	$F_S = p_e \cdot A$ $p_e = \frac{F_S}{A}$ $A = \frac{F_S}{p_e}$ $F_S = \varrho \cdot g \cdot h \cdot A$ $\varrho = \frac{F_S}{g \cdot h \cdot A}$ $h = \frac{F_S}{\varrho \cdot g \cdot A}$ $A = \frac{F_S}{\varrho \cdot g \cdot h}$	F_s Seitendruckkraft (z. B.) N, kN p_e hydrostatischer Druck (z. B.) $\frac{N}{m^2}$, bar, Pa A seitliche Fläche (z. B.) m^2, cm^2 ϱ Dichte des Mediums (z. B.) $\frac{kg}{dm^3}$, $\frac{kg}{m^3}$ g Fall-/Erdbeschleunigung $\frac{m}{s^2}$ h Höhe der Flüssigkeitssäule (z. B.) mm, m $1\,bar = 10\,\frac{N}{cm^2} = 10^5\,Pa$ | $g = 9{,}81\,\frac{m}{s^2}$

Beispiel

$\varrho_{Heizöl} = 830\,\frac{kg}{m^3}$

$h = 1{,}5\,m$

$A = 0{,}0025\,m^2$

$F_s = ?$

$$F_s = \varrho \cdot g \cdot h \cdot A$$

$$F_s = 830\,\frac{kg}{m^3} \cdot 9{,}81\,\frac{m}{s^2} \cdot 1{,}5\,m \cdot 0{,}0025\,m^2 = 30{,}53\,\frac{kg \cdot m \cdot \cancel{m} \cdot \cancel{m^2}}{\cancel{m^3} \cdot s^2} = 30{,}53\,\frac{kg \cdot m}{s^2} = \underline{\underline{30{,}53\,N}}$$

Aufdruckkraft, Auftrieb in Flüssigkeiten

Formelzeichen / Einheiten			Formel / Formelumstellung	Abbildung
F	Aufdruckkraft	(z. B.) N, kN	$F = p_e \cdot A$	**Aufdruckkraft**
p_e	hydrostatischer Druck	(z. B.) $\frac{N}{m^2}$, bar, Pa	$p_e = \frac{F}{A}$ $A = \frac{F}{p_e}$	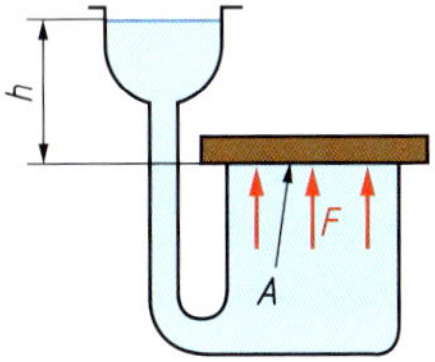
A	Fläche der Abdeckung	(z. B.) m^2	$F = \varrho \cdot g \cdot h \cdot A$	
ϱ	Dichte des Mediums	(z. B.) $\frac{kg}{dm^3}, \frac{kg}{m^3}$	$\varrho = \frac{F}{g \cdot h \cdot A}$ $h = \frac{F}{\varrho \cdot g \cdot A}$ $A = \frac{F}{\varrho \cdot g \cdot h}$	
g	Fall-/Erdbeschleunigung	$\frac{m}{s^2}$		
h	Höhe der Flüssigkeit	(z. B.) mm, m		

$1\ \text{bar} = 10 \frac{N}{cm^2} = 10^5\ \text{Pa}$	$g = 9{,}81 \frac{m}{s^2}$

Beispiel

$\varrho_{Wasser} = 1000 \frac{kg}{m^3}$

$h = 3\ m$

$A = 0{,}25\ m^2$ $F_s = ?$

$$F = \varrho \cdot g \cdot h \cdot A$$

$$F = 1000 \frac{kg}{m^3} \cdot 9{,}81 \frac{m}{s^2} \cdot 3\ m \cdot 0{,}25\ m^2 = 7357{,}5 \frac{kg \cdot m \cdot \cancel{m} \cdot \cancel{m^2}}{\cancel{m^3} \cdot s^2} = 7357{,}5 \frac{kg \cdot m}{s^2} = \underline{\underline{7357{,}5\ N}}$$

Formelzeichen / Einheiten			Formel / Formelumstellung	Abbildung
F_A	Auftriebskraft	(z. B.) N, kN	$F_A = V_{Fl} \cdot \varrho_{Fl} \cdot g$ $F_A = F_{GFl}$	**Auftrieb in Flüssigkeiten**
V_{Fl}	Volumen der verdrängten Flüssigkeit	(z. B.) l, m^3	$V_{Fl} = \frac{F_A}{\varrho_{Fl} \cdot g}$ $\varrho_{Fl} = \frac{F_A}{V_{Fl} \cdot g}$	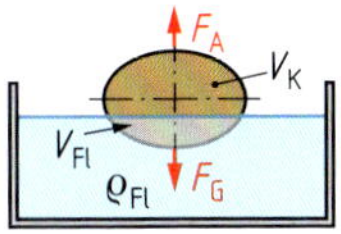
ϱ_{Fl}	Dichte der Flüssigkeit	(z. B.) $\frac{kg}{dm^3}, \frac{kg}{m^3}$		
g	Fall-/Erdbeschleunigung	$\frac{m}{s^2}$	$F_G = V_K \cdot \varrho_K \cdot g$	
F_{GFL}	Gewichtskraft der verdrängten Flüssigkeit	(z. B.) N, kN	$V_K = \frac{F_G}{\varrho_K \cdot g}$ $\varrho_K = \frac{F_G}{V_K \cdot g}$	$F_A < F_G \rightarrow$ Sinken
F_G	Gewichtskraft des Körpers	(z. B.) N, kN		$F_A = F_G \rightarrow$ Schweben
V_K	Volumen des Körpers	(z. B.) l, m^3		$F_A > F_G \rightarrow$ Steigen
ϱ_K	Dichte des Körpers	(z. B.) $\frac{kg}{dm^3}, \frac{kg}{m^3}$		

Beispiel

$V_{Fl} = 0{,}02\ m^3$ $\varrho_{Fl} = 1000 \frac{kg}{m^3}$

$g = 9{,}81 \frac{m}{s^2}$

$F_A = ?$

$$F_A = V_{Fl} \cdot \varrho_{Fl} \cdot g$$

$$F_A = 0{,}02\ m^3 \cdot 1000 \frac{kg}{m^3} \cdot 9{,}81 \frac{m}{s^2} = 196{,}2 \frac{\cancel{m^3} \cdot kg \cdot m}{\cancel{m^3} \cdot s^2} = 196{,}2 \frac{kg \cdot m}{s^2} = \underline{\underline{196{,}2\ N}}$$

Kolbenkraft 1

Abbildung	Formel / Formelumstellung	Formelzeichen / Einheiten
Kolbendruckkraft beim Ausfahren des Kolbens 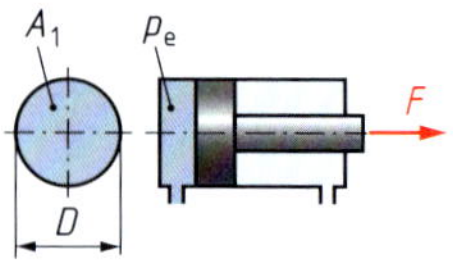	$F = p_e \cdot A_1 \cdot \eta$ $p_e = \frac{F}{A_1 \cdot \eta}$ $A_1 = \frac{F}{p_e \cdot \eta}$ $A_1 = \frac{D^2 \cdot \pi}{4}$ $D = \sqrt{\frac{A_1 \cdot \pi}{4}}$ $F = \frac{p_e \cdot D^2 \cdot \pi \cdot \eta}{4}$ $p_e = \frac{4 \cdot F}{D^2 \cdot \pi \cdot \eta}$ $D = \sqrt{\frac{4 \cdot F}{p_e \cdot \pi \cdot \eta}}$	F Kolbenkraft (z. B.) N, kN p_e Überdruck (z. B.) bar, $\frac{N}{cm^2}$ A_1 Kolbenfläche (z. B.) mm^2, cm^2 D Kolbendurchmesser (z. B.) mm, cm η Wirkungsgrad des Zylinders $1\ Pa = 1\frac{N}{m^2} = 0{,}01\ mbar$ $1\ bar = 10\frac{N}{cm^2} = 0{,}1\frac{N}{mm^2} = 10^5\ Pa$ $10\ bar = 1\frac{N}{mm^2} = 100\frac{N}{cm^2} = 1\ MPa$

Beispiel

$p_e = 8\ bar$

$A_1 = 12{,}57\ cm^2$

$\eta = 0{,}95$

$F = ?$

$F = p_e \cdot A_1 \cdot \eta$

$$F = 80\ \frac{N}{cm^2} \cdot 12{,}57\ cm^2 \cdot 0{,}95 = 955{,}32\ \frac{N \cdot \cancel{cm^2}}{\cancel{cm^2}} = \underline{\underline{955{,}32\ N}}$$

$8\ bar = 80\frac{N}{cm^2}$

5

Kolbenkraft 2

Formelzeichen / Einheiten			Formel / Formelumstellung	Abbildung
F	Kolbenkraft	(z. B.) N, kN	$F = p_e \cdot A_2 \cdot \eta$	**Kolbenkraft beim Einfahren des Kolbens**
p_e	Überdruck	(z. B.) bar, $\frac{N}{cm^2}$	$p_e = \frac{F}{A_2 \cdot \eta}$	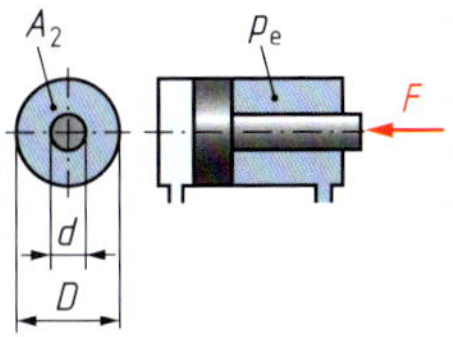
A_2	Kolbenfläche (wirksame Kreisringfläche)	(z. B.) mm², cm²	$A_2 = \frac{F}{p_e \cdot \eta}$	
D	Kolbendurchmesser	(z. B.) mm, cm	$A_2 = \frac{(D^2 - d^2) \cdot \pi}{4}$	
d	Kolbenstangendurchmesser	(z. B.) mm, cm	$F = \frac{p_e \cdot (D^2 - d^2) \cdot \pi \cdot \eta}{4}$	
η	Wirkungsgrad des Zylinders		$p_e = \frac{F \cdot 4}{(D^2 - d^2) \cdot \pi \cdot \eta}$	
			$D = \sqrt{\frac{F \cdot 4}{p_e \cdot \pi \cdot \eta} + d^2}$	
			$d = \sqrt{D^2 - \frac{F \cdot 4}{p_e \cdot \pi \cdot \eta}}$	

$1\,\text{Pa} = 1\,\frac{N}{m^2} = 0{,}01\,\text{mbar}$

$1\,\text{bar} = 10\,\frac{N}{cm^2} = 0{,}1\,\frac{N}{mm^2} = 10^5\,\text{Pa}$

$10\,\text{bar} = 1\,\frac{N}{mm^2} = 100\,\frac{N}{cm^2} = 1\,\text{MPa}$

Beispiel

$p_e = 10\,\text{bar}$

$A_2 = 10\,cm^2$

$\eta = 0{,}92$

$F = ?$

$$F = p_e \cdot A_2 \cdot \eta$$

$$F = 100\,\frac{N}{cm^2} \cdot 10\,cm^2 \cdot 0{,}92 = 920\,\frac{N \cdot \cancel{cm^2}}{\cancel{cm^2}} = \underline{\underline{920\,N}}$$

$10\,\text{bar} = 100\,\frac{N}{cm^2}$

5

Hydraulische Presse 1

Abbildung

Hydraulische Presse

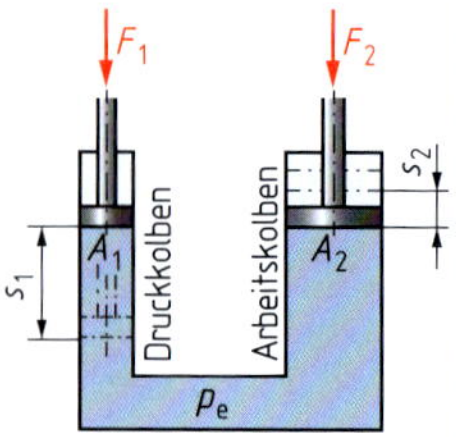

Formel / Formelumstellung

$$\frac{F_2}{F_1} = \frac{A_2}{A_1} = \frac{s_1}{s_2}$$

Kraft-Fläche-Beziehung:

$$\frac{F_1}{A_1} = \frac{F_2}{A_2}$$

$$F_1 = \frac{F_2 \cdot A_1}{A_2} \qquad F_2 = \frac{F_1 \cdot A_2}{A_1}$$

$$A_1 = \frac{F_1 \cdot A_2}{F_2} \qquad A_2 = \frac{F_2 \cdot A_1}{F_1}$$

Kraft-Weg-Beziehung:

$$F_1 \cdot s_1 = F_2 \cdot s_2$$

$$F_1 = \frac{F_2 \cdot s_2}{s_1} \qquad F_2 = \frac{F_1 \cdot s_1}{s_2}$$

$$s_1 = \frac{F_2 \cdot s_2}{F_1} \qquad s_2 = \frac{F_1 \cdot s_1}{F_2}$$

Formelzeichen / Einheiten

F_1	Kraft am Druckkolben	(z. B.) N, kN
F_2	Kraft am Arbeitskolben	(z. B.) N, kN
A_1	Fläche des Druckkolbens	(z. B.) mm^2, cm^2
A_2	Fläche des Arbeitskolbens	(z. B.) mm^2, cm^2
s_1	Weg des Druckkolbens	(z. B.) mm, cm
s_2	Weg des Arbeitskolbens	(z. B.) mm, cm
p_e	Überdruck	(z. B.) bar, $\frac{N}{cm^2}$

$$1\,Pa = 1\,\frac{N}{m^2} = 0{,}01\,mbar$$

$$1\,bar = 10\,\frac{N}{cm^2} = 0{,}1\,\frac{N}{mm^2} = 10^5\,Pa$$

$$10\,bar = 1\,\frac{N}{mm^2} = 100\,\frac{N}{cm^2} = 1\,MPa$$

Beispiel

$F_2 = 1000\,N$

$A_1 = 300\,mm^2$

$A_2 = 1500\,mm^2$

$F_1 = ?$

$$F_1 = \frac{F_2 \cdot A_1}{A_2}$$

$$F_1 = \frac{1000\,N \cdot 300\,mm^2}{1500\,mm^2} = 200\,\frac{N \cdot \cancel{mm^2}}{\cancel{mm^2}} = \underline{\underline{200\,N}}$$

5

Hydraulische Presse 2

Formelzeichen / Einheiten

F_1	Kraft am Druckkolben	(z. B.) N, kN
F_2	Kraft am Arbeitskolben	(z. B.) N, kN
A_1	Fläche des Druckkolbens	(z. B.) mm^2, cm^2
A_2	Fläche des Arbeitskolbens	(z. B.) mm^2, cm^2
s_1	Weg des Druckkolbens	(z. B.) mm, cm
s_2	Weg des Arbeitskolbens	(z. B.) mm, cm
i	hydraulisches Übersetzungsverhältnis	
p_e	Überdruck	(z. B.) bar, $\frac{N}{cm^2}$

$$1\,Pa = 1\,\frac{N}{m^2} = 0{,}01\,mbar$$

$$1\,bar = 10\,\frac{N}{cm^2} = 0{,}1\,\frac{N}{mm^2} = 10^5\,Pa$$

$$10\,bar = 1\,\frac{N}{mm^2} = 100\,\frac{N}{cm^2} = 1\,MPa$$

Formel / Formelumstellung

Fläche-Weg-Beziehung:

$$A_1 \cdot s_1 = A_2 \cdot s_2$$

$$A_1 = \frac{A_2 \cdot s_2}{s_1} \qquad A_2 = \frac{A_1 \cdot s_1}{s_2}$$

$$s_1 = \frac{A_2 \cdot s_2}{A_1} \qquad A_2 = \frac{A_1 \cdot s_1}{s_2}$$

Übersetzungsverhältnis:

$$i = \frac{F_1}{F_2} \qquad i = \frac{s_2}{s_1} \qquad i = \frac{A_1}{A_2}$$

$$F_1 = i \cdot F_2 \qquad s_1 = \frac{s_2}{i} \qquad A_1 = i \cdot A_2$$

$$F_2 = \frac{F_1}{i} \qquad s_2 = i \cdot s_1 \qquad A_2 = \frac{A_1}{i}$$

Abbildung

Hydraulische Presse

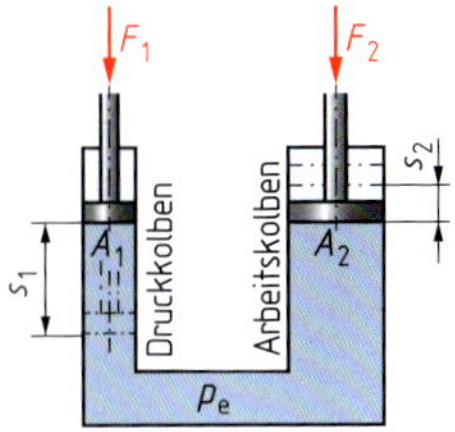

Beispiel

$A_2 = 1600\,mm^2$

$s_1 = 75\,mm$

$s_2 = 12\,mm$

$A_1 = ?$

$$A_1 = \frac{A_2 \cdot s_2}{s_1}$$

$$A_1 = \frac{1600\,mm^2 \cdot 12\,mm}{75\,mm} = 256\,\frac{mm^2 \cdot \cancel{mm}}{\cancel{mm}} = \underline{\underline{256\,mm^2}}$$

Durchflussgeschwindigkeit, Kontinuitätsgleichung

Abbildung

Durchflussgeschwindigkeit, Kontinuitätsgleichung

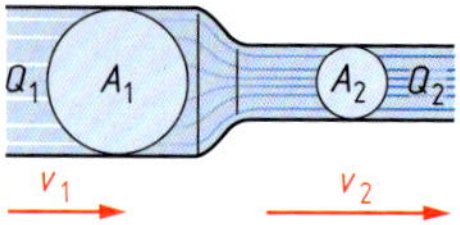

Formel / Formelumstellung

$$Q_1 = Q_2$$

$$Q_1 = A_1 \cdot v_1 \qquad Q_2 = A_2 \cdot v_2$$

$$A_1 = \frac{Q_1}{v_1} \qquad A_2 = \frac{Q_2}{v_2}$$

$$v_1 = \frac{Q_1}{A_1} \qquad v_2 = \frac{Q_2}{A_2}$$

$$A_1 \cdot v_1 = A_2 \cdot v_2$$

$$A_1 = \frac{A_2 \cdot v_2}{v_1} \qquad A_2 = \frac{A_1 \cdot v_1}{v_2}$$

$$v_1 = \frac{A_2 \cdot v_2}{A_1} \qquad v_2 = \frac{A_1 \cdot v_1}{A_2}$$

Formelzeichen / Einheiten

Formelzeichen	Bedeutung	Einheiten
Q_1	Volumenstrom 1	(z. B.) $\frac{cm^3}{s}$, $\frac{dm^3}{s}$
Q_2	Volumenstrom 2	(z. B.) $\frac{cm^3}{s}$, $\frac{dm^3}{s}$
A_1	Querschnittsfläche 1	(z. B.) mm^2, cm^2
A_2	Querschnittsfläche 2	(z. B.) mm^2, cm^2
v_1	Strömungsgeschwindigkeit 1	(z. B.) $\frac{m}{s}$
v_2	Strömungsgeschwindigkeit 2	(z. B.) $\frac{m}{s}$

Beispiel

$A_1 = 0{,}5\,m^2$

$v_1 = 10\,\frac{m}{s}$

$Q_1 = ?$

$$Q_1 = A_1 \cdot v_1$$

$$Q_1 = 0{,}5\,m^2 \cdot 10\,\frac{m}{s} = 5\,\frac{m^2 \cdot m}{s} = \underline{\underline{5\,\frac{m^3}{s}}}$$

Kolbengeschwindigkeit, Hydraulik

Formelzeichen / Einheiten

Zeichen	Bedeutung	Einheit
Q_1	Volumenstrom beim Ausfahren	(z. B.) $\frac{mm^3}{s}$, $\frac{dm^3}{s}$
Q_2	Volumenstrom beim Einfahren	(z. B.) $\frac{mm^3}{s}$, $\frac{dm^3}{s}$
A_1	Kolbenfläche	(z. B.) mm^2, cm^2
A_2	Kolbenfläche (wirksame Kreisringfläche)	(z. B.) mm^2, cm^2
D	Kolbendurchmesser	(z. B.) mm, cm
d	Kolbenstangendurchmesser	(z. B.) mm, cm
v_1	Kolbengeschwindigkeit (beim Ausfahren des Kolbens)	(z. B.) $\frac{m}{s}$
v_2	Kolbengeschwindigkeit (beim Einfahren des Kolbens)	(z. B.) $\frac{m}{s}$

Formel / Formelumstellung

Ausfahren des Zylinders

$$v_1 = \frac{Q_1}{A_1} \qquad Q_1 = v_1 \cdot A_1 \qquad A_1 = \frac{Q_1}{v_1}$$

$$A_1 = \frac{D^2 \cdot \pi}{4} \qquad D = \sqrt{\frac{A_1 \cdot \pi}{4}}$$

Einfahren des Zylinders

$$v_2 = \frac{Q_2}{A_2} \qquad Q_2 = v_2 \cdot A_2 \qquad A_2 = \frac{Q_2}{v_2}$$

$$A_2 = \frac{(D^2 - d^2) \cdot \pi}{4}$$

$$D = \sqrt{\frac{4 \cdot A_2}{\pi} + d^2}$$

$$d = \sqrt{D^2 - \frac{4 \cdot A_2}{\pi}}$$

Abbildung

Kolbengeschwindigkeit

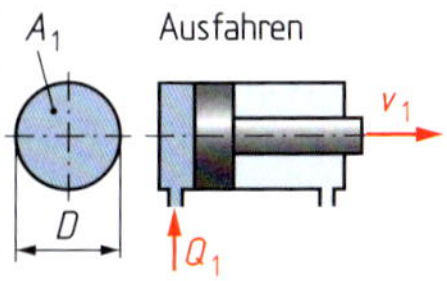

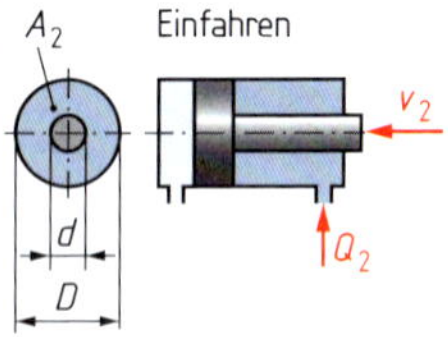

Beispiel

$Q_1 = 10 \frac{l}{min}$

$A_1 = 3{,}14\,cm^2$

$v_1 = ?$

$$v_1 = \frac{Q_1}{A_1}$$

$$v_1 = \frac{10 \frac{dm^3}{min}}{0{,}0314\,dm^2} = 318{,}5 \frac{dm^{\not 3}}{\not{dm^2} \cdot min} = 318{,}5 \frac{dm}{min} = 31{,}9 \frac{m}{min} = \underline{\underline{0{,}53 \frac{m}{s}}}$$

5

Pumpenleistung, Hydraulik

Abbildung	Formel / Formelumstellung	Formelzeichen / Einheiten

Abbildung

Pumpenleistung, Hydraulik

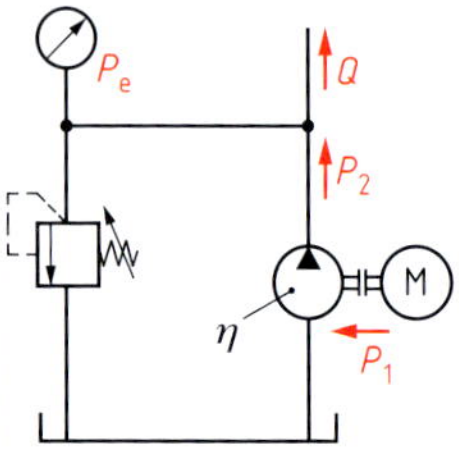

Formel / Formelumstellung

Zugeführte Leistung:

$$P_1 = M \cdot 2 \cdot \pi \cdot n$$

$$M = \frac{P_1}{2 \cdot \pi \cdot n} \qquad n = \frac{P_1}{M \cdot 2 \cdot \pi}$$

(**Zahlenwertgleichung:** M ist in **N · m** und n in $\frac{1}{\text{min}}$ einzusetzen. Das Ergebnis ergibt P in **kW**.)

$$P_1 = \frac{M \cdot n}{9550} \qquad M = \frac{P_1 \cdot 9550}{n} \qquad n = \frac{P_1 \cdot 9550}{M}$$

Abgegebene Leistung:

(**Zahlenwertgleichung:** Q ist in $\frac{\text{l}}{\text{min}}$, p_e in **bar** einzusetzen. Das Ergebnis ergibt P in **kW**.)

$$P_2 = \frac{Q \cdot p_e}{600} \qquad Q = \frac{P_2 \cdot 600}{p_e} \qquad p_e = \frac{P_2 \cdot 600}{Q}$$

Wirkungsgrad:

$$\eta = \frac{P_2}{P_1} \qquad P_1 = \frac{P_2}{\eta} \qquad P_2 = \eta \cdot P_1$$

Formelzeichen / Einheiten

P_1	zugeführte Leistung (an der Pumpenantriebswelle)	kW
P_2	abgegebene Leistung (am Pumpenausgang)	kW
M	Drehmoment	N · m
n	Umdrehungsfrequenz (Drehzahl)	$\frac{1}{\text{min}}$
p_e	Überdruck	bar
Q	Volumenstrom	$\frac{\text{l}}{\text{min}}, \frac{\text{dm}^3}{\text{min}}$
η	Wirkungsgrad der Pumpe	

In den Zahlenwertgleichungen sind „9550“ und „600“ Umrechnungsfaktoren. Ein Umrechnen der Einheiten entfällt, sofern ausschließlich die vorgegebenen Einheiten verwendet werden (siehe Formel).

$$1\ \text{Pa} = 1\ \frac{\text{N}}{\text{m}^2} = 0{,}01\ \text{mbar}$$

$$1\ \text{bar} = 10\ \frac{\text{N}}{\text{cm}^2} = 0{,}1\ \frac{\text{N}}{\text{mm}^2} = 10^5\ \text{Pa}$$

$$10\ \text{bar} = 1\ \frac{\text{N}}{\text{mm}^2} = 100\ \frac{\text{N}}{\text{cm}^2} = 1\ \text{MPa}$$

Beispiel

$Q = 50\ \frac{\text{l}}{\text{min}}$

$p_e = 120\ \text{bar}$

$P_2 = ?$

$$P_2 = \frac{Q \cdot p_e}{600}$$

$$P_2 = \frac{50\ \frac{\text{l}}{\text{min}} \cdot 120\ \text{bar}}{600} = \underline{\underline{10\ \text{kW}}}$$

5

Druckübersetzer, Hydraulik

Formelzeichen / Einheiten	Formel / Formelumstellung	Abbildung
p_{e1} Überdruck im großen Zylinder (z. B.) bar, $\frac{N}{cm^2}$ p_{e2} Überdruck im kleinen Zylinder (z. B.) bar, $\frac{N}{cm^2}$ A_1 große Kolbenfläche (z. B.) mm^2, cm^2 A_2 kleine Kolbenfläche (z. B.) mm^2, cm^2 η Wirkungsgrad des Druckübersetzers $1\,Pa = 1\,\frac{N}{m^2} = 0{,}01\,mbar$ $1\,bar = 10\,\frac{N}{cm^2} = 0{,}1\,\frac{N}{mm^2} = 10^5\,Pa$ $10\,bar = 1\,\frac{N}{mm^2} = 100\,\frac{N}{cm^2} = 1\,MPa$	$p_{e1} \cdot A_1 \cdot \eta = p_{e2} \cdot A_2$ $p_{e1} = \frac{p_{e2} \cdot A_2}{A_1 \cdot \eta}$ $p_{e2} = \frac{p_{e1} \cdot A_1 \cdot \eta}{A_2}$ $A_1 = \frac{p_{e2} \cdot A_2}{p_{e1} \cdot \eta}$ $A_2 = \frac{p_{e1} \cdot A_1 \cdot \eta}{p_{e2}}$ $\eta = \frac{p_{e2} \cdot A_2}{p_{e1} \cdot A_1}$	**Druckübersetzer, Hydraulik** 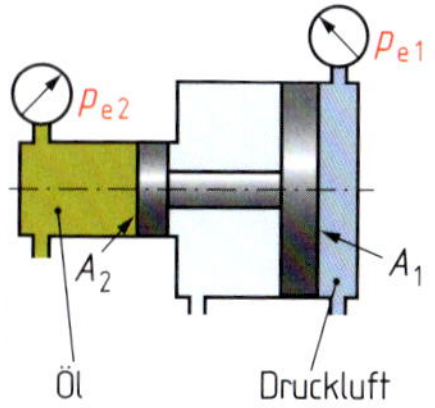

Beispiel

$p_{e1} = 10\,bar$

$A_1 = 180\,cm^2$

$A_2 = 8\,cm^2$

$\eta = 0{,}92$

$p_{e2} = ?$

$$p_{e2} = \frac{p_{e1} \cdot A_1 \cdot \eta}{A_2}$$

$$p_{e2} = \frac{10\,bar \cdot 180\,cm^2 \cdot 0{,}92}{8\,cm^2} = 207\,\frac{bar \cdot \cancel{cm^2}}{\cancel{cm^2}} = \underline{\underline{207\,bar}}$$

5

Luftverbrauch Pneumatik

Abbildung	Formel / Formelumstellung	Formelzeichen / Einheiten
Einfachwirkender Zylinder 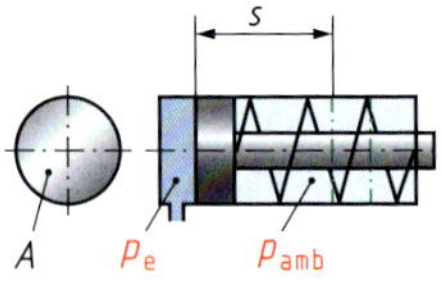	$Q = A \cdot s \cdot n \cdot \frac{p_e + p_{amb}}{p_{amb}}$ $s = \frac{Q \cdot p_{amb}}{A \cdot n \cdot (p_e + p_{amb})}$ $n = \frac{Q \cdot p_{amb}}{A \cdot s \cdot (p_e + p_{amb})}$ $A = \frac{Q \cdot p_{amb}}{s \cdot n \cdot (p_e + p_{amb})}$	Q Luftverbrauch (z. B.) $\frac{dm^3}{min}$ s Hublänge (z. B.) mm n Hubzahl (z. B.) $\frac{1}{min}$ A Kolbenfläche (z. B.) mm^2, cm^2 p_e Überdruck (excedens, überschreitend) (z. B.) bar p_{amb} Luftdruck (ambient, umgebend) (z. B.) bar $1\ Pa = 1\frac{N}{m^2} = 0{,}01\ mbar$ $1\ bar = 10\frac{N}{cm^2} = 0{,}1\frac{N}{mm^2} = 10^5\ Pa$ $10\ bar = 1\frac{N}{mm^2} = 100\frac{N}{cm^2} = 1\ MPa$ $p_{amb} = 1{,}013\ bar \approx 1\ bar$

Beispiel

$s = 150\ mm$

$n = 100\frac{1}{min}$

$A = 12{,}6\ cm^2$

$p_e = 8\ bar$

$p_{amb} = 1\ bar$ $Q = ?$

$$Q = A \cdot s \cdot n \cdot \frac{p_e + p_{amb}}{p_{amb}}$$

$$Q = 12{,}6\ cm^2 \cdot 15\ cm \cdot 100\frac{1}{min} \cdot \frac{8\ bar + 1\ bar}{1\ bar} = 170100\frac{cm^2 \cdot cm \cdot (\cancel{bar} + \cancel{bar})}{min \cdot \cancel{bar}} = 170100\frac{cm^3}{min}$$

$$= 170{,}1\frac{dm^3}{min} = \underline{\underline{170{,}1\frac{l}{min}}}$$

5

Luftverbrauch Pneumatik

Formelzeichen/Einheiten

Q	Luftverbrauch	(z. B.) $\frac{dm^3}{min}$
s	Hublänge	(z. B.) mm
n	Hubzahl	(z. B.) $\frac{1}{min}$
A	Kolbenfläche	(z. B.) mm^2, cm^2
p_e	Überdruck (excedens, überschreitend)	(z. B.) bar
p_{amb}	Luftdruck (ambient, umgebend)	(z. B.) bar

$1\,Pa = 1\,\frac{N}{m^2} = 0{,}01\,mbar$

$1\,bar = 10\,\frac{N}{cm^2} = 0{,}1\,\frac{N}{mm^2} = 10^5\,Pa$

$10\,bar = 1\,\frac{N}{mm^2} = 100\,\frac{N}{cm^2} = 1\,MPa$

$p_{amb} = 1{,}013\,bar \approx 1\,bar$

Formel/Formelumstellung

$$Q \approx 2 \cdot A \cdot s \cdot n \cdot \frac{p_e + p_{amb}}{p_{amb}}$$

$$s \approx \frac{Q \cdot p_{amb}}{2 \cdot A \cdot n \cdot (p_e + p_{amb})}$$

$$n \approx \frac{Q \cdot p_{amb}}{2 \cdot A \cdot s \cdot (p_e + p_{amb})}$$

$$A \approx \frac{Q \cdot p_{amb}}{2 \cdot s \cdot n \cdot (p_e + p_{amb})}$$

Abbildung

Doppelt wirkender Zylinder

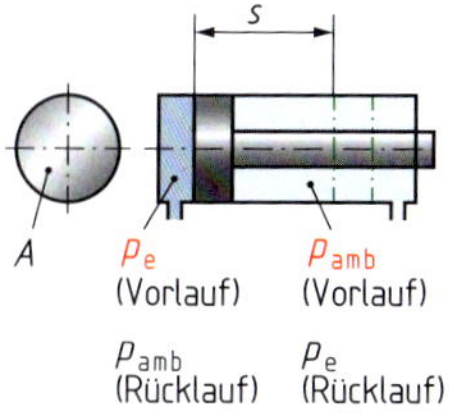

Beispiel

$s = 100\,mm$

$n = 180\,\frac{1}{min}$

$A = 8\,cm^2$

$p_e = 10\,bar$

$p_{amb} = 1\,bar$ $\quad Q = ?$

$$Q \approx 2 \cdot A \cdot s \cdot n \cdot \frac{p_e + p_{amb}}{p_{amb}}$$

$$Q \approx 2 \cdot 8\,cm^2 \cdot 10\,cm \cdot 180\,\frac{1}{min} \cdot \frac{10\,bar + 1\,bar}{1\,bar} \approx 316\,800\,\frac{cm^2 \cdot cm \cdot (\cancel{bar} + \cancel{bar})}{min \cdot \cancel{bar}} \approx 316\,800\,\frac{cm^3}{min}$$

$$\approx 316{,}8\,\frac{dm^3}{min} \approx \underline{\underline{316{,}8\,\frac{l}{min}}}$$

Griechisches Alphabet

Α	α	alpha	Ζ	ζ	zeta	Λ	λ	lambda	Π	π	pi	Φ	φ	phi
Β	β	beta	Η	η	eta	Μ	μ	mü	Ρ	ϱ	rho	Χ	χ	chi
Γ	γ	gamma	Θ	ϑ	theta	Ν	ν	nü	Σ	σ	sigma	Ψ	ψ	psi
Δ	δ	delta	Ι	ι	iota	Ξ	ξ	xi	Τ	τ	tau	Ω	ω	omega
Ε	ε	epsilon	Κ	κ	kappa	Ο	ο	omikron	Υ	υ	ypsilon			

Dezimale Vielfache

Vorsatz	Vorsatzzeichen	Zehnerpotenz	Bedeutung	Beispiel
Tera	T	10^{12}	Billionenfach	1 Terawatt = 1 TW = 1 000 000 000 000 W
Giga	G	10^{9}	Milliardenfach	1 Gigawatt = 1 GW = 1 000 000 000 W
Mega	M	10^{6}	Millionenfach	1 Megawatt = 1 MW = 1 000 000 W
Kilo	k	10^{3}	Tausendfach	1 Kilowatt = 1 kW = 1 000 W
Hekto	h	10^{2}	Hundertfach	1 Hektowatt = 1 hW = 100 W
Deka	da	10^{1}	Zehnfach	1 Dekawatt = 1 daW = 10 W

Dezimale Teile

Vorsatz	Vorsatzzeichen	Zehnerpotenz	Bedeutung	Beispiel
Dezi	d	10^{-1}	Zehntel	1 Deziwatt = 1 dW = 0,1 W
Zenti	c	10^{-2}	Hundertstel	1 Zentiwatt = 1 cW = 0,01 W
Milli	m	10^{-3}	Tausendstel	1 Milliwatt = 1 mW = 0,001 W
Mikro	μ	10^{-6}	Millionstel	1 Mikrowatt = 1 μW = 0,000 001 W
Nano	n	10^{-9}	Milliardstel	1 Nanowatt = 1 nW = 0,000 000 001 W
Piko	p	10^{-12}	Billionstel	1 Pikowatt = 1 pW = 0,000 000 000 001 W

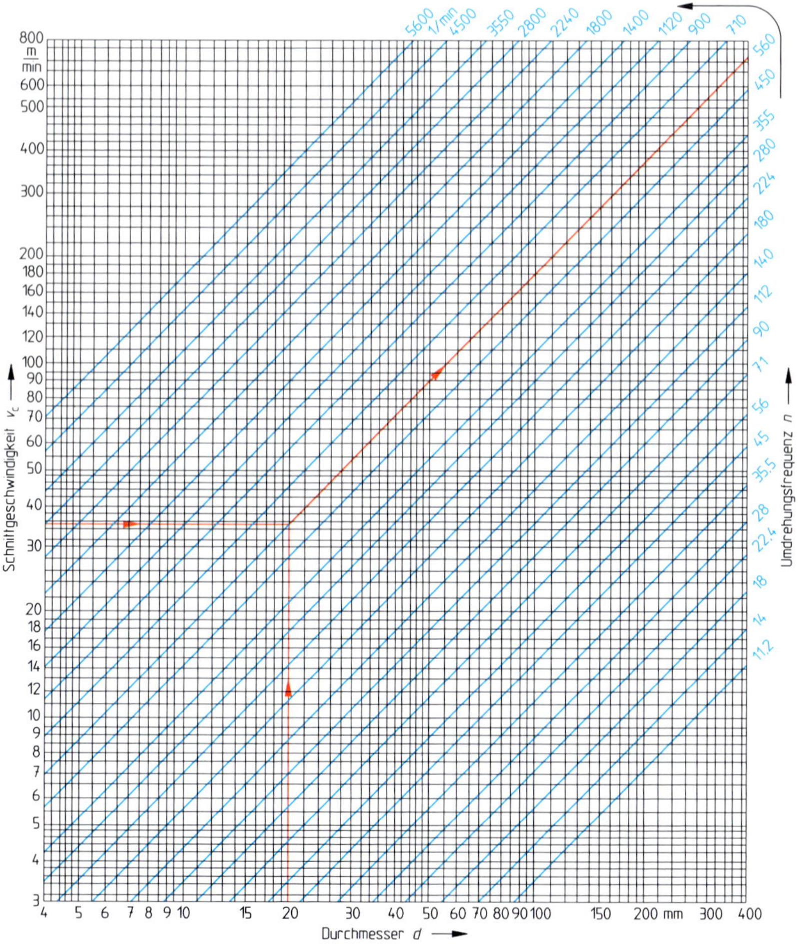

Zusammenhang zwischen Umdrehungsfrequenz (Drehzahl), Durchmesser und Schnittgeschwindigkeit

Die Beziehung $v_c = \pi \cdot d \cdot n$ kann grafisch dargestellt werden.

Beispiel:

$d = 20\,\text{mm}$, $v_c = 35\,\frac{\text{m}}{\text{min}}$

Am Treffpunkt der beiden Pfeile lässt sich die zugehörige Umdrehungsfrequenz $n = 560\,\frac{1}{\text{min}}$ ablesen. (Zwischenwerte werden geschätzt.)

Sachwortverzeichnis

Symbole

A

B

C

D

E

F

G

H

W

Z

Tabellenbuch für Metalltechnik
von W. Dax, N. Drozd, W.-D. Gläser, G. Kotsch, B. Kumler, H. Laier, J. Slaby, A. Uhlemann, A. Weiß, K. Zeimer
Bestell-Nr. **3291**

Grundkenntnisse Industrielle Metallberufe
Lernfelder 1–4
von R. Haffer, A. Becker-Kavan, G. van den Boom, F. Brandt, C. Braun, V. Lindner, M. Reusmann, E. Schulz, J. Timm
Bestell-Nr. **3010**

Fachkenntnisse Industriemechaniker
Lernfelder 5–15
von R. Haffer, H. Aigner, A. Becker-Kavan, F. Brandt, M. Einloft, V. Lindner, M. Reusmann, E. Schulz, J. Timm, A. Wiemann
Bestell-Nr. **3017**

Fachkenntnisse
Zerspanungsmechaniker
Lernfelder 5–13
von R. Haffer, A. Becker-Kavan, M. Einloft, M. Reusmann, E. Schulz, B. Weihrauch
Bestell-Nr. **3020**

Fachkenntnisse
Werkzeugmechaniker
Lernfelder 5–14
von R. Haffer, R. Hönmann, M. Lambrich, B. Weihrauch
Bestell-Nr. **3026**

Prüfungsbuch
Metall- und Maschinentechnik
von P. Schultheiß
Bestell-Nr. **3150**